Walther Cormann **Menschwerdung**

Walther Cormann (Hrsg.)

Menschwerdung

Entstehung, Entwicklung und Veränderung menschlicher Potenziale
Arbeitskonzepte für Therapie und Beratung, Pädagogik und Erziehung

mit Beiträgen von:
Walther Cormann, Franz Müller, Albert Pesso, Jirina Prekop, Wilhelm Rotthaus, Georg Singe, Alexander Trost, Helmut Willke, Marina Zulauf-Logoz

Alle Rechte der deutschen Ausgabe bei:
Cormanninstitute Verlag für systemische Praxis,
Wasserburg am Bodensee

Bitte fordern Sie unser Gesamtverzeichnis an:
Cormanninstitute Verlag für systemische Praxis,
Uli-Wieland-Str. 10, 88142 Wasserburg am Bodensee
www.cormann-verlag.de

Lektorat: Marion Trutter, Starnberg
Umschlaggestaltung und Satz:
Qlbitz-Gestaltung, Karsten Kubitz, Lindau
Druck und Bindung: Lindauer Druckerei Eschbaumer GmbH & Co.
1. Auflage, 2007
ISBN 13: 978-3-939640-21-9
© 2007 Cormanninstitute Verlag für systemische Praxis,
Wasserburg am Bodensee

10 | Einleitung

14 | Walther Cormann: **Menschwerdung**
15 | 1. Teil: Über die Entstehung, Entwicklung und Veränderung
menschlicher Potenziale
15 | Von der Zeugung bis zur Geburt
20 | Ankommen in dieser Welt
21 | Selbstorganisation: Erste Kompetenzen und Handlungsmuster
23 | Emotionaler Schutz und Halt: die beste Basis für Selbstsicherheit
25 | Das Ich- und Du- und Wir-Gefühl
26 | Selbstvertrauen durch Zustimmung und Grenzen
28 | Spielen als Experimentierfeld
30 | Das eigene Weltbild entwickeln
31 | Das Individuum als operativ geschlossenes System
32 | Ein neues Verständnis von Erziehung
34 | Die Erschaffung der eigenen Wirklichkeit
36 | Die Bedeutung des Selbstwerts
39 | Partnerschaft und Liebe
44 | 2. Teil: Psychotherapie der Menschwerdung
74 | Literatur

76 | Alexander Trost: **Bindung anbieten – Halt geben – Lösungen finden**
Zur Bedeutung früher Erfahrungen für die seelische Gesundheit
77 | Einleitung
79 | Frühe Interaktion und Regulation
85 | Neue Erkenntnisse der Neurobiologie
91 | Bindung anbieten
97 | Halt geben
103 | Lösungen finden
106 | Binden – Halten – Lösen, ein dynamisches Balancemodell
108 | Ausblick: Entwicklungsförderung und Politik
113 | Literatur

120 | Marina Zulauf-Logoz: **Auswirkungen der Bindungsqualität auf die soziale und emotionale Entwicklung von Kindern**

121 | Wie Kinder Beziehungen entwickeln

123 | Das innere Arbeitsmodell von Bindung

126 | Die Untersuchung der Bindungsqualität bei Kindern

128 | Ursachen desorganisierter Bindung und Ursachen unsicherer Bindung ohne Desorganisation

130 | Veränderungen in der frühkindlichen Bindungsqualität

132 | Bindungsstörung

133 | Auswirkungen auf die soziale Entwicklung und den Erwerb sozialer Kompetenz

138 | Bindungsuntersuchung bei älteren Kindern

140 | Ausblick: Förderung von Bindungssicherheit

144 | Literatur

148 | Albert Pesso: **Pesso Boyden System Psychomotor** A powerful mind-body approach to emotional growth and well-being

149 | Introduction and Basic Movement Concepts

151 | Shape Countershape and Accommodation

152 | Invention of Ideal Figures and Transition to Psychotherapy

154 | Basic Impulses for Life

156 | Relationship of Past and Present

158 | Basic Developmental Needs and Processes of Maturation

161 | Basic Connections and Basic Forces

164 | Memory of Holes in Roles

166 | Making New Memories and Movies

172 | Wilhelm Rotthaus: **Erziehung in einer gewandelten Welt**

173 | Einleitung

174 | Die Differenz von Erwachsenem und Kind als Basis der Erziehung

177 | Kindheit heute

180 | Das „Objekt" Kind

181 | Kinder als „Seiende" und als „Werdende"

185 | Zusammenfassung

187 | Literatur

188 | Jirina Prekop: **Die Festhaltetherapie**

189 | Zur Geschichte der Festhaltetherapie

193 | Anfangsfehler

194 | Die Kritiker und die Gegner

197 | Bereicherung durch den systemischen Ansatz von Bert Hellinger

198 | Das Menschenbild

199 | Herausforderung durch „das Tier in uns"

200 | Ethik

201 | Modifikationen und Ziele

202 | Kontraindikationen

203 | Die praktische Durchführung der FTP mit Fallbeispiel

205 | Verlauf eines FTP-Settings

211 | Literatur

212 | Franz Müller: **Die Bedeutung des Hörens für die Entwicklung des Menschen**

213 | Das therapeutische Konzept und die sieben Phasen
       der Tomatistherapie

226 | Zusammenfassung

228 | Literaturverzeichnis

230 | Georg Singe: **Wertedimensionen in der therapeutischen Arbeit**

231 | Ethik als Herausforderung in der therapeutischen und
       beraterischen Arbeit

233 | Fallbeispiel: Familie K.

235 | Wertedimensionen in der therapeutischen Arbeit

237 | Modelle der Beschreibung der Selbstorganisation ethischer und
       weltanschaulicher Sinnsysteme

241 | Nutzen des Modells für systemische Interventionen

242 | Ausblick

243 | Literatur

246 | Helmut Willke: **Zur Bedeutung basaler Zirkularität für therapeutische Interventionen**

247 | Einleitung

248 | Modell Hyperzyklus

250 | Operative Geschlossenheit bei lebenden Systemen

252 | Operative Geschlossenheit des mentalen Systems

254 | Beispiel für die operative Schließung eines sozialen Systems

257 | Kommunikation und Sprache

260 | Operative Geschlossenheit, Autonomie und Autopoiese

261 | Ansatzpunkte für Intervention

265 | Ordnung und Unordnung

266 | Zum Schluss

269 | **Über den Herausgeber und Autor**

Einleitung

Das Psychotherapeutische Weiterbildungszentrum für systemisch-integrative Konzepte Cormann in Lindau am Bodensee veranstaltet seit einigen Jahren jährlich das ptzSymposium mit jeweils unterschiedlicher Thematik. Im Jahr 2005 widmete sich die Tagung dem Thema „Menschwerdung – Psychotherapie des Ankommens". Menschwerdung wurde dabei verstanden als Schlüsselprozess zur Entwicklung des Selbst, des Selbstgefühls, der Eigenliebe und des Selbstwerts. Namhafte Referenten haben am Symposium mitgewirkt und somit dazu beigetragen, dass es zu einem Erfolg für alle Beteiligten geworden ist. Die Beiträge von Albert Pesso, international anerkannter Mastertherapeut aus New Hampshire/USA, Dr. Wilhelm Rotthaus, Kinderpsychiater, Buchautor und erster Vorsitzender der DGSF (Deutsche Gesellschaft für Systemische Therapie und Familientherapie), Prof. Dr. Alexander Trost, Kinderpsychiater, Autor und Fachhochschulprofessor, Dr. Jirina Prekop, Diplom-Psychologin im Bereich Entwicklungsrehabilitation, weltweit bekannte Autorin und Ausbilderin in der von ihr weiterentwickelten Festhaltetherapie, Franz Müller, Diplom-Psychologe und Tomatistherapeut in eigener Praxis, und Dr. Marina Zulauf-Logoz, Diplom-Psychologin in der Kinder- und Jugendpsychiatrie der Universität Zürich und befasst mit wissenschaftlichen Untersuchungen zur Bindungsforschung, sind im Zusammenhang mit dieser Veranstaltung entstanden.

Im darauffolgenden Jahr trug das ptzSymposium den Titel: „Psychotherapie der Selbstorganisation". Internationale Expertinnen und Experten, wie Prof. Dr. Giorgio Nardone, Prof. Dr. Günter Schiepek, Alexander Korittko und viele andere, haben dieser Veranstaltung wertvolle Impulse aus den Bereichen Wissenschaft, Forschung und Praxis vermittelt und konkrete Anregungen gegeben, wie Entwicklungen, Verbesserungen und Veränderung des menschlichen Lebens durch psychotherapeutische Interventionen realisiert werden können. Wir haben aus den vielfältigen Beiträgen die von Dr. Georg Singe, Diplom-Theologe, Diplom-Sozialarbeiter und Hochschuldozent, sowie von Prof. Dr. Helmut Willke, Diplom-Soziologe und Professor für Systemwissenschaft, ausgewählt, da sie die

Aspekte der Menschwerdung besonders im Sinne von Identitätsfindung und Potenzialentwicklung eindrücklich beschreiben und aufzeigen. Aus der Zusammenstellung der verschiedenen Artikel wird deutlich, dass das Thema Menschwerdung aus sehr unterschiedlichen Blickrichtungen betrachtet werden kann. Insofern kommen auch verschiedene Fach- und Therapierichtungen zur Sprache: systemische Ansätze, neurowissenschaftliche Erkenntnisse, Forschungsergebnisse aus der Bindungswissenschaft, die Hörtherapie nach Tomatis, die Festhaltetherapie nach Prekop und die Arbeitsweise der Pesso Boyden System Psychomotor Therapie.

Ich selbst bin Walther Cormann, Herausgeber dieses Buches und Autor des ersten Beitrags. Ich habe 1989 zusammen mit meiner Frau Sabine das Psychotherapeutische Weiterbildungszentrum in Lindau gegründet und arbeite seitdem als Psychologischer Psychotherapeut und Supervisor, Institutsleitung, Systemischer Lehrtherapeut/DGSF und Autor. Ich möchte mit meinem Aufsatz einige grundlegende Gedanken über menschliche Entwicklungsprozesse anbieten und durch Fallbeispiele aus meiner therapeutischen Arbeit exemplarisch erläutern.
Dabei soll deutlich werden, dass Menschwerdung ein lebenslanger Prozess ist mit vielen kontinuierlichen und diskontinuierlichen Phasen, mit Krisen und Höhepunkten und mit immer wieder neuen Herausforderungen, die einen dazu einladen, sich ständig weiterzuentwickeln und sich immer wieder neu zu erfinden.

Irgendwie sind wir doch alle Lebenskünstler. Keiner von uns ist jemals vor der Zeugung gefragt worden, ob wir leben wollen. Es wurde für uns entschieden, das Leben wurde uns von unseren Eltern geschenkt. Einmal auf der Welt, liegt es an uns und den emotional wichtigen Bezugspersonen, etwas daraus zu machen, damit wir Mensch werden und uns zu einer einmaligen Persönlichkeit entwickeln können. Nicht immer und überall gelingt Menschwerdung in vollem Maße, sodass die biologischen Wurzeln und Kapazitäten für die Entwicklung menschlicher Potenziale zum Zwecke einer proaktiven Lebensgestaltung genutzt werden und ausreifen können. Das Leben bietet einfach zu viel Unvorhersehbares: Schicksalsschläge, Erkrankungen, Tragödien, traumatische Erlebnisse, emotional bedeutungsvolle Verluste, materielle Armut usw., die emotionale Spuren hinterlassen. Der menschliche Lebensweg ist immer wieder mit Problemen, Krisen und sonstigen Herausforderungen bestückt, sodass ein ständiges Lernen und Verlernen notwendig wird, um sich im Leben in die gewünschte Richtung zu bewegen, sich also anzupassen und gleichsam Einfluss auf seinen Lebenskontext zu nehmen.

Mit den hier vorliegenden Beiträgen möchte ich allerdings Mut machen und aufzeigen, dass es auch unter schwierigen aktuellen Bedingungen möglich sein kann, zu sinnvollen, praktikablen und wünschenswerten Verbesserungen für die einzelne Person, für die Partnerschaft, für das Familienleben sowie für das Leben in der Gesellschaft beizutragen.

Insofern richtet sich dieses Buch sowohl an die helfenden Berufsgruppen in den Bereichen Psychotherapie, Beratung, Pädagogik, Medizin, Erziehung usw. als auch an interessierte und betroffene Eltern.

Um einen guten Lesefluss zu ermöglichen, habe ich mich beim Schreiben für den Gebrauch der männlichen Form bei Worten wie „Therapeut", „Klient" usw. entschieden. Bitte bedenken Sie, dass hiermit jeweils sowohl Therapeutinnen und Therapeuten, Klientinnen und Klienten usw. gemeint sind. Vielen Dank.

Walther Cormann

Walther Cormann

Menschwerdung

Walther Cormann, Diplom-Psychologe und Diplom-Betriebswirt,
Psychologischer Psychotherapeut, Systemischer Therapeut,
Supervisor und Lehrtherapeut/DGSF, Institutsleitung und Autor,
ptz@cormanninstitute.de
www.cormanninstitute.de

1. Teil
Über die Entstehung, Entwicklung und Veränderung menschlicher Potenziale

Von der Zeugung bis zur Geburt

Menschwerdung ist ein lebenslanger Prozess, der in unterschiedlichen Phasen, mit unterschiedlichen Aufgaben und Zielsetzungen das ganze Leben prägt – von der Zeugung bis zum Tod. Dieser Verlauf ist niemals abgeschlossen, das Leben bietet ständig neue Entwicklungs- und Lernmöglichkeiten, und die Persönlichkeit des Menschen kann sich immer wieder neu erfinden.

Die Systemtheorie, der Konstruktivismus, die Kybernetik, die Neurowissenschaften, die Kommunikationswissenschaften, die Erkenntnisse der Familientherapie und Systemischen Therapie usw. haben durch ihre Forschungen und erkenntnistheoretischen Abhandlungen dazu beigetragen, dass wir heute ein ganzheitliches Bild menschlicher Prozesse wie Menschwerdung und Lebensgestaltung vorliegen haben. Wir können davon ausgehen, dass jedem Menschen ein unerschöpflicher Reichtum an Lebensenergie zur Verfügung steht und je nach Lebensphase unterschiedlich genutzt werden kann. In jeder Phase der Menschwerdung steht es uns frei, unsere Potenziale aus uns selbst heraus zu entwickeln, angeregt durch unsere Lebenskontexte und relevanten Umwelten.

Menschwerdung beginnt spätestens mit der Zeugung und endet frühestens mit dem Tod. Im Allgemeinen wird die Zeugung als der Beginn des Lebens angesehen: Männlicher Same und weibliche Eizelle treffen im weiblichen Körper der werdenden Mutter aufeinander und lassen neues Leben entstehen. Eine wundersame Reise mit vielen Abenteuern, Herausforderungen, Krisen und Höhepunkten kann beginnen. Eine Reise, die sich mindestens bis zum Tode fortsetzt.

Bei der Entstehung menschlichen Lebens „werden dem neuen Individuum nicht nur die genetischen, chromosomalen Voraussetzungen weitergegeben, sondern hier werden die wichtigsten psychosozialen Strukturen geprägt, die Lebenseinstellung, moralische und ethische Normen, Lebensphilosophie usw. Sie alle wirken noch vor der Zeugung auf das

Individuum ein; auf den verschiedenen Ebenen und durch verschiedene Informationskanäle mittels bewusster und unbewusster Inhalte, Biochemie und Hormonen, direkter und indirekter Beeinflussung" (Fedor-Freybergh, 1997, S. 17).

Das kleine Wesen ist schon von Beginn an Teil einer familialen Triade und spielt bereits in den ersten Lebenswochen eine wichtige Rolle in Bezug auf die Eltern. Das Leben der Eltern, der Familie, der Verwandtschaft wird sich durch seine Existenz enorm verändern, und der neue Mensch wird wie selbstverständlich ein weiterer Teil der Familie – nicht nur der Kernfamilie, sondern der gesamten Herkunftsfamilie über viele Generationen. Er wird durch seine Zeugung Familienmitglied und seine Herkunft ist für alle Zeiten festgelegt und definierbar.

Das embryonale Leben im Mutterleib ist gut geschützt. Die Umgebung ist warm, ruhig, flüssig, schwerelos, und der Embryo wird im Normalfall mit allem Notwendigen durch die Nabelschnur versorgt. Die Nabelschur stellt die unmittelbare Verbindung zwischen Mutter und Kind her. Hierdurch ist das Kind über die Mutter auch mit der Außenwelt verbunden. Die Ernährung der Mutter sowie ihre Ess- und Trinkgewohnheiten haben ebenso direkten Einfluss auf das Leben im Mutterleib und seine Entwicklung wie Rauchen, Medikamenteneinnahme, die Dynamik ihrer Bewegungen und ihre psychische Konstitution, ihre Gesundheit oder Krankheit. Der Uterus der Mutter ist die Umwelt des Kindes, sein Kontext, und gleichzeitig wird das Kind im Mutterleib vielleicht sogar der wichtigste Umwelteinfluss für die Eltern während der Zeit der Schwangerschaft.

Wir wissen heute dank Ultraschallbildern, intrauteriner Filmaufnahmen und anderen Techniken, dass sich das psychische Erleben eines Kindes bereits in der vorgeburtlichen Phase seines Lebens entwickelt. Hierbei bilden vor allem akustische Erfahrungen während des Wachsens im mütterlichen Uterus eine bedeutende Orientierungsgrundlage. Ebenso wie ein Kind in dieser Zeit der Symbiose mit der Mutter über ihr Blut, ihre Hormone, ihre Herztöne und ihre Bewegungsabläufe verbunden ist, so ist es verbunden mit ihren Stimmungen, Empfindungen, Gefühlslagen usw., durch die auch ihre Einstellung zum Kind im Mutterleib erlebbar wird. Ablehnung ebenso wie Zustimmung wird vom

Kind in der vorgeburtlichen Phase wahrgenommen und es wird lernen, seine Selbstorganisation auf eine eher liebevolle oder eher ablehnende Umgebung abzustimmen.

Bereits drei Wochen nach der Zeugung beginnt sich das zentrale Nervensystem zu entwickeln, eine Woche später die ersten Muskelzellen. Das Wachstum nimmt in kürzester Zeit rapide zu: Organe, Knochen, Nervenzellen, Großhirn, Synapsen, Sinnesorgane und Muskeln bilden sich, bauen sich auf, differenzieren sich und wachsen und entwickeln sich weiter. Verknüpfungen zwischen Großhirn und den Sinnesorganen entstehen, Koordinationen im Bewegungsablauf des Fötus werden erkennbar. Erste Bewegungen sind bereits ab der sechsten Woche, auf die Körperhaltung der Mutter abgestimmte Bewegungen sind ab dem siebten Monat möglich. Zu diesem Zeitpunkt ist die organische und physiologische Entwicklung in vollem Gange. Jetzt entwickeln sich die Wahrnehmungsfähigkeiten, und Aspekte des Hörens und Sehens sind bereits realisierbar. Jedoch nicht nur auditive und visuelle Eindrücke erreichen das kleine Wesen während der Schwangerschaft, auch die Gewohnheiten der Mutter, wie etwa der Wach- und Schlafrhythmus, sowie ihre Stimmungen und emotionalen Zustände, wie Ausgeglichenheit oder Stress, können wahrgenommen werden und sich auswirken.

Moderne Techniken wie Ultraschall machen es möglich, das Kind im Mutterleib während der gesamten Schwangerschaft zu beobachten und seine Entwicklungsprozesse und sein Verhaltensrepertoire kennen zu lernen. David B. Chamberlain (1997) unterscheidet drei Kategorien vorgeburtlichen Verhaltens: selbstinitiiertes, reaktives und interaktives Verhalten. Merkmale dieser Aktivitäten sind Mimik, Handbewegungen, Bewegungen der Arme und Beine, Schlucken, Saugen, Atembewegungen, Herzschlag usw.

Selbstinitiierte Aktivitäten konnten bereits in der sechsten Schwangerschaftswoche beobachtet werden. Nachdem sich das Bewegungsrepertoire in den Folgewochen noch erweitert hat, werden bereits mit zehn Wochen folgende Bewegungen ausgeführt: „Hand zum Kopf, Hand zum Gesicht und Hand zum Mund, eigenständiges Beugen und Strecken der Glieder, Rotationsbewegungen um die Längsachse, Schlucken, Öffnen und Schließen des Mundes" (Chamberlain, 1997, S. 25). Wichtig erscheint mir Chamberlains Feststellung, dass selbstinitiierte Bewegungen früher auftreten als induzierte: „Selbstinduzierte Bewegungen zeugen von individuellen Bedürfnissen, Interessen und Temperamenten" (S. 36).

Reaktives Verhalten wird beobachtet, wenn dem Fötus im Uterus etwas bedrohlich erscheint und er sich schützen möchte (Kopf und Körper wegdrehen, Schutzbewegungen mit den Armen usw.). Bewegung und Gefühl bilden hierbei eine integrierte Einheit. Es wird inzwischen auch mit Sicherheit angenommen, dass Föten Schmerz empfinden können.

Zu den akustisch wahrnehmbaren Signalen gehören z. B. Magen-, Darm- und Knochengeräusche sowie der Herzschlag der Mutter, aber auch Tonquellen außerhalb des Mutterleibs können bereits diffus gehört werden (siehe hierzu auch Kapitel 7). Experimente haben gezeigt, dass Föten die Fähigkeit haben, verschiedene Geräusche zu unterscheiden und sich daran zu gewöhnen. Das lässt auf ein frühes Lernvermögen schließen. Auch Helligkeitsunterschiede kann der Fötus bereits wahrnehmen (abwenden von der zu hellen Lichtquelle).

„Interaktive Bewegungen demonstrieren die Fähigkeit zu intimen und sozialen Beziehungen (sowohl freundlich als auch aggressiv) wie auch zu Gedächtnis und Lernen" (Chamberlain, 1997, S.36). Diese Erkenntnisse wurden vor allem aus den Untersuchungen mit Zwillingen im Uterus gewonnen, die einerseits sehr zärtlich miteinander umgingen, in einem anderen Fall sich auch eine „Schlägerei" lieferten.

Das Leben im Uterus ist für das Kind eine Zeit, sich als einmaliges Individuum zu entwickeln – mit seinen Vorlieben und Interessen, mit seinen Gefühlen, mit seinem Körper und seinen gedanklichen Vorstellungen, Wünschen und Bedürfnissen. Furcht, Beunruhigung und Unsicherheit scheinen ebenso erlebbar zu sein wie Freude, Aufregung und Erregung, Stärke, Zuneigung, Zärtlichkeit und Ruhebedürfnis.

Zum Ende der Schwangerschaft ist der Aktionsraum durch die erreichte Größe des Kindes stark eingeschränkt. Es wird zu eng, um sich ausgiebig bewegen zu können. Dann ist es so weit, die Geburt findet statt.

Frederick Leboyer (1991) umschreibt das Geburtsgeschehen mit folgenden Worten:

Die Geburt ist ein Sturm.
Ein mächtiger Strudel
ergreift uns und bringt uns in diese Welt.
In diesem wilden, tobenden Meer
ist das Neugeborene ein winziges Boot,
das versucht, durch den Wahnsinn hindurchzusegeln.
Wenn es vorbei ist,
wenn sich die rasende See ausgetobt hat
und der Wind nicht mehr heult,
dann ist plötzlich Stille.
Schweigen.
Die Zeit setzt aus.
Der Augenblick,
wenn der kleine Abenteurer
seinen Fuß an unser Ufer setzt,
ist einfach unbeschreiblich.
Als täte sich ein Spalt auf.
Ein Spalt, durch den das Kind zu uns schlüpft,
ein Spalt, durch den uns die Ewigkeit berührt.
Um das zu erleben,
müssen wir schweigen und ganz still werden.
So wie es der Größe, Würde und Gewichtigkeit
dieses Augenblicks entspricht ...
Und mit unserem Schweigen
und unserer Ehrfurcht
erweisen wir ihm Achtung ...
Schweigen ist Aufmerksamkeit.
Schweigen ist Präsenz.
So wach und bewusst müssen wir sein.
Dann werden wir es wahrnehmen,
jenes „Etwas",
das von dem Neugeborenen ausstrahlt. (S. 19)

Ankommen in dieser Welt

Das Ankommen in dieser Welt wird durch die Geburt eingeleitet. Es findet ein ziemlich radikaler Wechsel statt von der einen Welt, die einen neun Monate lang umfasst, ja geradezu umschlungen hat, in eine neue Welt, in der alles offen ist, hell, laut und trocken. Mit der Geburt wird das Kind hineingeboren in die Schwerkraft, eine physikalische Dimension, die dem Kind gänzlich neu ist und die viele Lernprozesse erfordert, um mit ihr zurechtzukommen.

Die Geburt eines Kindes ist nicht nur ein klinischer Vorgang in einem Krankenhaus, sondern wird hier angesehen als das Ankommen eines Menschen in seiner Familie, in einer bestimmten Zeitepoche, in einer Kultur, in einer Region, in der physikalischen Schwerkraft, kurzum als die Ankunft im (nachgeburtlichen) Leben.

Das Kind wird hineingeboren in eine geografische Region. Hiermit verbunden sind jeweils unterschiedliche Ausprägungen des Klimas und des Wetters sowie auch unterschiedliche kulturspezifische Eigenarten. So werden die Neugeborenen auf Bali und in verschiedenen Bereichen Afrikas während des ersten Lebensjahres in ein Tragetuch gewickelt und ständig am Körper der Mutter gehalten – auch dann, wenn sie sich beschäftigt oder arbeitet. In Bali kommt hinzu, dass Kinder bis zur Vollendung des ersten Lebensjahres den Boden nicht berühren dürfen, also nicht alleine von der Mutter, sondern auch von der gesamten Verwandtschaft auf dem Arm gehalten werden. Hiermit ist natürlich das Kontaktbedürfnis am Lebensanfang sichergestellt, und zugleich bietet dieses Gehaltenwerden ein gehöriges Maß an Schutz, den Neugeborene unbedingt benötigen.

Auch die Zeitgeschichte spielt für die Bedeutung eines Kindes eine wichtige Rolle. Noch vor 100 Jahren waren Familien mit zehn Kindern durchaus üblich. Damals wohnten mehrere Generationen zusammen, um ihre Ressourcen gegenüber den härteren Lebensbedingungen zu bündeln. Je nachdem, in welche Epoche ein Kind hineinwächst, wird mit ihm eine unterschiedliche Bedeutung verbunden: Kinder als Arbeitskraft, aus Tradition, als Sinn des Lebens, aus Glaubensgründen, aus Ansehen, aus Prestige, als Unfall, zur Sicherung des Erbes, als Schmach oder Versagen, als Zeichen von Armut oder Reichtum, Bestätigung der Zeugungskraft usw.

Durch seine Geburt wird das Kind in eine ganz bestimmte, einmalige Familie hineingeboren, in seine Herkunftsfamilie. Es nimmt einen bestimmten Kinder- und Geschwisterplatz ein. Jeder Geschwisterplatz ist meistens mit unterschiedlichen Bedeutungen und Zuschreibungen versehen wie „unser Großer", „unsere Kleine", „unser Nesthäkchen", „der Nachzügler", „einer zu viel am Tisch", „unser Ein und Alles" usw.

Durch seine Ankunft verändert jedes Kind die vorherrschende Familienkonstellation und Familiendynamik. Das erste Kind sprengt im wahrsten Sinne des Wortes die bisherige Paardynamik. Die Erwachsenen werden Eltern, die Eltern der Eltern werden Großeltern usw. Die neue Generation in der Familie verändert ihre Strukturen und die Rollenzuschreibungen ihrer Mitglieder. Das Kind bindet die Erwachsenen für immer als leibliche Eltern an sich. Auch über eine mögliche Trennung der Partner hinaus bleiben beide die leiblichen Eltern, und das Kind immer das leibliche Kind genau dieser Eltern, auch falls es woanders aufwachsen oder wohnen würde. Ebenso sorgt auch die Ankunft als zweites oder weiteres Kind für Veränderungen. Es bildet gemeinsam mit seinen Geschwistern ein Geschwistersubsystem und die bislang exklusive Position des erstgeborenen Kindes wird zumindest in Frage gestellt. Somit kann es zu Splittings in der Familie kommen: Das erste Kind verbündet sich z.B. mit der Mutter, das zweite hingegen verstärkt mit dem Vater, was wiederum spannungsreiche Auswirkungen auf die Partnerschaft haben oder diese auch hierdurch stabilisieren kann.

Selbstorganisation: Erste Kompetenzen und Handlungsmuster

Bereits sofort nach der Geburt ist das Neugeborene in der Lage, dank seiner schon früh erlernten Fähigkeit, zu saugen, zu schlucken und somit Nahrung aufzunehmen. Das Saugen an den Fingern, am Schnuller oder anderen Objekten kann zum einen der Beruhigung dienen, zum anderen der Erforschung seiner Umgebung. Der Mund ist in den ersten Lebenswochen das kindliche Tor zur Erkenntnis. Eine weitere Fähigkeit ist seine Greiffähigkeit. Hierdurch kann es sich oder etwas in seiner Umgebung festhalten. Aus diesen noch einfachen Handlungsschemata werden im weiteren Verlauf der Entwicklung alltagstaugliche, differenzierte Handlungsmuster. Alleine schon mit diesen beiden Basiskompetenzen ist das kleine Kind in der Lage, sich zu beschäftigen, zu erforschen und Kontakte zu sich selbst und zu seiner Umgebung herzustellen.

Zur Menschwerdung nach meinem Verständnis und nach dem hier zu beschreibenden Konzept gehört eindeutig die Fähigkeit zur Selbststeuerung und Selbstorganisation. Schon in der vorgeburtlichen Zeit und von frühester Kindheit an stehen uns diese Potenziale zur Verfügung. So wird Menschsein hier verstanden als die Fähigkeit, autonom zu handeln, Erkenntnisse über sich selbst und seine soziale und physikalische Umwelt zu gewinnen und selbstreflexiv mit dieser aktiv zu interagieren. Die Umwelt wird dabei nicht als etwas Objektives angesehen, sondern wird durch die Art der Betrachtung zu dem gemacht und gestaltet, was wir in ihr sehen wollen (und können). Somit erschaffen wir uns unsere Umwelt selbst und ständig neu. Konflikte sind ein gutes Beispiel für intersubjektive Unterschiedswahrnehmungen und ihre differenzierte und nicht übereinstimmbare Beurteilung oder Bewertung.

Der Mensch ist nach den Annahmen der Systemtheorie ein aktiver Gestalter seines Lebens und seiner Lebensumstände. Auch Neugeborene sind dazu in der Lage, sich ihre Umwelt nützlich zu gestalten: Alleine durch ihre Anwesenheit kann sich der Tages- und auch der Nachtablauf in der Familie radikal ändern. Die Organisation des Familienlebens, die Interessen, die Wohnraumgestaltung, die Essenszeiten und Essgewohnheiten, kurzum das Zusammenspiel des Familienlebens wird oftmals massiv reorganisiert und passt sich somit den neuen Gegebenheiten und dem neuen Familienmitglied an.

Die Erwachsenen erhalten eine neue Rolle als Eltern und nehmen sich selbst und ihre Umgebung hierdurch anders wahr. Eine neue Art von Aufmerksamkeit und Verantwortung kommen hinzu und die Eltern entwickeln sich hierdurch in eine neue Dimension der Menschwerdung, die für sie in der Regel im frühen oder mittleren Erwachsenenalter stattfindet.

Selbst kleine Kinder können schon bald eine Wahl treffen, z. B. ob sie mehr oder weniger Nahrung aufnehmen wollen und auch in welchem

Tempo und in welchem Rhythmus, ob sie beschäftigt werden möchten oder schlafen wollen, ob sie auf dem Arm getragen werden wollen oder lieber auf dem Boden herumkrabbeln möchten. Der Wille und das Wollen sind schon einige Wochen nach der Geburt zu erkennen und entwickeln sich ständig weiter. Neugier und die Ausrichtung von Aufmerksamkeit sind wichtige Anzeichen eigener Motiviertheit. Diese bilden den inneren Ansporn, die Welt und sich selbst zu entdecken.

Kinder sind in ganz besonderem Maße Beziehungsmenschen. Sie können ohne Beziehungen nicht existieren. Sie sind von der Erwachsenenwelt abhängig. Und obwohl sie abhängig sind, haben sie schon als kleine Kinder die Fähigkeit zu entscheiden und ihre Wahlmöglichkeiten zu nutzen. Hierdurch ist es möglich, dass sie ihre Spielräume entsprechend ihrer Motiviertheit und Interessenlage variieren können, z. B. sich zurückziehen, auf sich aufmerksam machen, laut sein oder leise, ruhig oder lebendig sein, schreien, weinen oder leise vor sich her brabbeln. In einer sicheren Umgebung (ein Elternteil ist in der Nähe) können sich Kinder lange Zeit mit sich selbst und ihrem Spiel beschäftigen. Sie haben unendliche Ausdauer, etwas, das sie interessiert, in einer Art Lernprozess oder besser noch – Aneignungsprozess – immer wieder zu wiederholen, um ihr anfänglich vielleicht zufälliges Experimentieren nun zu einem zuverlässigen Handlungsrepertoire werden zu lassen.

Emotionaler Schutz und Halt: die beste Basis für Selbstsicherheit

Um sich in der Babyzeit und in der frühen Kindheit gut zu entwickeln, brauchen Kinder ein hohes Maß an emotionaler Sicherheit und Schutz. Beides bieten ihm im Idealfall seine Eltern. Es ist die Zeit der direkten Kontakte. Das Kind lernt, dass diese auf es aufpassen und es sich somit in seinem Spielraum frei bewegen kann. Emotionale Sicherheit stellt Verbindlichkeiten her, Zuverlässigkeiten seitens der Eltern und Bezugspersonen, sodass das Kind sich seiner selbst sicher sein kann.

Angst hat es nur dann, wenn etwas Gefährliches, Unbekanntes, Unsicheres passiert. Es kennt aber nicht die Angst vor sich selbst, sondern entwickelt Zuversicht und Selbstvertrauen, wenn es die emotionale Sicherheit durch die Eltern verinnerlichen kann.

Von Anfang an brauchen Kinder für ihre optimale Entwicklung die Erfahrung, gehalten zu werden. Halt zu erfahren stärkt die Stärken und das Besondere des Kindes. Halt zu geben bedeutet, das Kind mit seinen Eigenarten und in seiner Einmaligkeit auszuhalten. Es kann sich anvertrauen und verlassen auf die Halt gebenden Eltern. Hierdurch erlebt es emotionale Wärme, Unterstützung und Geborgenheit.

Emotionale Sicherheit und Halt zeigen dem Kind, dass es die Aufmerksamkeit der Eltern bekommt, dass es gesehen wird. Das Kind kann hierin eine Zustimmung zu seinem Selbst erfahren, eine notwendige Voraussetzung für die Entwicklung von Selbständigkeit und Selbstsicherheit. Wenn es seine Eltern so erlebt, dass diese seine Existenz im Allgemeinen und seine spezifische Ausprägung im Besonderen tragen und dieser zustimmen, dann kann es sie als stark und kompetent erleben und sich gleichzeitig getragen fühlen.

Eltern haben durch ihre Rolle eine große Chance, ihr eigenes menschliches Potenzial permanent zu vertiefen und zu erweitern. Durch die Kinder werden Eltern ständig dazu eingeladen und aufgefordert, ihr Wissen, ihr Können, also all ihre Kompetenzen und sozial-emotionalen Fähigkeiten unter Beweis zu stellen. Viele Kompetenzen müssen Eltern allerdings erst noch erwerben. Dies geschieht im Austausch mit dem Kind: durch fokussierte Aufmerksamkeit, durch Präsenz, durch Anteilnahme und Mitgefühl, durch ein intuitives Verstehen und durch den Mut zum Risiko, um hierdurch etwas Neues zu bewirken. Das Kind ist dann als Feedbackgeber am Lernprozess der Eltern beteiligt.

Der Verlauf der Schwangerschaft, der Verlauf der Geburt und die aktuelle Familiendynamik, die Einstellung zum Kind usw. haben Einfluss auf die Art der Beziehungsgestaltung zwischen Mutter, Vater und Kind. Die körperliche Nähe des Fötus zur Mutter sollte nicht nach der Geburt abbrechen, sondern in besonderem Maße in eine Bindungsphase übergehen. Hier ist der körperliche Kontakt für das Baby sehr wichtig. Erst die nachgeburtliche Erfahrung einer tiefen Verbundenheit macht eine spätere Lösung und schließlich auch Trennung möglich (siehe hierzu auch Kapitel 2 und 3). Bindung entsteht durch die Nahrungsquelle der Brust der Mutter. Das mit der Nahrungsaufnahme einhergehende Gehaltenwerden unterstützt die emotionale Seite der Verbundenheit zwischen Mutter und Kind. Durch Berührung und Streicheln, durch Blickkontakt und schließlich auch durch die verbale Ansprache an das Kind kann es Geborgenheit und Zustimmung zu seinem Sein von beiden Eltern erleben.

Schmerzhafte Erlebnisse und Gefühle in dieser Phase der intensiven Bindung, also im ersten halben Lebensjahr, werden abgespalten. Verletzungen der Kinderseele in dieser Zeit können sich später in einem Wunsch nach übermäßiger Nähe in der Partnerschaft oder in der Angst vor zu viel Beziehung (vereinnahmt zu werden) und vor erneuter Trennung ausdrücken.

Das Ich- und Du- und Wir-Gefühl

In der nächsten Etappe des Lebens entwickelt das Kind seine Wahrnehmungsfunktionen weiter. Die Phase der engen Verbundenheit zwischen Mutter und Kind wandelt sich zu einer Verbundenheit mit dem ganzen Familiensystem, von dem das Kind ein Teil ist. Das Enge und Unmittelbare der Bindungsphase löst sich allmählich auf. Der Bewegungsradius nimmt zu, die kognitiven Fähigkeiten des Kindes wachsen. Es erlebt sich mehr und mehr als eigenständiger Mensch in Interaktion mit Mutter und Vater und den anderen Familienmitgliedern. Es lernt die Unterscheidung von Ich und Du.

Jetzt nimmt das Kind auf, was seine Eltern von ihm halten: Ist es gut genug für seine Eltern? Entspricht es ihren Vorstellungen und Anforderungen und erhält es die gewünschte Anerkennung und Zustimmung? Oder wird es kritisiert, abgewertet und abgestoßen? Wie spiegeln die Eltern dem Kind ihre Sichtweise wider?

Über wechselseitige Feedbacks kann das Kind erste Vorstellungen über sich selbst entwickeln und die Eltern ihrerseits erhalten Informationen (Feedbacks) vom Kind über seine Sichtweise der Eltern. Es findet ein emotional gefärbter Austausch statt, ein wechselseitiges Geben und Nehmen. Die Loyalität des Kindes zur Familie nimmt zu und verdichtet sich. Es weiß jetzt, dass es ein Teil der Familie ist und dazugehört. Zum Ich und Du kommt noch das Wir, das sich im für Kinder wichtigen Wir-Gefühl der Verbundenheit und des Aufgehobenseins manifestiert.

Ungünstig kann es sich auf ein Kind auswirken, wenn die Eltern das Kind übermäßig positiv sehen und ihm ein grandioses, aber unrealistisches Selbstbild aufzeigen. Andererseits kann aber auch, wenn die Eltern eine überaus kritische Haltung dem Kind gegenüber zeigen und nichts gut genug ist, dies in der Zukunft die Unzufriedenheit mit sich selbst und eine selbstkritische Sichtweise zur Folge haben.

Sowohl bei der Überschätzung als auch bei der Defizitorientierung fehlt der Kontext- oder Situationsbezug. Das Kind kann dabei nicht lernen, sich kontextadäquat zu verhalten. Es erfährt statt dessen, dass es immer ein Held ist oder immer ein Versager. Diese Attribuierungen wirken oftmals schon bald als sich selbst erfüllende Sichtweisen und prägen das Selbstbild des Kindes.

Selbstvertrauen durch Zustimmung und Grenzen

Für den Aufbau kindlicher Identität ist es notwendig, dass die Eltern das Kind ernst nehmen, es respektieren und anerkennen für das, was es ist und nicht nur für das, was es tut. Es braucht die kontinuierliche Bestätigung seines Selbst, realistisch und kontextbezogen, es braucht Förderung und Anregung statt Kritik oder Ablehnung.

Das Kind nimmt sich ab dem zweiten Lebensjahr als selbständige Person wahr, mit einem vorhandenen Selbstgefühl und dem ihm eigenen Selbstvertrauen. Dies ist in dieser Phase des Entdeckens und Experimentierens von großer Wichtigkeit, denn nicht jedes Handeln gelingt auf Anhieb fehlerfrei. Um das Risiko des Scheiterns zu wagen und es, falls beim ersten Mal etwas fehlschlägt, wiederholt auszuprobieren und hierdurch wichtige neue Erfahrungen sammeln zu können, bedarf es eines stabilen inneren Halts und Vertrauens. Ohne ausreichendes Selbstvertrauen könnte ein Fehler oder Misserfolg im Spiel, im Handeln oder im kindlichen Experimentieren schnell zu einem Abbruch der Aktion führen, ohne dass sich das Kind für sich selbst eine Bestätigung seines Könnens durch sein eigenes Tun erwirkt hat. Zum Lernerfolg bedarf es ein recht hohes Maß an Fehlerfreundlichkeit. Ohne diese wirken Misserfolge zu schnell frustrierend und können zur Aufgabe der gefassten Absicht beitragen. Fehler wirken bei Kindern motivierend, einen weiteren Versuch zu starten, das Handeln zu präzisieren und die Kompetenzen weiter auszubauen. Aufmunterung, Zustimmung und Zuversicht vonseiten der Eltern können dabei wichtige Unterstützer sein. Schon bald wird dann ein Kind seine neu erworbenen Fähigkeiten zu einem selbstverständlichen Routinekönnen verinnerlicht haben.

Inzwischen hat das Kind sich in den Familienkontext integriert und bestimmt bei der Familiendynamik heftig mit. Im zweiten bis dritten Lebensjahr hat es schon viele Regeln und Orientierungen darüber gehört und verinnerlicht, was richtig und falsch ist, was erwünscht und was unerwünscht ist und wie sich die Kinder die Anerkennung von den Erwachsenen holen können, worauf diese also Wert legen. Sie sind längst Teil der Beziehungsgestaltungsprozesse geworden, die in jeder Familie stattfinden: Es wird gefordert und manipuliert, getröstet und kritisiert, anerkannt und abgelehnt, es werden Entscheidungen dafür oder dagegen getroffen, kurzum es wird gekämpft und geliebt.

In diesem Lebensabschnitt wird das Aufzeigen, Kommunizieren und Einhalten von Grenzen besonders wichtig. Grenzen geben Klarheit, Sicherheit und Verlässlichkeit. Kinder können sich daran orientieren und manchmal auch „abarbeiten". Stehen die Eltern zu ihren Entscheidungen, zeigen sich also als die Starken und Großen, dann können die Kinder Kinder sein und klein sein und sich anvertrauen. Das Kind erlebt auch, dass die Erwachsenen stark genug sind, mit seinen auch massiv ausgelebten Gefühlen wie Hass und Liebe umzugehen, und alle Gefühlsweisen aushalten können. Sie werden deswegen nicht nachgeben, weggehen oder sterben. Die Trotzphase der Kinder bietet den Eltern eine großartige Möglichkeit, sich mit ganzer Klarheit und Eindeutigkeit zu präsentieren, der Wucht der kleinen Widerspenstigen standzuhalten und elterliche Verantwortung zu übernehmen – ein bedeutender Lernprozess in der frühkindlichen Entwicklung.

Mit dem dritten Lebensjahr sind die motorischen Fähigkeiten des Organismus schon sehr weit ausgereift und die Sprache ist zum wichtigsten Kommunikationsmittel geworden. Es hat den Anschein, als wenn Kinder gerade in dieser Zeit, ab dem dritten Lebensjahr, die Absicht haben, sich für ihre Existenz und Zugehörigkeit zu bedanken. Sie äußern ihre Liebe den Eltern gegenüber und machen Geschenke. Die Eltern sind die großen Vorbilder. Und sie unterstützen und begleiten auch das Kind, wenn es in „die Welt" hinausgeht, etwa in den Kindergarten, in die Spielgruppe oder mit den Nachbarkindern auf den Spielplatz. Immer wieder unterbrechen die Kleinen ihr Spiel, rennen kurz zu einem Elternteil, vergewissern sich damit sozusagen, dass alles so in Ordnung ist, und verschwinden wieder zum Spielen.

Jetzt testen sie die Realität aus: Hat das, was sie zu Hause erfahren haben, auch außerhalb der Familie Bestand? Können sie sich auf ihre Orientierungen verlassen, sind die erhaltenen Feedbacks der Eltern realitätsangemessen usw.? Gleichzeitig bringen sie neue Eindrücke mit nach Hause und konfrontieren die Eltern hiermit. Die einen dürfen das, die anderen etwas anderes. Warum darf ich das nicht auch (haben, sein, tun)? Diese Verhandlungen sind wertvoll, um sich gegenseitig auszutauschen und eventuelle Anpassungen vorzunehmen.

Haben die Kinder ihre frühkindliche Entwicklung auf positive Weise durchlebt, dann haben sie beim Übergang in die Schulkindzeit ihr Selbstgefühl, ihren Selbstwert und ihr Selbstbild entwickelt und verinnerlicht. Durch den elterlichen Schutz und ihren Halt, durch ihre kontinuierliche Zustimmung zu ihrem Dasein und durch die Bestätigung der Zugehörigkeit zum Familienverbund konnten sie sich inzwischen selbst einen inneren Kern und damit einen inneren Halt aufbauen, der zur notwendigen Selbständigkeit in den folgenden Etappen der Menschwerdung als Schulkind und Jugendliche/r beitragen wird.

Spielen als Experimentierfeld

Kinder nutzen ihre Energie, um sich selbst und die Welt zu entdecken und zu gestalten. Ihr Betätigungsfeld ist das Spiel. Im kindlichen Spiel kann das Kind sich selbst verwirklichen. Es ist sein Experimentierfeld und die beste Möglichkeit, sich die Gegebenheiten des Lebens kindgerecht anzueignen. Im Spiel kann die Realität erprobt werden und sich mit den inneren Vorstellungen des Kindes, also seiner Phantasie, vermischen. Zaubern ist somit für Kinder etwas Selbstverständliches, auch wenn sie es technisch noch nicht beherrschen. Aber die Vorstellung, sich zu verwandeln, eine andere Identität oder Rolle einzunehmen, in der Zeit zurückzugehen oder nach vorne in die Zukunft, stellt für

Kinder einen großen Reiz dar. Im Spiel können sie die Erwachsenen imitieren, sie können so gefährlich sein wie ein Löwe, so lustig wie ein Clown und so schön wie eine Prinzessin. Im Spiel werden Kreativitäten lebendig und Phantasien gefördert. Gleichzeitig werden die Regeln des Spiels kommuniziert und vereinbart, besonders dann, wenn mehrere Kinder zusammen spielen. Das Handeln der Kinder im Spiel wird durch Wünsche, Absichten, Bedürfnisse, Experimentierfreude, Zufälle, Gefühle, plötzliche Einfälle, Planungen etc. motiviert und erzeugt, ist also durch innere Prozesse geleitet. Im Spiel realisiert sich die kindliche Form der Selbstorganisation.

Spielen ist jedoch für viele Kinder und Jugendliche heutzutage längst nicht mehr immer möglich. Zu sehr sind sie eingebunden in vorgegebene Stundenpläne und Tagesabläufe. Die Kindheit und Jugendzeit werden zunehmend verplant und mit Freizeitaktivitäten und Lernprogrammen vollgestopft. Häufig bleibt zu wenig Zeit für Entdeckungen, für ungeplante Aktivitäten, für spontane Erlebnisse. Dabei wäre es wichtig, dass Kinder und Jugendliche Zeit- und Spielräume haben, um ihrem Entdeckergeist und ihrer Phantasie und Vorstellungskraft nachzugehen, zu basteln und zu bauen, zu handwerken, zu sammeln und zu tauschen, Freundschaften zu pflegen, in Cliquen zu leben und ihrer Neugier und ihrem Einfallsreichtum nachgehen zu können.

Die virtuellen Welten der Medien können selbstaktives Handeln und die damit verbundenen, hautnahen Erlebnisse nicht ersetzen. Ein Tier im Fernsehen kann man nicht streicheln, mit den Filmschauspielern kann man nicht reden und sich austauschen. Die sinnlichen Wahrnehmungsmöglichkeiten werden heute allzu oft auf visuelle Eindrücke reduziert, was häufig zu Passivität führt und das aktive Handeln einschränkt. Jugendliche brauchen m. E. die Erfahrung, selbst etwas in die Hand nehmen zu können, etwas aus eigenem Antrieb bewirken zu können, etwas zu tun und zu erreichen, weil man es will, weil man ein Ziel hat, das man erreichen möchte, weil es einen persönlichen Wert darstellt und Sinn macht.

Das eigene Weltbild entwickeln

In der Phase seiner Sozialisation lernt ein Kind durch die unterschiedlichen sozialen und emotionalen Ereignisse, was und wie es sein darf, und was und wie es nicht sein soll. Durch zahlreiche Ge- und Verbote lernt der kleine Mensch, sich in der Komplexität seiner Lebensumstände zu orientieren. Er nimmt Regeln in sich auf, verinnerlicht Glaubenssätze und entwickelt Selbstattribuierungen über sich selbst und über die Welt. Er lernt zu unterscheiden zwischen Wichtigem und Unwichtigem in seinem Herkunftssystem, zwischen wertvollen und wertlosen Aspekten des Lebens. Er nimmt die Werte, Absichten und Ziele der Familie in sich auf und organisiert sein eigenes Leben zunächst danach. Hierdurch erhält sein Leben eine sinnvolle Bedeutung.

Das Kind entwickelt also seine eigene Weltsicht aus der Weltsicht des familialen Mikrokosmos im Kontext einer sozialhistorisch-kulturellen Gesellschaftlichkeit. Aus seiner faktischen Abhängigkeit und aus dem natürlichen Gefühl der Zugehörigkeit heraus entwickelt es seine Loyalität zur Herkunft, zu seinem Herkunftssystem. Durch die für Kinder und später auch für die Jugendlichen so wichtigen Erfahrungen mit den Beziehungsqualitäten der Bindung und Verbundenheit, der Zustimmung und Zugehörigkeit sowie der Ablösung und des Getrenntseins, lernen die jungen Menschen ihre Kommunikations- und Beziehungsgestaltungsmöglichkeiten zu erweitern und zu vervollständigen.

In der Zeit der Adoleszenz stellen die Jugendlichen die Werte, Normen, regelhaften Vorgaben und erlernten Orientierungen den Eltern gegenüber in Frage, übertreten sie, missachten oder kritisieren sie. Teilweise zu Recht, vor allem dann, wenn Regeln nicht altersgemäß oder kontextadäquat sind. Die Jugendlichen wollen auf der Suche nach ihrer Identität ihre eigenen Maßstäbe entwickeln und erproben. In jedem Fall sind die eigenen Glaubenssätze und Selbstzuschreibungen Ausdruck der eigenen Identität und dienen der eigenen Orientierung.

Für die Eltern ist dies eine Zeit, in der sie viel Neues lernen werden im Umgang mit ihrem Kind im jugendlichen Alter. Die größte Herausforderung für sie wird es sein, die richtigen Momente für das notwendige Loslassen zu finden, aber auch noch für den notwendigen Halt zu sorgen. Loslassen und Halten sind in Balance zu bringen. Mit dem Loslassen signalisieren die Erwachsenen dem heranreifenden Jugendlichen Vertrauen in seine Eigenständigkeit. Halt zeigt dagegen Grenzen und Schutz auf, dort, wo es angebracht ist. Halt bietet einen Rahmen, eine Orientierung und Ordnung. Halt stellt auch Forderungen, z. B. wichtige Aufgaben wahrzunehmen und zu erfüllen – selbständig. Für beide Seiten ist dies eine Phase des Experimentierens mit den Möglichkeiten und Notwendigkeiten, die sich in der Eltern-Kind-Beziehung jetzt ergeben.

Das Individuum als operativ geschlossenes System

Kommunikation ist die Brücke zwischen Innerem und Äußerem, zwischen der Welt der Erwachsenen und der Welt der Jugendlichen. Kommunikation bietet an zu argumentieren, zu verhandeln, zu lösen und zu verstehen. Es werden jedoch nur solche Kommunikationsinhalte in das psychische System einfließen können (im Sinne von bedeutungsvoll werden), die der Selbststeuerung dienlich sind. Unser Gehirn ist in der Lage, unpassende Informationen auszublenden, zu ignorieren. Sollte es sie registrieren und als unpassend oder seltsam einstufen, dann bleibt immer noch die Möglichkeit der Verzerrung. Erziehungsmaßnahmen und Strafen können zwar das Handeln steuern, jedoch nicht unbedingt den Willen und die Motivation des Handelns.

Der Unterschied zwischen Psychologie und Pädagogik einerseits und Medizin andererseits ist zumindest in einer Hinsicht gravierend und gleichzeitig bedeutungsvoll: Während Mediziner mit ihren körperorientierten Verfahren den Organismus eines Menschen unmittelbar beeinflussen können, gelingt dies Psychologen und Pädagogen sowie oftmals auch Eltern in dieser direkten Art und Weise eher nicht. Sobald Kommunikation zwischen zwei oder mehreren Personen im Spiel ist, geht es immer um die Qualität der Beziehungsgestaltung als Voraussetzung für ein konstruktives Gelingen. Erst eine passende Kommunikation, also eine solche, für die beide Gesprächspartner Zustimmung signalisieren, macht den Informationsaustausch möglich. Auf dieser Basis kann eine Öffnung der operativ geschlossenen psychischen Systeme stattfinden (siehe hierzu auch Kapitel 9).

Ein neues Verständnis von Erziehung

Lebende Systeme sind anders organisiert als gemeinhin angenommen wird. Zu sehr dominiert noch die alte Idee von Erziehung, die annimmt, man könne andere Menschen zu Veränderungen bewegen, wenn man nur streng genug wäre, Anreizsysteme schaffe, genügend Kontrolle ausübe oder sie in Abhängigkeit halte.

Jedoch wissen Lehrer, Ärzte und Psychotherapeuten, Verkäufer, Manager – und Eltern sowieso: Man kann andere Menschen nicht ohne Weiteres verändern und ohne ihre Zustimmung beeinflussen. Es ist zwar möglich, Menschen zu beugen, etwa in Zwangskontexten wie Sekten, unter Drogen, mit Medikamenten oder durch Androhung von Gewalt usw. Jedoch ist es nicht wirklich möglich, sie ohne ihr Zutun in eine von außen vorgegebene Richtung zu lenken.

Wir Menschen und auch Kinder, zumindest ab dem Vorschulalter, haben eine Art Schutzmöglichkeit vor äußeren, unerwünschten Beeinflussungen entwickelt, die dazu beiträgt, selbstbestimmt und selbstverantwortlich zu handeln.

Durch massives Durchdringen dieser Schutzschicht wird immer eine große Kränkung, Verletztheit, Irritation, Angst oder Ohnmacht erzeugt. Wir sprechen hierbei von Traumata, die durch Gewalt, sexuelle Übergriffe, plötzliche diskontinuierliche Veränderungen wie unerwarteter Tod, Trennung, Behinderung, Unfälle usw. oder auch durch Umweltkatastrophen oder Kriegsereignisse und Terrorattacken ausgelöst werden. Ziel der psychotherapeutischen Arbeit ist es dann, die natürlichen Schutzmechanismen der Psyche wieder aufzubauen.

Von außen werden die Erwartungen an ein Kind in Richtung Selbständigkeit, und damit verbunden auch in Richtung Selbstverantwortung, mit zunehmendem Alter ständig erhöht, jedoch hat soziales Lernen als Voraussetzung für die Entwicklung von Selbständigkeit in unserer Gesellschaft immer noch einen zu geringen Stellenwert. Es wird meist viel gefordert und zu wenig angeleitet. Besonders unter systemischen und kulturspezifischen Gesichtspunkten brauchen Kinder und Jugendliche, Eltern und Pädagogen sowie andere Bildungs- und Entwicklungsagenten neue Konzepte des kindlichen Seins und Werdens gleichermaßen. Wilhelm Rotthaus (1998) hat dies in treffender Weise beschrieben, indem er sagt, dass die erziehenden Erwachsenen mit dem Kind als Partner handeln und es als eine autonome und gleichberechtigte Person anerkennen sollten. Zugleich sehen die Erwachsenen die Anleitungs- und Unterstützungsbedürftigkeit des Kindes und erziehen es, indem sie ihm Lernen ermöglichen und es damit in die Kultur einführen. „Das Kind ist damit nicht mehr Objekt erzieherischer Bemühungen, sondern bleibt Subjekt seines Lebens und seiner Entwicklung" (Rotthaus, 1998, S. 45).

Menschwerdung vollzieht sich immer auf der Grundlage gelebter Erfahrungen. Diese sind in den ersten Lebensjahren in starkem Maße durch die jeweils spezifischen Erziehungsqualitäten der Eltern realisierbar. Erziehung ist dabei als ein interaktiver, wechselseitiger Austausch- und Feedbackprozess zu verstehen, der die Präsenz der Eltern und ihre Kommunikation mit dem Kind voraussetzt. Nicht anwesende Eltern haben zwar Einfluss auf die Entwicklung ihres Kindes, nehmen an ihr jedoch nicht teil, sodass Beziehungs- und soziales Lernen im familialen Kontext hierdurch eingeschränkt wird.

Erziehung spielt eine zentrale Rolle in der Entwicklung zum Selbst. Diese seitens der Erwachsenen einem Kind zu verweigern, verhindert wesentliche Aspekte der Anleitung zur Menschwerdung. Sozial-emotionales Lernen setzt Erfahrungsaustausch und Reflexion voraus. Präsenz und Kommunikation machen eine Eltern-Kind-Beziehung durch die gemeinsam verbrachte Zeit erst möglich. Dies impliziert gegenseitige Aufmerksamkeit und Beachtung. Der familiale Zusammenhalt, der Platz im Leben also, kann hierdurch erst erlebt und eingenommen werden. Sozial-emotionales Lernen schließt Geben und Nehmen und eine kooperative Lebensgestaltung ein. Hierzu zähle ich u. a. Mitgefühl, Verhandlungsfähigkeit, Selbständigkeit, Übernahme von Verantwortung für das eigene Handeln, Dankbarkeit, Entscheidungsfindung sowie Verbundenheit und Loslassen (im Sinne von Autonomie).

Die Herausforderung bei der Gestaltung einer tragfähigen Eltern-Kind-Beziehung liegt darin begründet, dass jede Person ihre eigene Sicht der Dinge entwickelt, also ihre Realität und Wirklichkeit nach subjektiven Erfahrungen, Erkenntnissen oder Annahmen konstruiert. Hieraus erwächst besonders für die Erwachsenen die Notwendigkeit, von ihrer eigenen, erwachsenenorientierten und vertrauten Realitätssicht Abstand zu nehmen und von dieser abstrahieren zu können, um den Zugang zu den kindlichen Sichtweisen, Erfahrungen, Gefühlen und Gedanken, also der insgesamt kindbezogenen Wirklichkeitskonstruktion zu erhalten. Es macht somit wenig Sinn, einem Kind zu sagen, es brauche keine Angst zu haben, wenn es diese gerade in einer spezifischen Situation erlebt, genauso wenig, wie wir einem Zahnarzt glauben, wenn er uns verspricht, dass das Bohren nicht weh tue.

Die Erschaffung der eigenen Wirklichkeit

Selbstorganisationsprozesse bei Kindern und Jugendlichen sind geprägt von der Fähigkeit, ständig zu lernen und sich somit permanent selbst zu erneuern. Die zentrale Bedeutung der Selbstorganisation ergibt sich aus dem dynamischen Wechselspiel von Bewahren und Verändern, Annehmen und Loslassen. Hierdurch sind selbstorganisierende Systeme ständig in Bewegung. Durch die Komplexität des Lebens angeregt, befindet sich die Selbstorganisation in einem ständigen Prozess des Ausbalancierens unterschiedlicher dynamischer Zustände. Obwohl diese Organisation des Selbst sich in ständigem Wandel befindet, bleibt die Gesamtstruktur erhalten. Capra (1983, S. 300) nennt dies „die dynamische Stabilität der sich selbst organisierenden Systeme". Hierdurch ist es dem Menschen möglich, sich den verändernden Umweltbedingungen angemessen anzupassen und gleichzeitig diese zu beeinflussen. Anpassung und Einflussnahme zeigen sich somit als die zwei Seiten der gleichen Medaille: der Lebensgestaltung.

Zu den autonomen, selbst gesteuerten, dynamischen Prozessen gehört im Wesentlichen die Konfiguration der inneren Persönlichkeitsanteile: Die (kindliche wie erwachsene) Person als selbstorganisierendes System schafft sich ihre eigene Welt, eine Art Persönlichkeitslandschaft. Wie jede Landschaft besteht diese aus unterschiedlichen Regionen und Gegebenheiten. Zu diesen zähle ich die körperliche Seite des Seins (organisch-biologische Vorgänge wie z. B. Stoffwechselprozesse), die Wahrnehmungsprozesse mithilfe der Sinnesorgane, die Welt der Gefühle, die Welt der Gedanken und des Intellekts sowie die Welt der Kommunikation und Beziehungsgestaltung.

Aus dem Konglomerat dieser verschiedenen Facetten des menschlichen Seins kann jede Person sich die ihr passende, einzigartig-individuelle Konfiguration spezifischer Anteile zusammensetzen. Diese Anteile verkörpern jeweils spezifische Persönlichkeitseigenschaften. Die Integration dieser Eigenschaften bildet die personale Identität, sinnbildlich gesprochen die persönliche „Mitte", das zentrale Kraftfeld einer Person.

Desintegration relevanter Anteile führt hingegen zu einem Ungleichgewicht im System und bewirkt, dass einige Anteile ein Übermaß an Bedeutung gewinnen und eine gewisse Dominanz entwickeln können, während die ausgegrenzten Aspekte ungenutzt bleiben. Ist dieser Zustand chronifiziert, kann das Auswirkungen auf die psychische wie körperliche und soziale Konstitution haben. Ein Mensch fühlt sich dann einseitig belastet, erlebt sich als gestresst, überfordert oder krank.

Lebende Systeme kennen den Wunsch nach Homöostase (Aufrechterhaltung des Gleichgewichts im System), obwohl sie in der Lage sind, Unausgewogenheiten über lange Zeiträume durchzustehen. Bei Ungleichgewichten stellt sich die Frage, wodurch und zu welchem Preis dieser Zustand der fehlenden Balance kompensiert werden kann. Kompensationen (z. B. psychosomatische Symptome, Verhaltensauffälligkeiten usw.) haben den Vorteil, dass wichtige Funktionen des Systems beibehalten werden können, andererseits kann eine Kompensation zu einer Problempotenzierung führen.

Jeder Menschwerdungsprozess wird von zahlreichen Hindernissen begleitet. Eine geradlinige, problemfreie Entwicklung zum Selbst erscheint mir undenkbar. Bereits während der ersten Schwangerschaftswochen können sich ernsthafte Schwierigkeiten zeigen. Die Geburt selbst kann Probleme verursachen oder als eine schwere Krise erlebt werden, es kann zu Komplikationen kommen. Von Geburt an wird es im Leben immer wieder Herausforderungen geben, die zu meistern sind. Doch in jeder Krise steckt auch eine Chance, jedes Problem stellt auch eine Lösung dar. Besonders Kinder und Jugendliche sind bei der Bewältigung von Problemen und Krisen auf die Hilfe und Unterstützung der Eltern und anderer wichtiger Bezugspersonen angewiesen und können hierdurch Strategien erlernen, mit den Schwierigkeiten im Leben umzugehen, Konflikte zu verarbeiten und Probleme zu meistern. In den meisten Fällen sind dies für die weitere Persönlichkeitsentwicklung sehr wichtige und essenzielle Erfahrungen.

Die Bedeutung des Selbstwerts

Wir können mit Sicherheit davon ausgehen, dass jeder Mensch einzigartig ist. Menschen bringen durch ihre Existenz diese Einzigartigkeit mit in ihre Lebenskontexte und beeinflussen diese jeweils subjektiv. Kein Mensch ist wie ein anderer. Alle Menschen unterscheiden sich voneinander, obwohl alle gleiche oder ähnliche Strukturmerkmale besitzen. Unterschiedlichkeiten sind somit etwas völlig Natürliches. Dennoch stellt gerade der Umgang mit Unterschiedlichkeiten nicht nur innerhalb eines Familiensystems, einer Projektgruppe oder eines Teams, sondern auch in zwischenstaatlichen Bereichen und Kulturen eine der größten menschlichen Herausforderungen dar.

In lebenden Systemen und zwischen ihnen werden Regeln und Orientierungen für diesen Umgang mit Unterschiedlichkeiten festgelegt, bestimmt, diskutiert, verhandelt, kriegerisch und mit Gewalt durchgesetzt oder sie werden ganz unreflektiert und inoffiziell wirksam. Auf jeden Fall hat die Regulierung des Umgangs mit Unterschiedlichkeiten wesentlichen Einfluss auf die subjektive Befindlichkeit jedes Menschen: Führt die vorhandene Orientierung zu Ausgrenzung oder Integration, zu Ablehnung oder Zustimmung? Kinder lernen durch die Kommunikation dieser Regeln, ob sie selbst erwünscht sind oder nicht, ob ihr Handeln angemessen ist oder als falsch bewertet wird.

Dies stellt für sie eine existenzielle Unterscheidung dar. Eine Ablehnung der Person als Ganzes entzieht dem Menschen seine Daseinsberechtigung. Jetzt muss er um seine Existenz kämpfen, denn das Leben wird ihm nicht wirklich geschenkt. Er wird sich ständig bedroht und abgelehnt fühlen. Seine Lebensgrundlage stellt eine tiefe Kränkung, eine Wunde dar. Wie kann es ihm gelingen, sich selbst anzunehmen, wenn die wichtigsten Personen seines Lebens ihn ablehnen?

Die mit der Verneinung der Existenzberechtigung einhergehende seelische Kränkung wirkt sich auf die jeweilige existenzielle Gefühlslage eines Menschen aus, die sich wiederum in Beziehungsgestaltungsmustern zu sich selbst und anderen ausprägen und in Form folgender beispielhafter Selbstattribuierungen manifestieren:

- Ich darf nicht sein, deshalb darfst du auch nicht sein.
- Ich habe es nicht verdient, dass mir etwas Gutes geschieht.
- Ich werde allen beweisen, dass ich es alleine schaffen kann.
- Ich setze mich dafür ein, dass es anderen gut geht, auch wenn es mir schlecht geht.
- Ich nehme mein Schicksal an und mache dennoch etwas Gutes daraus.
- Mir geht es nur gut, wenn es mir schlecht geht.

Anders verhält es sich, wenn Kinder von ihren Eltern ihre Existenzberechtigung erhalten. Die Eltern stimmen der Person des Kindes zu. Jetzt kann das Kind seinen Wert erfahren. Es kann sich wertvoll als ganze Person und Persönlichkeit erleben. Sein Selbstwert darf sich entwickeln und wachsen. Seine Umgebung erfreut sich daran und tut alles, um diesen Entwicklungsprozess zu fördern und wächst hieran selbst. Dies kann man schnell bemerken, wenn Eltern mit Stolz und Freude über die gute Entwicklung ihrer Kinder sprechen und die gemeisterten Schwierigkeiten und Konflikte, die durchgestanden sind, als Erfolg verbuchen. Wenn Kinder dann für ihr Verhalten kritisiert werden, dann tangiert dies nicht ihre Existenz, sondern nur ein bestimmtes situatives Handeln. Durch anderes Handeln, andere Kontexte oder durch die Umschreibung der bestehenden Regeln kann der existenzielle Selbstwert unmittelbar erhalten bleiben. Hierbei kann sogar gefragt werden: Für welche Kontexte ist dieses hier kritisierte Handeln eine ausgesprochen kompetente Leistung?

Für Virginia Satir, eine Pionierin der Familientherapie in den USA der 1960er Jahre, war der Selbstwert eines Menschen sein höchstes Gut. Geringer Selbstwert führt nach ihren Erkenntnissen dazu, dass solche Menschen

- sich schnell abhängig machen oder abhängig fühlen und dann beschwichtigend und harmonisierend wirken wollen,
- sich schnell unterlegen fühlen und sich dann verletzend, abwertend, beschuldigend und anklagend oder auch aggressiv verhalten,

- sich schnell überlegen fühlen und mit rationalen, belehrenden Begründungen die Oberhand und damit Recht behalten wollen,
- sich schnell überfordert fühlen und dann vom Eigentlichen ablenken, Chaos produzieren und jeglicher Konsequenz aus dem Weg gehen.

Ein hohes Selbstwertgefühl zeigt sich in einer kongruenten Kommunikation. Alles fühlt sich stimmig an, befindet sich im Einklang. Das, was verbal kommuniziert wird, stimmt überein mit dem inneren Erleben (körperlich und seelisch) einer Person, ihren Gedanken und ihrer Sinneswahrnehmung.

Menschen mit einem hohen Selbstwert können kongruent kommunizieren, da sie sich ihrer selbst sicher sind, autonom handeln und hierfür die Verantwortung übernehmen. Sie sind sich ihrer Potenziale bewusst und setzen sie ein. Sie können auch frei wählen, sind aufmerksam und teilen sich mit. Unterschiede werden als natürlich angesehen und nicht bekämpft, sondern z. B. als Bereicherung oder Vielfalt erlebt. Konflikte werden als Chance für neue Lösungen oder Verbesserungen angesehen. Die Beziehung zu sich selbst und zu anderen ist von Wertschätzung geprägt, die durch eine positive Grundhaltung in der Begegnung zum Ausdruck gebracht wird.

Für Therapeuten, Pädagogen, Berater und Eltern sind diese Erkenntnisse wichtig, um eine Einschätzung über die zu ergreifenden Interventionen für anstehende Verbesserungen und Veränderungen auf dem Gebiet der Persönlichkeits- und Potenzialentwicklung von Kindern und Erwachsenen vornehmen zu können. Professionelle Helfer sind gefragt, sich mit den Nöten der Menschen in krisenhaften Zuständen zu befassen und ihnen Hilfe zur Selbsthilfe anzubieten.

Ich werde im übernächsten Kapitel einige Beispiele systemisch-integrativer Therapie aus meiner Praxistätigkeit beschreiben, um zu verdeutlichen, wie professionelle Hilfe zu einer Verbesserung des persönlichen Selbstwerts und zu innerer Stärke verhelfen kann – als Grundlage für neues zielorientiertes Handeln im Alltag.

Partnerschaft und Liebe

Liebe zu erfahren und zu erleben, Liebe zu geben und sie anzunehmen, ist sicherlich das tiefste, stärkste und glücklichste Gefühl überhaupt. Liebe drückt sich aus in Beziehungen. Jedes Kind und jeder Mensch hat die Erfahrung der Verbindung zur Mutter in der vorgeburtlichen Phase gemacht, hat hautnah Halt und Geborgenheit im Uterus bekommen und ist, mit dem potenziellen Gefühl der Liebe ausgestattet, auf die Welt gekommen. Auch die Erfahrung zu wachsen, sich zu entwickeln, ist jedem Menschen inne. Doch ob diese Grundausstattung schließlich auch genutzt wird, um sich als Gestaltender des eigenen Lebens zu verstehen, oder aber eher in Energien zur Angstbewältigung mündet, hat sehr viel zu tun mit der Qualität der Beziehungserfahrung in der frühen Kindheit.

Wenn wir mit guten Erfahrungen ausgestattet sind, können wir diese immer wieder im Leben aktivieren, auch in Zeiten von Lebenskrisen und großen Problemen. Wir können unser Funktionieren und unsere Starrheit transformieren und immer mehr von dem Selbstgefühl entwickeln, das Zugang ermöglicht zu allen Seiten unserer Person: zu unseren Stärken und Schwächen, zu unserer Trauer und Lebensfreude, zu unseren Sehnsüchten und unserem Erfülltsein. Denn Liebe erlaubt, statt zu verbieten, sie verbindet, anstatt zu konkurrieren.

Dennoch ist es oft schwer, sich von den Vorstellungen über uns selbst und über andere zu lösen, um neue Freiheiten und Erfahrungen zu ermöglichen. Selbstvertrauen und Neugier machen es möglich loszulassen. Doch dann taucht zunächst die Frage auf: Bin ich mir selbst genug, kann ich mich mir selbst zumuten? Bin ich bereit, mich so anzunehmen, wie ich bin? Bin ich es mir selbst wert? Liebe ich mich selbst oder erwarte ich die Liebe nur von anderen? Eine echte Prüfung ist also zu bestehen, bevor wir uns öffnen können für bedingungslose Liebe. In der Partnerschaft haben wir immer wieder die Möglichkeit, uns zu testen und herauszufinden, ob wir mit einem anderen Menschen zusammen sind aus Angst vor dem Leben oder aus Neugier am Leben zu zweit. „Liebe bleibt eine Suche nach Ganzheit und Entfaltung der Möglichkeiten, mit denen man auf die Welt gekommen ist. Sie ist die entscheidende Triebfeder für das Einander-Finden und Miteinander-Gestalten, der Motor für die Koevolution des Lebendigen bis hin zum Menschen. Und hier beim Menschen wird die Liebe zu einer Kraft, die Menschen wechselseitig die Erfüllung und die Verwirklichung ihrer tiefsten Sehnsüchte in Aussicht stellen lässt" (Hüther, 2006).

In den unterschiedlichen Phasen der Partnerschaft wird die Liebe immer wieder neu erprobt. Das Leben in einer Partnerschaft als Paar oder Ehepaar unterscheidet sich noch einmal vom Lebensalltag mit Kindern, denn hier wird auf die Beziehungsdynamik zweier erwachsener Menschen geschaut mit ihrer spezifischen Beziehungskultur, die sich ausdrückt im Umgang mit Intimität und Sexualität, Autonomie und Verbundenheit, dem Männlichen und dem Weiblichen, der Bedeutungszuschreibung der Herkunftsfamilien, früheren Partnerschaften und externen Freund- bzw. Liebschaften, dem Rollenverständnis und der Verantwortungsübernahme sowie Zeit im Sinne von Lebensrhythmus und materiellen Werten.

Das Gelingen einer Partnerschaft ist von vielfältigen Faktoren abhängig. Ereignisse in der Vergangenheit, also vor dem Beginn der Partnerschaft, sind ebenso eine wichtige Einflussgröße wie die in den Herkunftsfamilien gemachten Erfahrungen über das, was Beziehungsqualität ausmachen sollte. Der gelernte Umgang mit Unterschiedlichkeiten ist von Bedeutung, da sich hieran immer wieder Konflikte entzünden können: Was wird als Vielfalt erlebt, als Ergänzung oder Bereicherung? Was führt zu Schwierigkeiten, Problemen oder Konflikten, weil etwas Andersartiges als die eigene Vorstellung, wie es zu sein habe, als Verletzung oder Abwertung erlebt wird? Bedeutungsvoll ist auch die bisherige Beziehungserfahrung: In der wievielten festen Beziehung befindet sich jeder gerade? Und damit auch: Wie viel Trennungserfahrung besteht bereits? Was hat sich an wichtigen Ereignissen im gemeinsamen Zusammenleben ergeben? Gibt es eigene oder gemeinsame Kinder oder Kinder aus früheren Partnerschaften? Haben Abtreibungen, Fehl- oder Totgeburten stattgefunden? Bestehen oder bestanden Außenbeziehungen? Und natürlich: Seit wann kennt sich das Paar, seit wann ist es eventuell verheiratet? Warum hat es keine gemeinsamen Kinder, und wie ist die berufliche und auch finanzielle Rollenverteilung geregelt?

Solche und ähnliche Informationen können wesentlich zur Klärung bestehender Konflikte beitragen und mögliche Verstrickungspotenziale erhellen. Ich werde im Folgenden die unterschiedlichen Phasen des Zusammenlebens charakterisieren und dabei auf Strategien des Gelingens, aber auch auf solche des Scheiterns hinweisen.

1. Die Phase des ersten Kennenlernens (Verliebtheitsphase)

In der Phase des ersten Kennenlernens besteht, oftmals aus einem Gefühl der Verliebtheit heraus, der übermäßige Wunsch nach unmittelbarer Nähe, verbunden mit uneingeschränkter Übereinstimmung bis hin zu Verschmelzung. Gleichzeitig ist das Erleben äußerst sensibel, denn es besteht ein hoher Grad an Verletzbarkeit. In dieser Phase kann sich eine gemeinsame Perspektive entwickeln. Es zeigt sich, was man mit der anderen Person gemeinsam verwirklichen möchte. Es wird deutlich, wie man zusammenpasst bzw. was jeder dazu beitragen sollte, damit man zusammenpasst. Kennzeichnend sind in dieser Zeit ein Übermaß an positiven Projektionen. Jeder sieht die andere Person so, wie er oder sie diese (sehen) möchte und (noch) nicht, wie sie ist. Sexualität und Intimität nehmen hier einen großen Raum ein und bieten einen wichtigen Anreiz zur Liebe.

Bereits in dieser Phase gibt es Störungen im Zusammenleben. Die Gründe sind vielfältig (siehe oben). Häufig ist es einfach die Illusion, der man sich hingibt: Man betrachtet alles durch eine rosarote Brille und versucht damit, die andere Person in sich verliebt zu machen.

2. Phase der Ent-täuschung

Auf die Zeitspanne des ersten euphorischen Kennenlernens folgt oftmals eine herbe Ent-täuschung. Die Illusion ist nicht auf Dauer aufrechtzuerhalten. Das Realistische in der Beziehung tritt zunehmend in den Vordergrund, d. h. die andere Person wird jetzt eher so gesehen, wie sie ist, und nicht länger, wie man sie haben möchte. Nun steht die noch recht junge Liebe auf dem Prüfstein: Hält sie aus, was sie zu versprechen vermochte? Und vor allem: Hält sie den nun folgenden negativen Projektionen stand? Hier kann jetzt die jeweils andere Person für die Ent-täuschung verantwortlich gemacht werden: Sie hat einem vielleicht nur etwas vorgemacht und man war so dumm, darauf hereinzufallen.

Im Umgang mit der Enttäuschung lassen sich verschiedene Problemmuster und Scheiterstrategien feststellen: Erpressung, Abwertung,

Schuldzuschreibung, eine Außenbeziehung eingehen, provozieren, drohen (die Beziehung aufzulösen) oder krank werden (Suchtverhalten, Psychosomatik) sind einige der vorkommenden Möglichkeiten.

3. Phase der Konsolidierung

Die krisenhafte Zeit der Umorientierung kann zur Trennung führen, ebenso zur Manifestation von Scheiterstrategien oder aber auch zur Konsolidierung. Die Beziehung wird auf eine neue und realistische Plattform gestellt, die zu einer inneren wie äußeren Festigung beiträgt. Das Anderssein des anderen wird geachtet und wertgeschätzt. Die innere Festigung bezieht sich auf die emotionalen und beziehungsdynamischen Bereiche: Die Strategien des Scheiterns werden beigelegt, es wird losgelassen, das Manipulieren hat ein Ende. Die äußere Festigung und Reife bezieht sich mehr auf die existenziellen Bereiche, hat mit der Übernahme von Verantwortung in den verschiedenen Rollen zu tun, die jeder inzwischen eingenommen hat, z. B. in der Berufswelt, in der häuslichen Aufgabenteilung, als Eltern und den Herkunftsfamilien gegenüber. Nun kann sich ein echtes Wir-Gefühl entwickeln. Es werden Lebensziele festgelegt, ein Lebensstil etabliert und somit eine bestimmte Paaridentität aufgebaut und weiterentwickelt.

Sich selbst als Paar gemeinsam eine Zukunft zu gestalten, ist nicht immer ohne weitere Probleme und Spannungen möglich. Diese basieren häufig auf Rollenkampf, Konkurrenzkampf (und damit fehlendem Wir-Gefühl) oder auch auf fehlender Verantwortungsübernahme. Geben und Nehmen sind nicht hinreichend ausbalanciert, es kann deshalb als Ausgleich zu Außenbeziehungen, oder Rückzug in eine Krankheit oder in psychische Verstimmungen kommen. Das gegenseitige Vertrauen in die gemeinsame Kraft hat sich in diesen Fällen noch nicht etabliert. Dies kann als Zeitpunkt gewählt werden, sich Hilfe durch eine Paartherapie zu holen, um diese Problemzustände und Scheiterstrategien zu beenden.

4. Die Phase der Koevolution

Es wird beschrieben und angenommen (vgl. Willi, 1990), dass die Phase der Koevolution sozusagen die reifste Form des Miteinanderlebens darstellt. Individualität und Gemeinsamkeit bilden den gewünschten Synergieeffekt sich gegenseitig befruchtender Entwicklungspotenziale. Schwierigkeiten oder Krisen werden jetzt dazu genutzt, sich als Paar neu zu orientieren und angemessen zu organisieren. Individuelle Veränderungen durch den Beruf, Reisen, Freizeit, Entwicklung von eigenen Interessen, Hobbys etc. werden für die Paarbeziehung als Bereicherung erlebt und sind erwünscht. Unterschiedlichkeiten können also gut ausbalanciert und integriert werden.

Es muss hier allerdings vor der Idealisierung einer solchen Beschreibung gewarnt werden: Allzu schnell kann der Wunsch, in das Koevolutionsnirvana zu gelangen, zu neuen Spannungen oder Überforderungen führen. Diese Phase lässt sich nicht erzwingen oder antrainieren. Vielmehr werden Paare irgendwann feststellen, dass das Zusammenleben leichter wird, gelöster und entspannter, da beide bereit sind, dem, wie es ist, selbstverständlich und vertrauensvoll zuzustimmen.

5. Phase des Zurückbleibens

Jede Partnerschaft geht irgendwann zu Ende. Entweder, weil sich die Personen trennen oder scheiden lassen oder aber, weil ein Partner zuerst stirbt. Je nach den Erwartungen der überlebenden Person und den Umständen des Todes, kann hierdurch eine weitere, neue Phase der Menschwerdung (auch im hohen Alter) beginnen: Das Leben als Zurückgebliebene/r stellt eine große Herausforderung mit einer vielschichtigen Reorganisation der bisherigen Partnerschafts- und Alltagsroutine dar. Werden die neuen Möglichkeiten für eine sinnvolle Lebensgestaltung genutzt, zum Beispiel mit einem neuen Partner oder einer neuen Partnerin? Entscheidet man sich dafür, das restliche Leben alleine zu verbringen und sieht die damit verbundene Selbständigkeit als wünschenswerte Herausforderung, oder macht das Leben ohne den verstorbenen Partner keinen Sinn mehr und man folgt dem Verstorbenen bald nach? Wie auch immer die Wahl getroffen wird: Wir können uns immer als Gestalter unseres Lebens erfahren und die dazu notwendigen Entscheidungen treffen. „Bis zum Tode", so möchte ich dieses Kapitel mit einem Gedanken von Heinz von Foerster beenden, „können wir uns immer entsprechend jener Zukunft verhalten, die wir gestalten wollen" (1993).

2. Teil:
Psychotherapie der Menschwerdung

Ich nenne dieses Kapitel „Psychotherapie der Menschwerdung", um zu betonen, dass Menschen in ihrer Entwicklung immer wieder großen Herausforderungen gegenüberstehen, Krisen zu meistern haben oder mit Schicksalsschlägen umgehen müssen, und somit die Möglichkeit besitzen, sich hierdurch zu erneuern, weiterzuentwickeln und zu verändern. Der Menschwerdungsprozess ist niemals abgeschlossen, dafür sind die Lebensumstände und der menschliche Organismus viel zu dynamisch.

Anhand von vier völlig unterschiedlichen Lebensgeschichten möchte ich aufzeigen, wie es gelingen kann, in relativ kurzer Zeit durch psychotherapeutische Interventionen nach dem von meiner Frau Sabine Cormann und mir entwickelten Konzept der systemisch-integrativen Therapie, mit unseren kleinen und großen Klienten zu deutlichen Verbesserungen, Linderungen, Heilungen, Weiterentwicklungen oder Veränderungen zu gelangen. Diesem Gelingen liegt ein Grundmuster zugrunde, das ich zum besseren Verständnis zunächst kurz beschreiben möchte.

1. Die Potenziale des Therapeuten

Der Therapeut nimmt eine ankopplungsfördernde Haltung und Sichtweise dem Klientensystem gegenüber ein und macht die therapeutische Arbeit zu einem interaktiven, dynamischen Prozess (vgl. Cormann, 2006, S. 123 ff.). Hierdurch soll die Ausgangslage der Klienten zieldienlich verbessert oder verändert werden.

Therapie bietet also eine Chance für die Klienten, eine neue, gute, sichere und vertrauensvolle Beziehungserfahrung zu machen, die für den Veränderungsprozess insgesamt nützlich ist. Aspekte der therapeutischen Haltung sollten dabei sein: Freundlichkeit, Wohlwollen, Wärme, Humor, Wertschätzung, fokussierte Aufmerksamkeit und Präsenz. Besonders Aufmerksamkeit und Präsenz erfordern auf der Seite des Therapeuten ein hohes Maß an Energie. Müdigkeit oder Stress sind nur hinderlich.

Der Therapeut ist während der Therapie in gutem Kontakt zu sich selbst. Er kennt seine Möglichkeiten, vertraut auf seine Stärken und Kompetenzen und ist mutig genug, um für sich selbst Neues zu kreieren und auszuprobieren und somit weiter zu lernen. Er vertraut auf seine Erfahrung, Kompetenz und Intuition.

2. Metaziele

Das von uns entwickelte Konzept der systemisch-integrativen Therapie mit Kindern, Erwachsenen und Familien verfolgt zwei Metaziele, durch die eine zügige und auf das Wesentliche konzentrierte Verbesserung oder Veränderung der Ausgangslage möglich wird:

1. Aufbau und die Weiterentwicklung einer integrativen Struktur auf der intraindividuellen Ebene und
2. Aufbau und die Weiterentwicklung einer integrativen Struktur auf der interpersonalen Ebene.

Auf der intraindividuellen Ebene arbeiten wir an einer Neuausrichtung des inneren Teams, der Persönlichkeitsanteile also und ihrer Konfiguration (vgl. Cormann, 2006, S. 83 ff.). Um hier eine Weiterentwicklung zu bewirken, werden zunächst Scheiterstrategien, Teufelskreise und Problemmuster verdeutlicht und erlebbar gemacht, um nach der Überprüfung der Veränderungsabsicht der Klienten neue Potenziale ins Spiel zu bringen, bzw. vorhandene Möglichkeiten anders und besser zu nutzen oder zu vernetzen.

Im Zusammenhang damit erarbeiten wir zeitnah eine Verbesserung der sozialen Einbindung, um einerseits die intraindividuelle Neugestaltung überhaupt erst annehmbar zu machen, und andererseits durch Transferleistungen für Nachhaltigkeit zu sorgen. Ich habe dabei drei Variationsmöglichkeiten bei meinen Interventionsstrategien:

1. Ich baue eine integrative Struktur zu den realen Eltern, dem Familiensystem, dem Partner/der Partnerin und anderen relevanten, sozial-emotional wichtigen Bezugspersonen auf.
2. Ich entwickle eine integrative Struktur zu den idealen Eltern, zu einem idealen Familiensystem und zu idealen Bezugspersonen. Diese Vorgehensweise habe ich von Albert Pesso kennen gelernt und in meine Arbeit übernommen (mehr hierzu in dem Aufsatz von Albert Pesso in diesem Buch im 4. Kapitel).

3. Ich verbessere die Selbstbeziehung der Klienten, indem ich sie in Kontakt mit sich selbst bringe, z.B. in Kontakt mit dem Kind von damals, das etwas Traumatisches erlebt hat. Oder ein Klient nimmt Kontakt auf mit sich als Mann vor drei Jahren, als die aktuelle Schwierigkeit begann oder ein bestimmtes Ereignis stattfand. Solch ein Kontakt hat eine sehr starke Heilwirkung zur Folge, denn die Liebe zu sich selbst kommt wieder ins Fließen (vgl. auch Cormann, 2007). Die gute Wirkung kann noch gesteigert werden, wenn zusätzlich mit dem Kontakt in der Vergangenheit noch ein Kontakt mit der eigenen Person in der Zukunft ermöglicht wird, da hierdurch auch der zukünftige Lebenssinn mit ins Bewusstsein gelangen kann.

1. Praxisbericht:
Das Trauma beenden durch die Zustimmung zu sich selbst
Einzelarbeit in einer Gruppe

Im Rahmen eines Weiterbildungsseminars zum Thema „Krise, Wachstum, Integration" habe ich mit einer Teilnehmerin eine Traumabearbeitung durchgeführt. Die Frau ist etwa Mitte vierzig, verheiratet, wohnt mit ihrem Partner und den Kindern zusammen.
Im Anschluss an die im Folgenden dargestellte Arbeit wird noch eine kurze Nachbefragung nach sechs Monaten auszugsweise wiedergegeben.

C: Mal angenommen, es wäre möglich, in dieser Sitzung ein für dich gutes Ergebnis zu erwirken, was sollte dann für dich anders sein als jetzt?
Kl: Ich hätte die Geburt gerne zusammen mit Julia erlebt.
C: Julia ist deine Tochter?
Kl: Ja. Allerdings wusste ich damals ja noch gar nicht, dass es ein Mädchen wird. Ich hätte aber gerne gehabt, was auch zu so einer Geburt gehört, dass die Geburt beginnen kann, wenn die Mutter dazu bereit ist. Ich war aber ganz gewiss nicht bereit und trotzdem sollte die Geburt stattfinden. Hat sie ja dann auch. Das war sehr gewalttätig.
C: Du hast das wie einen gewalttätigen Eingriff empfunden?
Kl: Ja, es war wie eine Vergewaltigung. Es war doppelt schlimm, denn

einerseits war es körperlich sehr schmerzhaft, und außerdem war es noch absolut gegen meinen Willen. Ich sollte die Kleine wieder hergeben und ich wusste vorher nicht, was mit uns passieren würde.

C: Du sagst, es war nicht der richtige Zeitpunkt. Der Wille war nicht da von deiner Seite. War es denn noch ein bisschen zu früh?

Kl: Ja.

C: Auch von der Zeit her? Von diesen Schwangerschaftszeiten her auch oder mehr von der psychischen Seite?

Kl: Nein. Es war sogar schon ein Tag nach dem errechneten Termin. Also zeitlich hätte es gepasst, aber ich war noch gar nicht so weit.

C: Du hast eben gesagt, es wäre gut für dich, wenn du die Geburt zusammen mit deiner Tochter Julia erlebt hättest.

Kl: Ja, wenn die Geburt spontan begonnen hätte, dann hätte ich das Gefühl gehabt, so, jetzt sind wir beide dazu bereit. So habe ich das bei meinem Sohn erlebt.

C: War das später oder vorher?

Kl: Er kam danach. Das war bilderbuchhaft.

C: Findest du, dass du einen guten Vergleich hast und sagen kannst, wie es hätte anders sein können?

Kl: Ja.

C: Wenn die Geburt anders verlaufen wäre, was meinst du, wäre dann für dich heute anders – oder auch für euch beide oder in der Familie? Würde man da irgendeinen Unterschied merken?

Kl: Ich hätte weniger Angst, Julia zu verlieren. Also, die Angst ist geblieben. Die wäre dann weg. Dann wäre eine Sicherheit in mir: Der Start war gut. Und ich hätte die Sicherheit, dass aus diesem Start eine gute Entwicklung geworden ist für sie und mich. Das wäre dann anders, das würde ich merken. Dann würde ich sie anders wahrnehmen und ich glaube, sie wäre auch anders.

C: Wie würdest du sie denn anders wahrnehmen?

Kl: Entspannter.

C: Wäre sie dann entspannter oder könntest du entspannter schauen?

Kl: Ich. Ich könnte anders auf sie schauen, sorglos. Sorglos, genau!

C: Gibt es manchmal schon Momente, in denen dies möglich ist?

Kl: Je älter sie wird.

C: Wie alt ist sie jetzt?

Kl: Zehn.

C: Und wie viel hat sich schon verändert im Verhältnis zum Anfang?

Kl: Vieles. Besonders seit der Einschulung.

C: Jetzt, wo sie so nach außen geht?

Kl: Ja, genau.

C: Das heißt, du kannst sie gut loslassen, hast Vertrauen, dass sie wiederkommt und diese Ängste, sie zu verlieren, sind offensichtlich weniger geworden.

Kl: Ja, je mehr sie sie selber wird, desto sicherer bin ich mir.

C: Du sagst, du kannst dich gut darauf verlassen, dass sie sie selber wird.

Kl: Ja, aber ich merke, dass ich den anderen immer noch nicht traue. Wenn ich Johanna abgeben muss, zum Beispiel in der Schule, dann ist es eine Beruhigung zu wissen, dass sie immer stärker wird. Dann kann ich sie besser lassen.

C: Besteht da ein begründetes Misstrauen den anderen gegenüber?

Kl: Eigentlich nicht.

C: Es ist nicht nötig, du beziehst das alles noch so auf die Erfahrung von früher?

Kl: Ja.

C: Vielleicht in dem Sinne: Ach hätte ich damals doch anders gehandelt?

Kl: Ja, als sie im Kinderwagen lag, hatte ich ständig das Gefühl, in mir schlummert eine Löwin. Jemand im Café geht zu nah an dem Kinderwagen vorbei und ich hätte den ohne Umstände anfallen können. Es war erschreckend.

C: Das spricht ja für deine Mutterliebe, oder?

Kl: Ja. Das war ja überhaupt das Kernproblem, dass ich nicht Mutter sein sollte – also nicht für die Julia. Ich habe gegen den Rat mehrerer Ärzte entschieden, schwanger zu bleiben und deswegen waren ja auch Ärzte zu jedem Zeitpunkt der Schwangerschaft und der Geburt Feinde. Die musste ich immer überprüfen darauf, ob sie denn überhaupt dieses Leben schützen, anstatt es umzubringen.

C: Du warst also wirklich herausgefordert bis zum Anschlag.

Kl: Weit darüber hinaus.

C: Weit darüber hinaus. Eigentlich müsstest du tief zufrieden sein mit dir.

Kl: Bin ich aber nicht!

C: Du hast dich für sie entschieden, du hast dich fürs Leben entschieden. Es gab zwar einen schlimmen Moment, aber im Grunde macht Julia doch eine sehr gute Entwicklung. Als Mutter müsstest du stolz sein, kann ich mir vorstellen.

Kl: Ja, aber dieser Stolz ist so begraben unter dieser ganzen Angst.

C: Ja, gut, aber er ist da.

Kl: Ja.

C: Man muss ja nicht alles raushängen: „Ich bin stolz", oder so. Ist vielleicht nicht so deine Art.

Kl: Nicht wirklich.

C: Du hältst das eher zurück?

Kl: Ja.

C: Also, das mit der Löwin gefällt mir irgendwie gut, dass du so richtig kämpferisch bist und alles daran setzt, dass deine Tochter ins Leben kommt.

Kl: Ja, aber das ist kein schönes Gefühl gewesen.

C: Das verstehe ich gut. Das war der Kampf gegen die ganzen Drohungen von außen.

Kl: Ja, da hat dann ab und zu auch mal jemand einen Schlag von mir bekommen, der es vielleicht sogar sehr lieb gemeint hat. Mein Mann hatte es in dieser Zeit nicht wirklich einfach.

C: Da ist so etwas wie Mitgefühl mit ihm?

Kl: Ja.

C: Ich weiß es nicht, vielleicht denkst du irgendwie, das war übertrieben oder du müsstest was wieder gut machen oder irgend so was?

Kl: Nein. Das war so ein Gefühl von: „Ich allein gegen den Rest der Welt".

C: Anstatt ihn ins Boot zu holen zum Beispiel?

Kl: Er ist auch ein Feind gewesen. Zur Geburt zwar nicht mehr, aber vorher. Er hat sich natürlich selber Gedanken gemacht, und ausnahmslos alle, die sich kritisch äußerten in Richtung Abtreibung, waren Feinde. Und damit war ich permanent im Ausnahmezustand.

C: Das ist sagenhaft, wie viel Kraft da auch in dir steckt. Ich stelle mir das so vor: Da ist eine riesige Bedrohungsmaschinerie um dich herum, Ärzte und bis hin zu deinem Mann, die zumindest in Erwägung ziehen – so habe ich das so verstanden – das Kind zu Beginn der Schwangerschaft abzutreiben. Und das hat dich vielleicht sogar in dieser Sicherheit bestärkt, das kommt auf keinen Fall in Frage. Das ist oft so: Je mehr die anderen auf die andere Seite gehen, umso stärker wird man selber und sagt, denen zeig ich's.

Kl: Nein. Ich war ganz sicher, dass ich nicht abtreiben würde. Also dieses Gefühl brauchte ich jedenfalls nicht einzunehmen, dagegen zu sein. Das waren ja schon die anderen, stimmt.

C: Das hat noch eine starke Wirkung, obwohl das jetzt schon zehn Jahre her ist, oder?

Kl: Ja, das ist bis heute belastend.

C: Also, was ich mitkriege ist, dass du da ziemlich allein auf weiter Flur warst.

(Die Klientin beginnt zu weinen. Nach einer kurzen Pause ...)

Kl: Als Julia zehn geworden ist, hat meine Mutter ein Gedicht geschrieben. Ich dachte, ich hätte das Thema irgendwie bewältigt, aber da fing ich wieder an zu weinen. Das ist furchtbar, ich habe dazu keine Lust mehr. Eigentlich ist alles gut gegangen und ich bin immer noch am Weinen.

C: Wäre es besser gewesen, wenn jemand auf deiner Seite gewesen wäre? Eine Verbündete?

Kl: Ja. Aber ich glaube, es gab Verbündete. Ich hab sie nur nicht gesehen.

C: Wen würdest du heute dazu zählen?

Kl: Meinen Mann, meine Eltern.

C: Deine Eltern auch?

Kl: Ja.

C: Noch jemand?

Kl: Zwei Freundinnen, aber die konnten das nicht nachvollziehen. Die waren zu dem Zeitpunkt keine Mütter. Es waren auch alle so erschrocken. Alle haben versucht mir Mut zu machen, aber keiner hat gesagt: „Tu es! Entscheide dich dafür, du machst es richtig!" Ich hab allen die Angst angemerkt. Ich hatte aber eine gute Chefin, die gesagt hat, als ich im dritten Monat war: „Na, wenn sie jetzt nicht tot ist, dann ist sie ein starkes Kind und wird es wohl schaffen. Also was soll's, versuch es!"

C: Ging es um das Thema Behinderung?

Kl: Ja, das war der Grund. Eigentlich hätte sie sterben müssen, schon von Anfang an, weil dieser Virus Ungeborene tötet. Wenn die Kinder das überleben, sind sie meist schwerstbehindert. Julia ist also sozusagen

wie ein doppelter Lottogewinn: Sie ist ja nicht nur nicht gestorben,
sie ist auch nicht behindert, in keinster Weise. Die Hindernisse, die sie
immer noch mitschleppt, die sind wahrscheinlich durch die Geburt oder
den Stress in der Schwangerschaft entstanden.

C: Also ein doppelter Lottogewinn.

Kl: Ja, unser doppelter Lottogewinn. Das hatte meine Mutter so
geschrieben im Gedicht, mit Reimen, da war ich sofort am Weinen. Und
meine Tochter guckte mich ganz erschrocken an.

C: Eigentlich könntest du glücklich sein – vielleicht nicht mit den
Umständen damals, aber den Ergebnissen.

Kl: Ja. Vom Kopf her bin ich das auch, aber ich fühle es nicht.

C: Glaubst du, dass die anderen potenziellen Verbündeten schon wissen, dass sie potenzielle Verbündete waren oder dass du es heute so
siehst? Oder denken die immer noch, die wären aus deiner Sicht auf der
anderen Seite, sozusagen die Gegner?

Kl: Nein. Die sehen sich nicht als Gegner. Die haben sich auch in dieser
Situation nicht als Gegner gesehen, nur ich.

C: Ja, klar, du. Die waren schon auf deiner Seite, aber du hast es nicht so
erkannt.

Kl: Ja.

C: Wäre es denn eine Verbesserung für deine ganze Einstellung zu diesem Thema, wenn dazu von seiner Seite innerlich noch was passieren
würde? Eine Versöhnung oder so etwas Ähnliches, weil du das anders
gesehen hast, als es war. Oder ist das inzwischen abgehakt, nicht mehr
wichtig?

Kl: In Beziehung zu meinem Mann ...

C: Das wäre für dich und euch vorteilhaft?

Kl: Ja.

C: Wenn du dich mit ihm über dieses Ereignis noch versöhnen könntest?

Kl: Ja.

C: Noch mehr als bisher? Ich vermute mal, da ist sicherlich schon so einiges erledigt, getan, aber da ist noch ein Rest?

Kl: Ja.

C: Und wie, glaubst du, würde sich das auswirken? Auf euch beide oder
auf euch alle in der Familie?

Kl: Ich glaube, ich würde ihm mehr vertrauen. Ich glaube, das würde ihn *auch stärken und ich würde ihm Julia mehr anvertrauen. Also, ich kontrolliere schon alles ziemlich genau.*

C: *Du würdest das alles ein bisschen gelöster angehen, gelassener?*

Kl: *Ja. Diese Löwin ist immer noch da. Sie ist nicht mehr so präsent, aber sie könnte noch um einiges ruhiger werden.*

C: *Könnte weniger werden. Was für eine Tierkategorie wäre es dann?*

Kl: *Was weiß ich? Sanftmütiger. Ich müsste gar kein Tier sein. Es wäre einfach schön, wenn ich nicht mehr so viel hätte von einer Löwin.*

C: *Was Sanftmütiges.*

Kl: *Ja.*

C: *Da ist ja beides drin: sanft und Mut.*

Kl. *Ja, genau.*

C: *Das ist irgendwie weicher?*

Kl: *Ja.*

C: *Und gibt es diese Seite so in dir, wieweit ist die schon ausgeprägt?*

Kl: *Ja. Erwachsenen gegenüber allerdings recht unterentwickelt.*

C: *Erwachsenen gegenüber?*

Kl: *Ja. Bei Kindern schon, nicht aber bei Erwachsenen.*

C: *Es wäre also ein Entwicklungsschritt für dich, davon mehr zuzulassen, auch Erwachsenen gegenüber, deinem Mann gegenüber?*

Kl: *Ja.*

C: *Wenn er hier wäre und wir würden ihn fragen: „Hör mal, was meinst du denn zu mehr Sanftmut bei deiner Frau?" Was würde er denn dazu sagen?*

Kl: *„Oh ja!", würde er sagen.*

C: *Nicht, dass er sich sonst noch beschwert über so viel Sanftmut bei dir.*

Kl: *Nein, ich glaube, das fände er ganz gut.*

C: *Woran würdest du das merken?*

Kl: *Er wäre entspannter und sicherer.*

C: *Sicherer im Umgang oder im Verhältnis zu dir?*

Kl: *Ja.*

C: *Ich stelle mir gerade vor, wie ihr beiden wohl aussehen würdet, wenn du sanftmütiger wärst. Magst du einfach mal den Unterschied darstellen, damit wir eine Idee davon bekommen, wie es aussieht, sich so zu zeigen? Ich denke daran, dass du zwei Leute auswählst: eine Person für dich selbst, eine andere für deinen Mann. Und du zeigst, wie es jetzt* wäre mit euch beiden, mit mehr Sanftmut von deiner Seite. Willst du das mal machen, damit man einen Eindruck davon bekommt, worin der Unterschied besteht zum Bisherigen?

Kl: Ja. Dann muss ich jetzt auswählen.

C: Genau. Schön, dass wir eine große Auswahl haben.

Kl: S., würdest du für mich stehen und H. für meinen Mann?

C: Dass du jetzt einfach mal die beiden einstellst. Es geht jetzt nicht um feste Plätze, sondern eher darum: Wenn man euch beide sieht und beobachtet, wie ihr beiden durchs Leben geht, eine Straße entlang oder so ... Woran kann man erkennen, wie es jetzt ist, und wie sieht es aus, wenn du mehr Sanftmut zeigen würdest?

Kl: Soll das eine Bewegung sein?

C: Ist egal. Es kann eine Bewegung sein, ein Standbild oder eine Skulptur. Wie du möchtest.

Kl: Ich hab keine Ahnung. Ich weiß, was du meinst, aber ich weiß nicht, wie ich es darstellen soll.

C: Bei der Ausgangssituation auf jeden Fall nicht entspannt bei dir oder bei ihm.

(Sie hat zwei Personen ausgewählt und gestisch und mimisch eingestellt.)

Kl: Also im Grund ist das schon ein Sich-lieben und Sich-liebhaben und Vertrauen, aber irgendwie sind sie auch schnell bereit, die Krallen zu zeigen, beide.

C: Eine Person hat praktisch ein Angebot gemacht und die andere Person ist auf der Hut?

Kl: Ja, irgendwie ständig auf der Hut zu sein und nicht wegzulaufen, der Drang wäre dann eher, aufeinander loszugehen.

C: Typisch Löwe, der Löwe läuft nie weg. Guck dir den Blick da mal an. Auf der Hut.

Kl: Ja, genau. Das ist gleichzeitig irgendwie eindrücklich, aber auch kraftlos, weil es immer so viel nimmt von dem, was sein könnte ... es bindet so viel Kraft.

C: Es bindet, das ist interessant.

Kl: Das hab ich nicht so gemeint, aber das andere stimmt auch. Ich meinte: Es bündelt die Kraft, die man sonst für etwas anderes braucht.

C: Ja, genau.

Kl: Und dann hast du gesagt: „Es bindet."

C: Also, ich hab den Eindruck, die sind ganz schön aufeinander bezogen, gebunden in gewisser Weise. Ihr seid ja auch schon lange zusammen. Und jetzt die Frage: Was soll sich an dem Bild ändern? Was wäre eine Veränderung, bei der du sagen würdest: „Wow, das ist genau das, was ich mir schon immer gewünscht habe!"

Kl: Also, dieses liebevolle Füreinander, das soll bleiben. Aber es soll auch mehr Platz sein dafür, sich mit Sicherheit um was Eigenes zu kümmern, also ein Tausch gegen dieses: „Muss ich jetzt aufpassen?".

C: Mehr was Eigenes?

Kl: Ja.

C: Genau. Wenn man was Eigenes macht, dann ist die Energie mehr bei sich selbst als irgendwo anders hin gerichtet. Zeig doch mal eine Ausdrucksform dafür. Wie können die beiden dort sich zeigen?

Kl: Also dichter, mehr nebeneinander, sich berühren, aber nicht anklammern, sondern ...

C: Berühren. Eine Berührung ohne Klammern?

Kl: Ja. Und umgekehrt. Ja, schön. Das gefällt mir!

C: Es ist anders als vorher. Macht ihr noch mal das frühere Bild?

Kl: Da krieg ich sofort Schwierigkeiten, Luft zu holen.

C: Ja, nicht wahr? O.K. Jetzt noch mal das Neue. Ja, das ist rührend, nicht?

Kl: Ja, das ist nett. Kann ich mal ein Foto machen?

C: Ja, ich habe einen Fotoapparat.

(Die Klientin macht Fotos von beiden Darstellungen und freut sich sehr über die Veränderungen.)

C: So, damit man auch sieht, was du meinst. Beide Bilder: vorher mit Löwenanteilen und nachher mit Sanftmut. Gut. Jetzt die Frage an dich: Hast du Lust etwas zu machen, um noch mehr in diese neue, wünschenswerte Richtung zu kommen oder reicht dir das jetzt schon so?"

Kl: Das weiß ich nicht. Das kann ich nicht so entscheiden. Ich finde es schon ziemlich toll.

C: Ich finde es auch toll. Dann kann es bald schon Realität werden, ab morgen oder so.

Kl: Ja.

C: Ja? Schnelle Realität. Willst du noch was vorarbeiten? Ist das okay?

Kl: Ja.

C: Gut. (An die Stellvertreter gerichtet:) Jetzt setzt ihr beiden euch mal gegenüber. Und du (Kl.) setzt dich mal hinter dein Double und bist jetzt mal ihre Souffleuse und sagst ihr mal vor, was sie dann sagt. Wie heißt dein Mann mit Vornamen?

Kl: Karl-Heinz.

C: Zu deinem Karl-Heinz: Was erzählt sie dann dem Karl-Heinz, damit das diese Richtung, diese Wendung kriegt.

Kl: Das weiß ich nicht.

C: Du willst doch was dazu beitragen.

Kl: Das will ich ja auch, aber es ist nicht so, dass mir die Sätze jetzt so kommen so wie: Das wollte ich dir immer schon mal sagen ...

C: Gut. Wir haben ja Zeit. Es kommt nicht auf viele Sätze an. Vielleicht ist es ja nur der eine Satz. Zum Beispiel könntest du vielleicht als kleines Angebot, als Erstes sagen: „Ich sehe jetzt manches anders." Das gehört auch dazu, dass du jetzt manches anders siehst als noch vor zehn Jahren in dieser unglaublich angespannten, lebensbedrohlichen und unglaublich feindseligen Landschaft. Ist das richtig so? Kannst du dem so zustimmen?

Kl: Ja.

C: Dass du heute manches anders siehst – vor allen Dingen ihn?

Kl: Ja.

C: O.K., fangen wir doch einfach an mit diesem Satz und dann kannst du ihn ja mehr und mehr füllen, wenn du möchtest. Also, du sagst ihr jetzt mal diesen Satz, sodass er ihn noch gar nicht richtig hört. Und dann sagst du ihn laut, ganz normal aussprechen, und dann kannst du mal beobachten, wie er ankommt (beim Stellvertreter des Mannes).

(Die beiden Stellvertreter sitzen sich jetzt gegenüber.)

Kl: Ich sehe jetzt manches anders.

Stellvertreterin: Ich sehe jetzt manches anders.

C: Wie ist es, wenn du das so beobachtest?

Kl: Also ich beschreibe jetzt das, was ich fühle?

C: Ja.

Kl: Ja, das stimmt. Es ist bloß noch gar nicht so angekommen. Also das ist noch gar nicht so kommuniziert zwischen uns.

C: Damit es gut kommuniziert ist, was meinst du, müssten die tun, um sich gut zu verständigen?

Kl: Ich glaube, das läge dann bei mir.

C: Hast du irgendeine Idee, was sie tun könnte? Vielleicht auch die Sitzpositionen verändern zum Beispiel? Das war so eine Idee. Es kann auch ganz anders sein, damit es viel besser läuft, weißt du?

Kl: Nein, so ist es irgendwie nicht richtig.

C: So ist es nicht gut?

Kl: Nein.

C: Sondern, was wäre besser?

Kl: Mehr ein Nebeneinander, nicht gegenüber.

C (an die Stellvertreter): Setzt ihr euch einfach mal nebeneinander. So ist es besser?

Kl: Ja.

C: Es soll ja was Verbindendes werden. Also, du siehst heute manches anders. Wie erlebst du euch heute anders?

Kl: Wir sind zu einer Familie geworden.

Stellvertreterin: Wir sind jetzt zu einer Familie geworden.

C: Das ist dir wichtig, nicht wahr?

Kl: Ja, klar.

C: Glaubst du, dass es für ihn auch was Wichtiges ist?

Kl: Ja.

C: Eine starke Verbindung auf dieser Ebene?

Kl: Und weil wir ja noch mehr Kinder haben, auch zwei von ihm aus seiner ersten Ehe. Jetzt hat jeder seinen Platz.

Stellvertreterin: Jetzt hat jeder seinen Platz.

C: Passt das so?

Kl: Ja. Und wir sind für alle vier da.

Stellvertreterin: Und wir sind für alle vier da.

C: Magst du mal sagen: „Mit meinem Platz bin ich sehr zufrieden"?

Kl: Ich bin an deiner Seite.

Stellvertreterin: Ich bin an deiner Seite.

C: Ich weiß ja nicht, ob das schon stimmt: „Ich bin gerne an deiner Seite"?

Kl: Ja.

C: Denn wenn es stimmt, dann könnte man das ja dazunehmen oder?

Stellvertreterin: Ich bin gerne an deiner Seite.

Kl: Ich habe viel Lust auf die Zukunft mit dir.

Stellvertreterin: Ich habe viel Lust auf die Zukunft mir dir.

C: Das kriegst du so mit über die Sanftmut?

Kl: Ja.

C: Geht's so in die richtige Richtung für dich?

Kl: Ich habe mehr Sanftmut, als ich dachte.

(Die Klientin spricht in dieser Phase sehr leise, weich und wirkt sehr
angenehm berührt von diesem Prozess.)

*C: Dann kannst du es ja so mal sagen: „Ich habe mehr Sanftmut, als ich
dachte."*

Stellvertreterin: Ich habe mehr Sanftmut, als ich dachte.

C: „Und die darf jetzt mehr werden."

Stellvertreterin: Und die darf jetzt mehr werden.

C: Stimmt das? Das kam jetzt von mir. Ist es für dich stimmig so?

*Kl: Doch. Und ich gebe dir den Platz für eigene Entwicklungen, das ist
auch noch wichtig.*

Stellvertreterin: Und ich gebe dir Platz für eigene Entwicklungen.

Kl: Denn da mussten wir bisher drum kämpfen.

*C: Mach das doch mal versuchsweise anders und sag: „Ich gebe mir den
Platz für eigene Entwicklungen." Oder hast du genug Platz?*

*Kl: Ja. Ich hab ihn mir erkämpft inzwischen. Er noch nicht. Das wäre
wichtig, dass es stattfindet, wenn er möchte, aber anders als bisher,
also nicht kämpferisch, sondern ...*

*C: Mehr aus so einem Selbstverständnis heraus. Das gehört dazu, so
was Eigenes zu haben, damit es auch interessant ist in der Partnerschaft. Sonst hockt man immer aufeinander.*

Kl: Ja, genau.

C: Sagst du es noch mal: „Ich gebe dir Platz für deine Entwicklung"?

Stellvertreterin: Ich gebe dir Platz für deine Entwicklung.

*Kl: Und da ist noch was Wichtiges. Ich liebe dich, wie du bist und vor
allem, ich liebe dich mit dem Alter, in dem du bist. Das ist ganz wichtig.*

*Stellvertreterin: Ich liebe dich, wie du bist und mit dem Alter, in dem du
bist.*

C: Um was ging es dabei, um das Alter?

Kl: Ja.

C: Wie alt ist er?

Kl: Sechsundfünfzig.

C: Nicht älter, nicht jünger. Sechsundfünfzig jetzt.

Kl: Ja. Für mich ist das kein Problem, aber für ihn.

C: Das ist okay. Aber für dich ist es so?

Kl: Ja.

C (an die Stellvertreterin): Sagst du das bitte noch einmal.

Stellvertreterin: Ich liebe dich, so wie du bist, mit deinem Alter.

C: Wie geht es dir so?

Kl: Gut.

C: Wenn es dir jetzt so gut geht, würde ich vorschlagen, dass du jetzt in dieser Kraft bleibst und aus diesem guten Zustand heraus noch mal auf die Ereignisse von damals schaust. Die sind ja irgendwie auch noch mit im Spiel. Wir haben das Ganze jetzt sozusagen noch mal wiederbelebt. Die Beziehungsgestaltung. Dadurch kriegt man auch neue Impulse. Und jetzt mal mit der Sanftmut, wenn du so rüber schaust.

(Sie verlässt den Platz der Souffleuse und wechselt in ihre ursprüngliche Position.)

Kl: Dann hätte ich mir manches erspart.

C: Dann hättest du dir manches erspart, hättest es dir vielleicht leichter machen können?

Kl: Dann wäre ich viel weniger alleine gewesen, als ich mir eingebildet habe sein zu müssen.

C: Du hättest dir also viel mehr Verbundenheit und Unterstützung holen können und dir vielleicht auch genommen? Mit dieser sanftmütigen und weniger kämpferischen Seite?

Kl: Ja. Für Julia wäre es auch gut.

(Längere Pause. Ich lege ein zusammengelegtes Handtuch für die Ereignisse von damals in zwei Meter Abstand vor die Klientin.)

C: Wenn du dich selbst so betrachtest in der Zeit damals und jetzt heute. Wie ist euer Verhältnis zueinander? Irgendwie anders als vor zehn, elf Jahren?

Kl: Reifer und gelassener und weniger Wut und mehr Humor.

C: Und kannst du dir vorstellen, dass du dich selbst von damals (die Klientin zur Zeit der Geburt ihrer Tochter) jetzt und hier, mit mehr Humor und mehr Sanftmut und so weiter in den Arm nimmst, oder dir sonst irgendwie freundlich begegnest? Dich von damals mal zu halten? Weißt du, so ein eher liebevoller Kontakt?

Kl: Ja, so ohne Worte.

C: Ohne Worte. Einfach so. Dass sie erlebt, dass du auf ihrer Seite bist ... Ist es gut so?

Kl: Ja!

C: Das geht jetzt sehr gut. Das ist jetzt das neue Programm, deinen Mann so zu lieben, wie er ist, und so kannst du es mit dir auch machen.

Kl: Ja.

C: Da hast du selber was davon. In Bezug auf deine Vergangenheit. Glaubst du, du würdest es annehmen?

Kl: Ja. Das würde ich nicht, das mache ich.

C: Das machst du. Gut ...

(Lange Pause, während die Klientin zu tiefer emotionaler Ruhe kommt und alles Neue in sich aufzunehmen scheint).

... Ich weiß jetzt nicht, ob das alles so, wie wir gearbeitet haben, dazu beiträgt, die gemachten Erfahrungen zu lindern oder zu heilen, aber ich kann mir vorstellen, dass diese neuen Erlebnisse von heute eine gute Wirkung haben werden, und wir heute mal hier in diesem Kontext diese Arbeit beenden. Ist das okay?

Kl: Ja. Es war eine ganze Menge!

C: Bist du zufrieden so?

Kl: Ja, sehr. Dankeschön.

Nach ca. sechs Monaten sendete mir die Teilnehmerin vereinbarungsgemäß eine Selbsteinschätzung zu. Hier ein Auszug:

C: Was war deine wichtigste Erfahrung während der Live-Arbeit?
Kl: Ziemlich am Ende das Gefühl von Versöhnlichkeit mit meinem Mann, neben der über lange Jahre aufgestauten Wut, mich in einer so belastenden Situation alleine gefühlt zu haben. Beides hatte plötzlich Platz, es öffnete, wie ein Tor, Raum für Freude auf die weitere Zukunft mit meinem Mann.

C: Welche Intervention hat dich aus der Sicht von heute am meisten weitergebracht?
Kl: Am hilfreichsten war es, mithilfe der Stellvertreter auf unsere

gemeinsame Situation zu schauen und so einen „Draufblick" zu bekommen. Ich hatte nach der Arbeit ein starkes, befreiendes und versöhnliches Gefühl. Erst als ich einige Zeit später das Foto bekommen hatte, das ich während der Arbeit gemacht hatte, hatte ich die gesamte Situation wieder vor Augen.

C: Wie möchtest du das erreichte Ergebnis beschreiben und bewerten?
Kl: Hoffnungsvoll! Überraschend ist für mich immer noch, dass ich bei einem anderen Thema gelandet bin, als ich anfangs im Sinn hatte. Der Umgang mit meinem Mann ist insgesamt friedfertiger und zielgerichteter geworden. Ich spare jetzt keine Themen mehr aus. Das hat zwar zunächst zu mehr Unruhe in unserer Beziehung geführt, aber auch zu mehr Sicherheit bei mir und zu mehr Lebendigkeit bei uns.

2. Praxisbericht:
Aggressives Verhalten als Ausdruck erlebter Ablehnung
Kindergruppentherapie mit A.

Die Mutter meldet sich telefonisch in unserem Psychotherapeutischen Zentrum an. Sie möchte wegen ihres Sohnes ein Informationsgespräch. Sie lebt mit ihrem Sohn, zehn Jahre alt, alleine und ist seit acht Jahren von A.'s Vater geschieden. Es gibt keinen neuen Partner, allerdings sporadische Besuche der Ex-Eheleute. Die Mutter möchte zunächst alleine zum Gespräch kommen. Ich bin einverstanden. Sie beschreibt folgende Problemgeschichte:
A. sei von Geburt an etwas behindert, habe einen Klumpfuß und humpele leicht. Der Vater von A., beschrieben als ein stattlicher, sportlicher Mann, habe diese Behinderung nicht verkraftet und sich schließlich von beiden getrennt. Er habe kein behindertes Kind haben wollen und ihr als Mutter die Schuld an der Behinderung zugeschrieben. Schon seit Beginn der Schulzeit falle A. in der Schule immer wieder durch aggressives Verhalten auf, gehe furchtlos auf andere Kinder los und rangele mit ihnen. Manchmal habe er sie auch schon mit einem Messer bedroht. Sein Aufenthalt in der Schule sei gefährdet. Deshalb brauche sie konkrete Hilfe.

Im zweiten Gespräch lernen wir (meine langjährige Kollegin ist nun auch dabei) A. kennen. Er stimmt den Aussagen der Mutter zu und schämt sich gleichzeitig dafür, dass er ein Problemkind sei und es seiner Mutter schwer mache. Sein Klumpfuß stelle für ihn ein Ärgernis dar, über das er nicht sprechen wolle. Außerdem habe er schwer damit zu „kämpfen", dass sein Vater ihn ablehne. Nach dem fehlgeschlagenen Versuch, die Familie mit beiden Eltern einzuladen (der Vater von A. reagierte nicht auf unsere schriftliche Einladung), sprechen wir uns für folgendes therapeutische Setting aus: wöchentliche Kindergruppentherapie, zunächst für ein Jahr in einer Gruppe mit fünf weiteren Jungen im ungefähr gleichen Alter, sowie ein monatliches Familiengespräch mit der Mutter und A. Beide sind sehr froh über dieses Konzept. In der Kindergruppentherapie können wir bald genau das Verhalten in vivo erleben, das uns von der Mutter in der Schule berichtet wurde. A. bringt sich, nach anfänglicher Vorsicht, verstärkt mit körperlichen Attacken anderen Kindern gegenüber ins Spiel. Natürlich entsteht hierdurch eine lebendige Gruppendynamik. Dann wird es dramatischer, denn A. bringt von nun an immer ein bis zwei Messer mit in die Gruppe. Diese Waffen werden hier und da zur Einschüchterung anderer Kinder eingesetzt.

Wir Therapeuten haben bald das Muster dieser Inszenierungen erkannt, denn es läuft immer in ähnlicher oder gleicher Weise ab. A. fühlt sich im Gruppenprozess nicht genug beachtet oder übergangen, wird dann robust und fordernd: Er habe am meisten zu sagen hier. Was die anderen dazu veranlasst, ihn teils verbal, teils körperlich zu attackieren und, wenn es sich zuspitzt, ihn aus der Gruppe haben zu wollen. Dann wird A. wirklich aggressiv, zückt sein Messer und schaut – wie immer bei seinen Attacken –, ob wir Therapeuten auch hinschauen und ihn sehen.

Eine unmittelbare Beruhigung der Lage setzt ein, als wir seinen Blicken antworten mit: „A., wir sehen dich." Mehr nicht, keine Bewertung, keine Maßregelung, keine Vorwürfe, sondern einfach nur: „A., wir sehen dich." Wir können feststellen, dass ihn unsere Haltung irritiert. Dann ergänzen wir noch: „Und was immer geschieht, du bleibst in dieser Gruppe." Das scheint ihn absolut zu überraschen.

Es dauert etwa vier bis fünf Wochen, bis unsere Intervention ihre Wirkung zeigt: Bei den folgenden Attacken beginnt A. damit, uns jedes Mal freundlich anzulachen und das Messer von sich aus einzuklappen und

wegzustecken. Schließlich wird es nur noch zum Schnitzen und als Handwerkszeug benutzt. Wir unterstützen den Jungen gleichzeitig in seinem Wunsch, gehört zu werden und wichtig zu sein. Auch die anderen in der Gruppe haben von uns Therapeuten die klare Orientierung bekommen, dass Unterschiede nicht eliminiert werden, sondern einen wichtigen Lernprozess einleiten. A. hat also ein wesentliches Ziel seiner Bemühungen erreicht: Er braucht um seine Existenz nicht länger zu kämpfen, sie wird ihm gegeben, ohne dass Bedingungen an ihn gestellt werden, einfach weil es ihn gibt. Er ist glücklich und zufrieden. Und die übrigen Jungen in der Gruppe haben einen wichtigen Lernprozess mitgetragen. Zu einem späteren Zeitpunkt berichtet die Mutter, dass A.'s Vater sich neuerdings melde und ihn auch schon für ein Wochenende eingeladen habe. Das hätte sie nie für möglich gehalten. Dabei lässt es sich einfach erklären: Eine veränderte Ausstrahlung erzeugt veränderte Resonanzen.
In der Schule gibt es seither keinerlei Beschwerden mehr. Schließlich hat A. ein neues Hobby: Er hält sich Hamster und – wie seine Mutter meint – umsorgt sie liebevoll und zuverlässig.

In diesem Fall handelte es sich um ein chronifiziertes Problem: Die Daseinsberechtigung dieses Jungen war nicht ausreichend vorhanden. Die Mutter stand zwar zu ihm, aber die Ablehnung des Vaters saß wie ein Stachel in seinem Herzen. In solchen Fällen, vor allem wenn es sich um Langzeitprobleme handelt, die sich in die gesamte Lebenslage eines Kindes eingenistet haben, denken wir daran, mit dem Kind einzel- oder gruppentherapeutisch zu arbeiten, und die Familie oder Teilfamilie durch Familiengespräche in größeren Abständen in den Entwicklungsprozess des Kindes mit einzubeziehen, und diese Prozesse aufeinander abzustimmen.

3. Praxisbericht:
Die Selbstliebe für sich als Kind entwickeln in der Einzeltherapie

Die Klientin, etwa Mitte vierzig, meldet sich zu einer Therapiesitzung an. Sie ist Selbstzahlerin, lebt zurzeit alleine und hat keine Kinder. Sie hat schon viel Therapievorerfahrung, zuletzt war sie in traumatherapeutischer Behandlung, hat jedoch, wegen zunehmenden Misstrauens der

Therapeutin gegenüber, die Therapie abgebrochen. Sie hat sich an mich gewandt, weil sie erfahren hatte, dass ich kurzzeittherapeutisch arbeite.

C: Was wäre denn ein gutes Ergebnis für Sie durch diese Sitzung?
Kl: Ich habe ein chronifiziertes Problem und habe schon vieles ausprobiert, um dieses Problem zu lösen oder loszuwerden. Aber es geht irgendwie nicht und jetzt möchte ich die Perspektive wechseln, anders auf mein Problem schauen.
C: Was wäre denn dann anders?
Kl: Es würde Erleichterung bringen.
C: Erleichterung. Und wie würde es dem Problem dann damit gehen?
Kl: Es hätte es leichter, es wäre nicht mehr so in die Ecke gedrängt.
(Sie beschreibt ihr Problem: Sie sei von ihren Eltern während der gesamten Kindheit immer wieder körperlich misshandelt worden. Plötzlich seien Mutter oder Vater über sie hergefallen und hätten sie geschlagen, auf den Boden geworfen, sich auf sie gekniet und sie immer wieder geschlagen. Richtige Gewaltexzesse hätten damals stattgefunden und keiner habe sie geschützt.)
C: Wenn das der Stuhl ist für die kleine Maria, die Sie einmal waren damals, wie weit oder nah sind Sie in Kontakt zur kleinen Maria?
Kl: Der Stuhl müsste draußen sein oder hinter dem Sofa in der Ecke stehen.
C: Also so weit weg wie möglich?
Kl: Ja!
(Die Klientin soll sich auf den Stuhl der kleinen Maria setzen und die Szene und das Gespräch aus dieser Perspektive wahrnehmen.)
C: Wie geht es Ihnen mit der erwachsenen Maria?
Kl: Die ist eiskalt zu mir, die sieht mich nicht, die kümmert sich nicht.
(Platzwechsel zurück)
C: Sie haben gehört, was die kleine Maria gesagt hat. Was möchten Sie ihr antworten?
Kl: Es ist alles so schrecklich, dass ich dich von mir weghalte.
C: Sie schützen sich geradezu vor ihr?
Kl: Ja, schon.
C: Was sehen Sie, wenn Sie zu ihr herüberschauen?
Kl: Das ganze Schreckliche. Sie ist völlig ungeschützt.

C: Da ist keiner, der sie in Schutz nimmt?

Kl: Keiner. Ich war die Älteste, ich hab alles abbekommen.

C: Wenn es so etwas gäbe, wie ideale Eltern, also eine ideale Mutter und einen idealen Vater, was würden diese beiden anders machen?

Kl: Die würden sie wahrnehmen, sehen, was sie braucht, sie würden sich um ihr Wohlergehen kümmern.

C: Ja, die ideale Mutter würde auf sie schauen, die junge Maria wahrnehmen?

Kl: Ja, sie könnte sich endlich sicher fühlen, absolut sicher. Sie könnte z. B. Blumen pflücken und diese Mutter würde ihr Raum dafür und Schutz gleichermaßen geben. Und der ideale Vater hätte einen eigenen Standpunkt, ja einen eigenen Standpunkt, unabhängig von dem der Mutter.

(Platzwechsel auf den Kinderstuhl)

C: Jetzt stellen Sie sich vor, Sie sind die kleine Maria, und Sie hören ihre ideale Mutter mit einer weiblichen Stimme sagen: „Ich schaue auf dich, ich nehme dich wahr und ich schütze dich. Bei mir kannst du dich ganz sicher fühlen."

Kl: Das tut gut.

C: Und der ideale Vater sagt mit seiner männlichen Stimme: „Und ich habe einen eigenen Standpunkt und äußere den. Und wir beide achten auf dein Wohlergehen, auch wenn wir unterschiedlich sind."
Und beide Eltern sagen gemeinsam: „Wir sind beide für dich da und beschützen dich." Wie ist das?

Kl: Ja, toll, ich sehe eine ziemlich rundliche, weiche Frau, groß und mit großen Rundungen, an die kann ich mich anlehnen, die hält mich, das tut so gut. Und der Vater ist groß und schlank und ist unabhängig von der Mutter. Er gibt mir Sicherheit, er ist klar und ich kann mich auf ihn verlassen. Ich weiß, woran ich bei ihm bin.

(Stuhlwechsel)

C: Wie schauen Sie jetzt anders auf die Kleine? Gibt es einen Unterschied zu vorher?

Kl: Ja, ich kann sie jetzt ansehen, hinschauen. Sie ist mir jetzt viel näher. Wir sind uns jetzt näher.

C: Gut. Dann sagen Sie ihr doch: „Maria, ich sehe dich und das tut gut, das erleichtert mich."

(Sie sagt es und ist sehr gerührt dabei.)

Kl: Ich muss jetzt dabei weinen.

C: Ja, da löst sich was. Das sind bestimmt Tränen der Erleichterung, dass es vielleicht bald vorbei ist.

(Nach einer Weile):

C: Sie können ihr noch etwas sagen. Möchten Sie? (Sie nickt zustimmend.) Gut, sagen Sie ihr doch: „Danke! Ich danke dir dafür, dass du das alles ertragen hast, ausgehalten hast, durchgestanden hast. Es hat sich gelohnt, obwohl der Preis dafür sehr hoch war. Jetzt mache ich was aus meinem Leben. Danke."

(Sie sagt es.)

C: Nimmt sie es an?

Kl: Ja, sie lächelt. Und ich weine, vor Freude irgendwie, dass ich sie wiedergefunden habe.

C: Und mögen Sie sich jetzt vorstellen, dass Sie sich mit der kleinen Maria treffen, und mit ihr an der Hand zum Beispiel, ein Stück des Weges durchs Leben gehen? Zusammen durchs Leben gehen und ihr dabei etwas aus Ihrem heutigen Leben erzählen, wenn Sie mögen? Vielleicht hat sie auch Fragen. Oder ihr beide seid einfach nur zusammen. Wie geht's ihr?

Kl: Ihr geht es sehr gut und mir auch.

C: Und falls es für Sie passt, sagen Sie ihr: „Jetzt bin ich für immer bei dir. Jetzt gehören wir für immer zusammen."

(Nach einiger Zeit):

C: Dann stellen Sie sich doch vor, Sie selbst und die kleine Maria spazieren weiter und zwar auf Sie hier zu, bis beide vor Ihnen hier stehen, in greifbarer Nähe. Und Sie jetzt hier, ganz real, Ihre beiden Arme ausstrecken, beide berühren, rechts und links mit Ihren Händen, und dann mit einer Armbewegung beide in sich hineinziehen, Ihre Hände auf Ihren Körper bringen und damit symbolisch beiden einen Platz in Ihrem Herzen geben.

(Sie steht auf und macht genau das im Stehen. Sie breitet langsam ihre Arme aus, schließt die Augen, atmet tief durch, und lässt dann beide Hände sich langsam auf ihren Oberkörper zu bewegen. Beide liegen dann aufeinander oberhalb ihrer Brust und sie atmet tief und bleibt noch eine Weile so. Sie ist tief berührt, lächelt und sieht sehr weich aus.)

Kl: Ich empfinde viel Liebe für sie (Maria) und für mich.
C: Wunderschön. Und dass all das, was Ihnen gut tut im Augenblick über diesen Moment hinaus in Ihnen bleiben kann, wie eine Kraftquelle wirken kann, und für Sie zur Verfügung steht, wann immer Sie mögen.
Nehmen Sie sich noch genügend Zeit, um alles gut für sich zu integrieren.
(Nach einer Weile):
Kl: Vielen Dank.
C: Ihnen auch vielen Dank für's Mitmachen und für Ihr Vertrauen.

Vier Wochen nach dieser Arbeit erhielt ich eine Nachricht von der Klientin. Sie schrieb: Hallo Herr Cormann, ich bin glücklich über den Fund der kleinen Maria und das erstmalig klare Vaterbild. Ich danke Ihnen vielmals.

4. Praxisbericht:
Die Inszenierung einer Neugeburt

In der Psychotherapie mit erwachsenen Klienten spielen die Themen Daseinsberechtigung, Ankommen in dieser Welt, Menschwerdung, Zugehörigkeit, Platz im Leben, Beziehungsgestaltung und sozial-emotionale Kompetenzen eine sehr wichtige Rolle, auch wenn vordergründig ein anderes aktuelles Thema oder Problem präsentiert wird. Nicht immer ist es erforderlich, tiefenstrukturelle Therapieverfahren zum Einsatz zu bringen, aber oft ist es ein entscheidender Schritt, um ein bestehendes Konflikt- oder Problemmuster grundlegend zu unterbrechen und die Vorgänge zum Guten hin zu beeinflussen.
Der Einstieg in diese Art von Arbeit kann durch die Methode „Lebenspanorama" begonnen werden (vgl. Cormann, 2006, S. 119 ff.). Ich erkläre den Klienten (sowohl im einzel- wie im gruppentherapeutischen Setting) zunächst mein Vorgehen und bitte sie um Zustimmung. Sollte diese ausbleiben, werde ich auf der wohl sichereren Gesprächsebene weiterarbeiten. Falls ich die Zustimmung erhalten habe, lade ich die Klienten ein, es sich bequem zu machen, damit sie meine nun folgende Intervention in einem entspannten Zustand verarbeiten können. Ich stimme sie auf eine längere Phantasiereise ein und sehe mich selbst als Reiseleiter.
Die Klienten werden gebeten, es sich bequem zu machen. Ein bequemes

Sitzen im Sessel ist dabei ebenso möglich wie das Liegen auf einer Unterlage. Meistens wähle ich eine leise und beruhigende instrumentelle Begleitmusik aus. Nachdem sich der Körperzustand der Klienten zu beruhigen beginnt, bitte ich sie, das bisherige Leben wie einen Film zu betrachten, vom heutigen Tag an diesen Film ihres Lebens rückwärts laufend zu betrachten, und dabei für das passende Tempo zu sorgen, und somit Jahr um Jahr um Jahr zurückzugehen in der Zeit, und festzustellen, ob und welche wichtigen Ereignisse es gegeben hat in den jeweiligen Jahren, und dann weiter zurückzugehen bis zum Tag der Geburt, und das Geburtsdatum laut zu sagen, und hier eine Weile zu verharren, und schließlich noch einmal neun Monate zurückzugehen in der Zeit, und sich diese Zeit vorzustellen als die Zeit des Wachsens im Mutterleib, und noch weiter zurückzugehen bis zur Zeugung und dann leise in den Raum zu sagen: „Das ist mein Anfang", und zu spüren, was es bedeutet, zu erleben, das ist mein Anfang, und dann von dort noch einmal die ganze Spanne des Lebens zu betrachten, das ganze Lebenspanorama in den Blick zu bekommen.

Dieser Vorgang kann 15 bis 60 Minuten dauern. Jetzt werden die Klienten wieder in die Realität der therapeutischen Sitzung zurückgebracht. Danach beginnen sie, sich einen Malstift auszusuchen und mit diesem ihren Lebensweg, vom Beginn ihres Lebens an, so weit in die Zukunft hinein auf großflächiges Papier zu zeichnen, wie sie jeweils mögen. Sie zeichnen ihren Lebensweg zunächst nur mit einer Farbe. Manche Lebenswege sehen aus wie Fieberkurven, andere wie Spiralen, wieder andere bilden eine eher gleichförmige gerade Linie. Danach kann das ganze Bild nach Belieben ausgemalt werden. Der Lebensweg sollte jedoch sichtbar bleiben.

Ist der Malvorgang abgeschlossen, bitte ich die Klienten, sich ihrer fünf wichtigsten Höhepunkte im Leben bewusst zu werden und diese der jeweiligen Lebensphase zuzuordnen, dort im Bild zu markieren (z. B. als Stern), jedem Lebenshöhepunkt einen Namen zu geben und ein Datum oder einen Zeitraum dazuzuschreiben. Mit der Bezeichnung „Höhepunkte" sind die Sternstunden im Leben eines Menschen gemeint, diese besonderen, grandiosen Momente, die Highlights. Genannt werden in diesem Zusammenhang z. B. die eigene Geburt, eine besondere Reise, ein Schul- oder Studiumsabschluss, eine Liebesbeziehung, die Hochzeit, die Geburt eines eigenen Kindes, das Meistern einer großen Herausforderung, ein sportliches Ereignis, ein beruflicher Erfolg, ein Umzug usw. Nachdem diese fünf wichtigsten Höhepunkte im bisherigen Leben festgelegt und in das Lebenspanorama eingezeichnet wurden, lenke ich die Aufmerksamkeit auf die fünf wichtigsten Krisen im Leben. Auch diese sollen benannt werden und je nach Zeitpunkt oder Zeitraum in der Zeichnung eingetragen und markiert werden. Es werden häufig sehr unterschiedliche Krisen genannt: Trauer- und Verlustereignisse, Über- oder Unterforderungssituationen, plötzliche Veränderungen durch äußere Einflüsse, oder Probleme mit der Daseinsberechtigung, sowie traumatische Erfahrungen. Manchmal kommt es auch vor, dass das gleiche Ereignis sowohl als Krise als auch als Höhepunkt angesehen wird, zum Beispiel die dramatische Geburt eines eigenen Kindes, die Trennung vom Partner oder von der Partnerin usw.

Sollte die Zeit im Mutterleib, der Geburtsvorgang selbst oder die Ankunft in dieser Welt als Krise erlebt werden, dann kann, wie im Folgenden beschrieben, eine Inszenierung einer Neugeburt durchgeführt werden, um zu einer Verbesserung des Selbstgefühls, der Lebensenergie, der Selbstbestimmung, der Verbundenheit oder auch der Sicherheit im Leben beizutragen. Eine andere Interventionsstrategie benutze ich, wenn die Daseinsberechtigung nicht oder nicht ausreichend gut vorhanden ist, bzw. Zweifel hieran bestehen. Dann arbeite ich mit der Methode der idealen Beelterung nach Albert Pesso (siehe auch Kapitel vier).

Eine Verbindung beider Vorgehensweisen, nämlich die Inszenierung einer Neugeburt und die Arbeit mit idealen Eltern, kommt dann in Frage, wenn das Geburtserlebnis dramatisch verlaufen ist und gleichzeitig die Daseinsberechtigung in Frage gestellt wurde. Hierbei kommt es weniger auf Tatsachen an, als auf gelebte Erfahrungen, Erinnerungen, subjektive Eindrücke, Gefühle und körperliche Zustände oder eben auch auf belegbare Fakten (z. B. medizinische Befunde). Dann werde ich die Inszenierung der Geburt in Absprache mit den Klienten so durchführen, dass das Neugeborene ideale Eltern erhält und in eine ideale Familiensituation hineingeboren wird, in der es willkommen ist.

Zunächst aber lade ich die Klienten ein, sich an ihre Zeit im Uterus zu erinnern, an ihre Geburt selbst, und an ihr Ankommen – und zwar so, wie es ihnen vertraut ist, wie sie es erzählt bekommen haben, wie sie es also

„kennen", um dann diese vorhandenen Geburtsgeschichten gegenseitig oder mit mir auszutauschen. Auf diese Schilderungen gehe ich als Therapeut nicht weiter ein, sondern bitte nun darum, die Geschichte einer idealen Geburt zu erfinden und aufzuschreiben.

Durch die Beschäftigung mit den Vorstellungen an eine ideale Zeit im Mutterleib, an eine ideale Geburt und ein ebenso ideales Ankommen bei und Angenommenwerden durch die Eltern, wird die als schlimm oder traumatisch erlebte oder erinnerte Erfahrung durch eine neue, verbesserte Wirklichkeitskonstruktion ergänzt, die von der Grundannahme ausgeht, dass jeder Mensch es wert gewesen wäre, gut ins Leben zu starten. Dies ist keine Methode, um Eltern, Hebammen oder Ärzte zu kritisieren, sondern um sich eine selbstwerthaltige neue, sozusagen alternative Lebenserfahrung zu gönnen.

Die Klienten schreiben eine solche Umschreibung der realen Geburt mit allem Drum und Dran, was sie als schön ansehen, was dem „fröhlichen Ereignis" angemessen ist, sodass die Geburt zu einem neuen Höhepunkt im Leben werden und damit das Leben durch die Geburt als Fest beginnen kann: lebhaft oder besinnlich, bewegt oder ruhig, wie auch immer ...

Die Klienten schreiben ihre Geburtsgeschichte neu, und zwar in der Gegenwartsform, so, als wenn es jetzt und hier passierte, und aus der Sicht des Kindes, also in der Ich-Form.

Sie beschreiben die idealen Rahmenbedingungen, entscheiden über die Anwesenden, legen die Sicherheitsvorkehrungen fest, beschreiben die wünschenswerte Atmosphäre, den zeitlichen Ablauf, die Gesprächsinhalte der Eltern und schließlich auch, wie die Eltern das Neugeborene in Empfang nehmen, wie es begrüßt und willkommen geheißen werden sollte. Alles Wünschenswerte hat in solch einer Geschichte Platz.

Viele Beschreibungen sind eher romantisch-liebevoll, in manchen überwiegen die Sicherheitsbedürfnisse, andere lindern den tatsächlich erlebten Schmerz, wieder andere beschreiben die Bedeutung von Kontakt, Berührung und Halt. Wichtig ist auch, für die Klienten in der Kinderrolle, die Beziehung der Eltern zueinander, ihre stabile Sicherheit, ihre Wertschätzung und Liebe füreinander. Sie sollen sich ansehen und berühren. Dann geht es dem Neugeborenen richtig gut und es kann sich anvertrauen. Hier und da spielen auch die Nahrungsaufnahme und das physische Versorgtwerden eine große Rolle. Und schließlich ist für einige Klienten das Wichtigste überhaupt, zu hören, dass es gut und richtig ist, dass sie da sind und jetzt zur Familie gehören und einen Platz im Leben bekommen. Manchmal müssen die Eltern auch betonen oder versichern, dass das Kind als Mädchen oder Junge richtig und willkommen ist.

Die Wunschliste ist oftmals groß und wir können erfahren, wie viele unerfüllte Bedürfnisse nach Sicherheit, Geborgenheit, Nähe, Zustimmung, Halt, Fürsorge, Schutz, Anerkennung, Wertschätzung und vor allem Liebe auch im Erwachsenenalter immer noch vorhanden sind.

Nachdem die Geschichte über die wünschenswerte Ankunft im Leben aufgeschrieben ist, wird diese nun vorgelesen und die Wünsche werden hiermit veröffentlicht. Dies macht die tiefen Bedürfnisse noch klarer. Gleichzeitig wird hierdurch die Beziehung der Klienten zu sich selbst aktiviert und gefestigt. Die Zuhörenden stellen fest, dass sie nicht alleine sind mit ihren unzureichenden Erfahrungen, mit Leid, Schmerz oder Kränkungen. Das Hören solcher Geschichten löst Anteilnahme, Mitgefühl und Freude aus. Die Autoren der idealen Geburtsgeschichten wissen jetzt „offiziell", was sie brauchen und was ihnen wirklich gut tut. Implizit wird hierdurch auch mit Ben Furman (1999) die Botschaft gegeben: „Es ist nie zu spät, eine glückliche Kindheit zu haben", und in diesem Sinne ist es auch nie zu spät, gut ins Leben zu finden. Das bedeutet auch: Ich kann mich auch als Erwachsener um meine kindlichen Wünsche und Bedürfnisse kümmern. Ich kann Kontakt zu dem Kind in mir aufnehmen und gut für es sorgen. Weil ich es mir wert bin!

Man kann an dieser Stelle die Psychotherapie des Ankommens beenden, falls ein Klient sich durch die bisherige Arbeit schon hinreichend bereichert fühlt. Es ist jedoch möglich und oftmals sinnvoll, die Klienten einzuladen, noch einen Schritt weiter zu gehen, wie ich im Folgenden zeigen werde.

Mit der Beschreibung der idealen Geburt haben wir nun ein Drehbuch für die weitere Inszenierung, also für die Erlebbarmachung der Bedürfniserfüllung. Am besten ist dies in einer Klientengruppe realisierbar. Aber auch in der Einzeltherapie kann mit Spielzeugen, wie Puppen oder Holzfiguren, Rollenwechseln oder Körperinterventionen, inneren Bildern oder Symbolen viel von dem erlebbar werden, was bislang noch gefehlt hatte.

Bereits im Vorfeld der eigentlichen Inszenierung des Geburtsverlaufs kann der Therapeut sich mit dem Klienten darüber abstimmen, ob den realen Eltern genügend Vertrauen für das Gelingen einer Neugeburt entgegengebracht wird, oder ob das Misstrauen überwiegt und damit eine neue, möglichst gute Erfahrung für den Klienten unmöglich wäre. In solchen Fällen ist die Besetzung der Elternrolle mit idealen Eltern von großer Wichtigkeit. Denn ideale Eltern können in solch einer Inszenierung all das tun und erlebbar machen, was den realen Eltern – warum auch immer – versagt blieb.

Als Therapeut achte ich bei der Interventionsgestaltung auf die passende und für die Klienten nützliche Rollenmodifizierung. Ich unterscheide zwischen dem assoziierten und dem dissoziierten Rollenmodus. Im ersten Fall übernimmt der Klient selbst die Rolle als Kind, er geht somit in seine eigene Kinderrolle und erlebt die Inszenierung der Neugeburt hautnah. Ist er aber dissoziiert, dann nimmt er die Rolle des Beobachters für seine eigene Inszenierung ein, und kann mit dem Therapeuten gemeinsam den Verlauf des Geschehens beeinflussen. Seine eigene Rolle als Kind wird von einem Double (Stellvertreter oder Symbol) übernommen. Der Klient kann dann von außen nochmals Einfluss auf das ideale Geschehen nehmen und bestimmen, wie das geschriebene Drehbuch interpretiert werden soll, z. B. wie das Baby von wem berührt oder angesehen oder gehalten werden soll. In manchen Therapieprozessen ist es wichtig, diesen Modus im Verlauf der Arbeit zu wechseln, damit der Klient nach seiner eigenen Regieanweisung durch den Moduswechsel in der Kindrolle diese erleben und emotional in sich aufnehmen kann.
Im Allgemeinen unterscheide ich drei wesentliche Szenarien: das Leben im Uterus, das Durchschlüpfen des Geburtskanals und die Ankunft bei den Eltern. Es ist durchaus möglich, alle drei Phasen als einen chronologischen Prozess zu spielen. In der Abfolge wird deutlich, welche Szenen besonders wichtig sind. Hier ist es dann möglich, einen Vor- oder Rücklauf einzuführen, um die eine oder andere Situation zu präzisieren, zu verlangsamen oder anderweitig zieldienlich zu berücksichtigen, etwa

auch, um mehrere Alternativen durchzuspielen, und sich danach für die beste Variante zu entscheiden und diese dann in den Gesamtablauf zu integrieren.

Im Uterus spielt zunächst oftmals das Gefühl des Zeitlosen eine wichtige Rolle: „Ich habe alle Zeit der Welt, mich zu entwickeln." Bedeutungsvoll kann aber auch die Entscheidung des Klienten sein, sich überhaupt auf eine Geburt einzulassen. Eventuell möchte er diese lieber vermeiden. Die willkommen heißende Haltung der Eltern kann dann ein guter Anreiz sein, neugierig zu werden und sich auf den Weg zu machen. Irgendwann setzen die Wehen ein. Dem Fötus wird es reichlich eng und er spürt: Jetzt ist es an der Zeit, sich den ausschwemmenden Wellenbewegungen und dem sanften Druck anzuvertrauen und sich navigieren zu lassen. Die Erlebnisqualitäten der Klienten sind natürlich äußerst unterschiedlich. Jeder einzelne Schritt, jede Veränderung des Ablaufs wird mit den Klienten abgesprochen, gleichzeitig bleiben sie in ihrer Rolle als Fötus. Dann geht es irgendwann durch den Geburtskanal. Manche bleiben dort hängen oder sind erschöpft, andere schlüpfen kinderleicht durch. Einmal hat ein Mann dabei laut geschrien und verspürte Schmerz. Nachher berichtete er, dass er sich bei seiner realen Geburt die Nase gebrochen hätte. Mit diesem körperlich gespeicherten Schmerz, danach nie mehr bewusst erlebt, hatte er Kontakt bekommen. Jetzt konnten wir den Vorgang noch einmal schmerzfrei inszenieren, damit er erleben konnte, wie es ist, mit einem guten Gefühl von seinen Eltern aufgenommen zu werden und willkommen zu sein.

Nachdem der Klient durch den Geburtskanal hindurchgekommen ist und allmählich den Schutz und die Wärme des Mutterleibs verlässt, trifft er auf aufnahmebereite Eltern, die wissen, was einem Neugeborenen gut tut und was für ein Baby richtig und passend ist. Manchmal hilft der Klient in der Babyrolle dabei nach und gibt Tipps. Alle Neugeborenen in solchen therapeutischen Arbeiten wollen Schutz, Geborgenheit und Zeichen von Liebe. Manche möchten schon bald gestillt und versorgt werden. Nuckel, Nuckelflaschen, Fingerkuppen oder Ähnliches können dabei helfen, diese Wünsche umzusetzen. Für viele ist es wichtig, dass sich die Eltern gut verstehen, zusammenhalten, sich unterstützen und liebevoll miteinander umgehen. Sie sollen dies z. B. durch Blicke zum Ausdruck bringen: sich anschauen. Aber auch Umarmungen gelten bei „Babys" als sicheres

Zeichen für Verbundenheit. In dieser dritten Phase des Ablaufs verbringen die Neugeborenen gerne sehr viel Zeit. Sie wollen diese Erfahrung auskosten und genießen.

Einige Zeit später stelle ich die Frage: „Wozu hat es sich für dich gelohnt, geboren zu werden?" Dann wird ein Begriff genannt, und dann lade ich die Klienten ein, einen Integrationsspaziergang zu machen, und währenddessen ein Symbol zu finden für diesen Begriff, und dieses Symbol oder einen Teil davon mitzubringen. Dieses Symbol können sie dann noch eine Weile „tragen". Die Sitzung ist damit beendet.

Literatur

Capra, F. (1983). Wendezeit. Bern: Scherz.

Chamberlain, D. B. (1997). Neue Forschungsergebnisse aus der Beobachtung vorgeburtlichen Verhaltens. In L. Janus & S. Haibach (Hrsg.), Seelisches Erleben vor und während der Geburt (S. 23-36). Neu-Isenburg:
LinguaMed.

Cormann, W. (2006). Psychotherapie der Selbstorganisation. Lindau:
Cormanninstitute Verlag.

Cormann, W. (2007). Verbesserung der Selbstbeziehung [DVD]. Lindau:
Cormanninstitute Verlag.

Fedor-Freybergh, P. G. (1997). Die Schwangerschaft als erste ökologische
Situation des Menschen. In L. Janus & S. Haibach (Hrsg.), Seelisches
Erleben vor und während der Geburt (S. 15-21). Neu-Isenburg: LinguaMed.

Foerster, H. von (1993). KybernEthik. Berlin: Merve.

Furman, B. (1999). Es ist nie zu spät, eine glückliche Kindheit zu haben.
Dortmund: Borgmann.

Hüther, G. (2006). Von den biologischen Wurzeln zur transformierenden
Kraft der Liebe. [Vortrag auf CD]. Schwarzach/M.: Auditorium.

Leboyer, F. (1991). Das Fest der Geburt. München: Koesel.

Rotthaus, W. (1998). Wozu erziehen? Heidelberg: Carl-Auer-Systeme.

Satir, V. (1980). Selbstwert und Kommunikation. München: Pfeiffer.

Willi, J. (1990). Die Zweierbeziehung. Reinbek: Rowohlt.

Alexander Trost

Bindung anbieten – Halt geben – Lösungen finden

Zur Bedeutung früher Erfahrungen für die seelische Gesundheit

Prof. Dr. med. Alexander Trost ist Facharzt für Kinder- und Jugendpsychiatrie und -psychotherapie, Facharzt für Psychosomatische Medizin und Psychotherapie, Professor für Sozialmedizin und systemische Konzepte an der KFH-NW, Fachbereich Sozialwesen, Abt. Aachen, Supervisor (DGSv) und Systemischer Lehrtherapeut (DGSF).

Dieser überarbeitete Vortrag wurde anlässlich des ptzSymposiums „Menschwerdung – Psychotherapie des Ankommens" 2005 in Lindau gehalten.

Einleitung

Mein heutiges Referat geht von der Vorannahme aus, dass die Erfahrungen der frühen Kindheit mit Bindung, mit Halt und mit der Weise, wie wir gelernt haben, Neues zu lernen und Lösungen zu finden, lebenslang wirksam bleiben. Dies gilt insbesondere für asymmetrische Beziehungsverhältnisse. Je nach Kontext sind die Schwerpunkte und das Ausmaß dieser Bedeutungen unterschiedlich: z. B. in der Beratung, beim Lernen in der Schule, in der Beziehung zwischen Chefs und Mitarbeitern einer Firma und ganz besonders in der therapeutischen Beziehung. Die drei genannten Variablen stehen in einer systemischen Beziehung zueinander und es hängt aus meiner Sicht von einer kontext- und individuumsbezogenen Balancierung dieser drei Aspekte „Bindung, Halt und Lösung" ab, ob und inwieweit anstehende Entwicklungs- und / oder Kooperationsaufgaben gelöst werden können. Auch nach dem Abschluss der kindlichen Entwicklung muss immer wieder – und je nach Kontext unterschiedlich – zur Wahrung der psychischen Gesundheit eine dynamische Balance zwischen diesen Elementen gefunden werden.

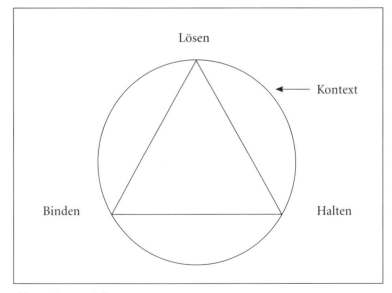

Abb. 1: Balancemodell

„Binden" und „Halten" bilden dabei die Basis des Dreiecks. Bindung und Halt sind von Geburt an entwicklungsgestaltende Faktoren und sie bleiben es das ganze Leben lang. Ob und wie explorative Anpassung geschieht, Neugier und Kreativität ausgebildet werden, ob und wie nach Lösungen für anstehende Problemstellungen gesucht wird, hängt in hohem Maße von der Qualität dieser ersten Erfahrungen und von deren Aktualisierungen im Lebensverlauf ab. Damit ergibt sich eine natürliche Beziehung zwischen diesen drei Dimensionen menschlicher Existenz, die es rechtfertigt, Binden, Halten und Lösen in ein Modell dynamischer Balance aufzunehmen. Je nach Situation liegt das Gewicht der momentanen Bedürfnisse bei einem der drei Pole. Wird dies erkannt und berücksichtigt, kann die Entwicklung des entsprechenden Systems, sei es Individuum, Familie oder Organisation, produktiv vorankommen. Eine anhaltende Imbalance wird hingegen eher zu Stagnation und Krise führen. Im günstigen Fall geschieht die Regulierung der Bedürfnisse intuitiv, wie z. B. mittels angeborener und tradierter Regulationshilfen der Mutter gegenüber ihrem Säugling. Analog könnte dies auch ein führungsbegabter, in Wahrnehmung und Handlung freier Leiter einer psychosozialen Einrichtung, der die Notwendigkeiten und Bedürfnisse seiner Mitarbeiter nach emotionaler Aufgehobenheit, Halt gebender Struktur und Ermutigung zu kreativem Handeln so auszubalancieren weiß, dass eine koevolutive Entwicklung ermöglicht wird. Oft ist dieser Idealzustand aber nicht gegeben, weder in der Erziehung von Kindern, noch in therapeutischen Prozessen, noch in der Leitung einer Einrichtung. Hier könnte das im Folgenden näher beschriebene Modell eine Hilfe zur Reflexion und für die weitere Planung darstellen.

Zur detaillierteren Beschreibung der Dimensionen des Balancemodells lohnt es sich, einige wissenschaftliche Erkenntnisse aus relevanten Forschungsgebieten näher anzusehen.

Ich werde mich daher zunächst den frühen Regulations- und Interaktionsprozessen widmen, dann einen recht ausführlichen Exkurs zur Neurobiologie wagen, um dann etwas zu Ergebnissen der modernen Bindungstheorie zu berichten. Es folgt ein kurzer Abschnitt zur lösungsorientierten Psychotherapie. Nach der Erläuterung des Balancemodells und seiner Anwendungsmöglichkeiten folgt zum Abschluss ein kurzer Blick auf die aus meiner Sicht notwendigen politischen Konsequenzen.

Frühe Interaktion und Regulation

Wenn ein Baby auf die Welt kommt, hat es eine große Anzahl und eine hohe Dichte an Entwicklungsaufgaben zu bewältigen. Dazu gehört einmal, dass es sich somatisch-vegetativ an die Außenluft, an die Welt außerhalb der Fruchtblase anpasst. Es muss atmen und verdauen lernen, es muss mit Nahrung nutzbringend umgehen können. Das Kind muss sich mit seiner Motorik auf die Verhältnisse der Schwerkraft einstellen, es muss sich an Aufnahme und Verarbeitung von Informationen – Auge, Ohren, Tastsinn, Gleichgewichtssinn – gewöhnen. Und es muss soziale Signale aufnehmen, verarbeiten und aussenden. Das läuft in diesem Alter noch unbewusst und mit jeweils sehr verschiedenen Anpassungsmöglichkeiten: Neben einer optimalen Adaptation gibt es immer zwei Extrembereiche: ein Viel-zu-wenig Geben und ein Viel-zu-viel. Am Beispiel der Anpassung an soziale Signale bedeutet dies, dass ein Kind seinem Gegenüber extrem wenig Resonanz geben kann, oder dass es sich permanent in einer übererregten exzessiven Schreisituation befindet. Die Balancierung dieser Reaktionsmöglichkeiten kann ein Säugling zunächst meist nur mithilfe einer engen Bezugsperson schaffen; er übernimmt nach und nach mehr seine Selbstregulation, die im Übrigen eine lebenslange Aufgabe bleibt. Beebe und Lachmann gelangen zudem durch ihre Untersuchungen „zu der Auffassung, dass die Beziehungsregulierung zwischen zwei Menschen wie auch die Selbstregulierung nicht nur ein Geschehen zwischen Mutter und Kind ist, sondern sich etwas Vergleichbares in Psychotherapien zwischen Therapeut und Klient wiederholt" (Beebe & Lachmann, 2004, zitiert nach Steiner Fahrni, 2004, S. 119).

Säuglinge sind aber auch von früh auf kompetent. Sie haben sofort nach der Geburt die Fähigkeit nachzuahmen, sie synchronisieren sich mit der Mutter und sie identifizieren sich mit ihr, und sie nehmen am Erleben anderer teil. Dies erfolgt mittels des Systems der Spiegelneuronen, einer Gruppe von auf Imitation spezialisierten Neuronen, die ich Ihnen später noch näher erläutern werde. Und diese frühe Intersubjektivität, dies ist wirklich beim Menschen ausgeprägter als bei allen anderen Lebewesen, die auch ein Großhirn besitzen, sie strukturiert die innere und äußere Welt des Säuglings, ist die Basis von interaktivem

Wissen und früher sensorischer Integration. Sie prägt den jungen Menschen nicht nur psychosozial, sondern auch in funktionalen und anatomischen Vernetzungsprozessen seines Gehirns. Sie ist die Basis aller Lernprozesse, die durch Interaktionsprozesse aufrechterhalten und modifiziert werden.

Intuitive elterliche Kompetenzen: typische Verhaltensmuster
(nach Papoušek, 1995)

· Dialogabstand – Grußreaktion

· Ammensprache – erhöhte Stimmlage – verlangsamtes Tempo –

  prototypische Melodik

· Prototypische Mimik – Imitationsneigung

· Interaktive Spielchen – Gemeinsame Ausrichtung der Aufmerksamkeit

· Entwicklungsphasenspezifische Anpassungen und Verhaltensmuster

---

Abb. 2: Intuitive elterliche Kompetenzen: typische Verhaltensmuster

All dies sind Aufgaben, die natürlicherweise in einer „halbwegs" stressarmen Umgebung vom Kind, in Zusammenhang mit einer feinfühligen Haltung seiner Bezugspersonen, gut bewältigt werden können. H. und M. Papoušek (1995) haben hierzu den Begriff der „Intuitiven Elterlichen Kompetenzen" geprägt. Damit gemeint sind typische, biologisch angelegte und psychosozial modifizierte Verhaltensmuster, die Mütter oder auch Väter einnehmen, wenn sie mit Säuglingen oder sehr kleinen Kindern zu tun haben. Diese sind intuitiv-adaptiv auf die Möglichkeiten des Kindes ausgerichtet: z. B. liegt ein typischer Blickabstand bei einem 6 Wochen alten Baby nicht über 35 cm, weil das Kind nur etwa so weit scharf sehen kann. Wenn eine Bezugsperson ein solches

Baby in einem ganz anderen Blickabstand hält, bekommen Sie als BeobachterIn sofort ein Gefühl der Nicht-Stimmigkeit. Wenn die intuitiven elterlichen Kompetenzen gut verfügbar sind, und das Kind sich gut selbst regulieren kann, wird es in aller Regel eine positive Gegenseitigkeit zwischen Mutter (oder einer anderen primären Bezugsperson) und Kind geben.

Wenn nun ein Säugling mit einem schwierigen Temperament auf die Welt kommt oder postnatal stärkere Regulationsstörungen entwickelt, was Nahrungsaufnahme, Schlaf-wach-Rhythmus, Aufmerksamkeit und Schreien angeht, oder wenn andere Störungen wie z. B. Frühgeburtlichkeit, neurologische Erkrankungen oder ein Autismus vorliegen, steigt das Risiko für das Misslingen dieser Gegenseitigkeit. Ein ganz besonderes Risiko ist dann gegeben, wenn eine Mutter psychosozial höher belastet ist. Dazu gehören die sozioökonomischen Faktoren, körperliche oder psychische Störungen, ganz besonders auch psychische Erkrankungen bei Müttern, wie z. B. die lange vernachlässigte postpartale Depression, ein Hochrisiko für spätere Regulations- und Bindungsstörungen. Ebenso seien an dieser Stelle chronische Partnerkonflikte genannt. Weiterhin die berühmten „Gespenster im Kinderzimmer", ein Begriff, den die Psychoanalytikerin Selma Fraiberg (1975) geprägt hat. Gemeint ist damit, dass, sobald Eltern ihr eigenes Kind bekommen, eigene, alte und belastende Kindheitserinnerungen wach werden, die sich eben als Gespenster zwischen die Mutter-Kind-Beziehung schieben. Ein weiteres Risiko sind unangemessene entwicklungspsychologische Vorstellungen. Wenn eine Mutter z. B. die reflexhaften Laufbewegungen ihres fünf Monate alten Kindes mit echtem Gehen verwechselt und es immer wieder zum „Laufen" bringt, was ich in meiner Studie mit drogenabhängigen Müttern und ihren Säuglingen mehrfach erlebt habe, ist das unangemessen und potenziell schädigend, genauso wie manche Vorstellungen über das, was ein Kind können muss, was es befolgen sollte oder könnte. Das Baby in der Abbildung kann bei einer dekontextualisierten Betrachtungsweise den Betrachter „mit einem Stinkefinger, verachtend" anschauen. Solche Zuschreibungen werden von verunsicherten Eltern (-teilen) gemacht, sie können zum Selbstläufer in der Beziehungsdefinition werden und eine negative Gegenseitigkeit zementieren.

SÄUGLING		ELTERN
	zufriedene Familie	
gute selbstregu- latorische Fähig- keiten	Positive Gegenseitigkeit vorsprachliche Kommunikation	„hinreichend gute Mutter" (Winnicott)
	Eltern-Kind-Beziehung	
„schwieriger" Säugling	Negative Gegenseitigkeit	psychosozial hochbelastete Eltern

Mangel an intuitiver Unterstützung
Vernachlässigung / Misshandlung

- schwieriges Temprament
- negative Feedbacksignale
- Regulationsprobleme:
    - Nahrungsaufnahme
    - Schlaf-wach-Rhythmus
    - Neuromotorik
    - Aufmerksamkeit
    - Schreien (schrill)
- körperliche Erkrankungen
- Probleme der Hirnreifung

- negative Befindlichkeit: Verunsicherung, Erschöpfung, Depression
- sozio-ökonomische Faktoren
- körperliche / psychische Erkrankungen
- Partner- /Familienkonflikte
- unangemessene entwicklungspsychologische Vorstellungen
- Gewalt tolerierender und rigider
  Erziehungsstil
- Beziehungskonflikte (bewußt/
  unbewußt) zum Kind

Abb. 3: Eltern-Kind-Gegenseitigkeit (in Anlehnung an Jacubeit, 2001)

Auch die bei Babys von z. B. drogenbelasteten Müttern häufig anzutreffenden und teils medizinisch begründbaren Regulationsstörungen wie vermehrtes Schreien, Schlaf- und Fütterstörungen erschweren die Ausbildung guter Interaktionszyklen zwischen Mutter und Kind. Das Gleiche gilt für die in den ersten Lebensmonaten selten erkannten Entwicklungsstörungen, und letztlich für alle Faktoren, die einen effektiven Signalaustausch mit der Mutter erschweren oder, anders ausgedrückt, die den gemeinsamen „Tanz" (Stern, 2000) ins Stocken bringen.

Dies wird durch die primäre Bezugsperson in der Regel durch „Reparaturepisoden" im Kontakt mit dem Kind kompensiert. Wenn die Mutter aber dauerhaft belastet, gestresst ist, kommt es immer wieder zu Missverständnissen und Konflikten zwischen ihr und dem Säugling mit der Gefahr einer negativen Tönung der Beziehung bis hin zur Misshandlung.

Wenn die Affektabstimmung zwischen Mutter und Kind chronisch misslingt, dann kann das zu gravierenden Problemen in der Orientierung des Babys auf seine soziale und dingliche Umwelt führen. Die Zahl der Reparaturepisoden sinkt drastisch und die Interaktionspartner zeigen mehr depressiv-resignatives oder ärgerlich-reizbares Verhalten mit den entsprechenden Auswirkungen: Wenn ein Kind stark *über*stimuliert wird, hat es kaum die Gelegenheit, selbst Interaktionen zu initiieren, es macht wenig Erfahrung darin, sich selbst als Ursache von Beziehung zu sehen. Es bezieht sein Sicherheitsgefühl ausschließlich aus selbstregulatorischen Aktivitäten oder es wird ganz abhängig davon, dass seine Beziehungsperson die Regelung der eigenen Bedürfnisse übernimmt. Ein *unter*stimuliertes, zu wenig mit interaktionellen Reizen versorgtes Kind, im Extremfall bis hin zur Deprivation, macht ebenfalls wenig Erfahrung, sich selbst als Ursache von Beziehungserfahrung zu sehen. Es kommt zum depressiven Rückzug, gegebenenfalls zu Apathie mit motivationaler Schwächung, Verlust der Explorationsfreude, und auf die Dauer zu einer Minderung der Selbstachtung. Das kann z. B. in dissoziale Verhaltensmuster als Bewältigungsversuch münden. Bei beiden Formen kann sich das so essenzielle Gefühl der *Selbstwirksamkeit* nur ungenügend ausprägen.

Das in als emotional unsicher erlebten Situationen aktivierte Bindungssystem des Kindes steht in Konkurrenz zum System Exploration und Neugier, dessen Entfaltung aber Voraussetzung für adäquates Lernen ist. Besonders gefährdet in ihrer Lernentwicklung sind traumatisierte und deprivierte Kinder, bei denen häufig ein desorganisiertes oder gar nicht mehr klassifizierbares Bindungsmuster diagnostiziert werden kann. Eine bislang unterschätzte, aber große Gruppe sind die an einer postpartalen Depression leidenden Mütter, die entweder in der passiv-apathischen Form der Störung den Kindern zu wenig Stimulation und Resonanz bieten, oder aber in der agitierten Variante ihren Säugling grenzüberschreitend überstimulieren. Dadurch wird beim Kind das Maß an Sicherheit nicht erreicht, das zur Ausbildung von Neugier und Interesse notwendig ist. Dies sind aber wesentliche Ressourcen, um sich auf sich ändernde Umwelten einzustellen und die eigene Entwicklung aktiv zu gestalten.

Wie kann man nun Störungen der vorsprachlichen Kommunikation erkennen? Hier gibt es verschiedene Warnzeichen: Im *kindlichen* Verhalten finden wir Passivität, Kontaktvermeidung, aber auch starke Irritabilität, Schlafstörungen oder anhaltendes Schreien. Viele der „Schreikinder" – glücklicherweise gibt es ja nach und nach mehr Schreiambulanzen an sozialpädiatrischen Institutionen oder auch an Kinderkliniken – leiden unter einer kommunikativen Störung, und in einem weniger großen Ausmaß als früher angenommen wurde, an ausschließlich physiologisch begründeten Drei-Monats-Koliken. Mangelnde Entwicklung differenzierter Kommunikationsformen, nicht organisch bedingte Nahrungsverweigerung oder ängstliche Abwehr neuer Situationen und Personen gehören ebenfalls zu den bedeutsamen Warnsignalen.

Im *elterlichen* Verhalten zeigen sich ebenfalls eine Menge von Hinweisen, z. B. wenn Eltern – gerade depressive Mütter neigen dazu – entspannte Zwiegespräche mit dem Säugling zu Zeiten seiner Interaktionsbereitschaft vermeiden. Als Untersucher sehen Sie nur wenig spielerische Elemente in der Interaktion, kindliche Signale werden ignoriert oder zögerlich, vielleicht auch falsch, beantwortet. Aus Mangel an verfügbarer Empathiefähigkeit neigen manche Mütter zu überwiegend rationalen bzw. dirigistischen Interventionen, oder man erlebt eine generell inadäquate Dosierung der Anregungen: die bereits beschriebene Über- oder Unterstimulation.

Das Gelingen der frühen vorsprachlichen Kommunikation zwischen dem Säugling und seinen primären Bezugspersonen kann in seiner Bedeutung nicht hoch genug eingeschätzt werden. Diese Interaktions- und Regulationserfahrungen gelten zu Recht als Vorläufer der Bindungsorganisation, die sich etwa gegen Ende des ersten Lebensjahres herausgebildet hat. Bevor ich Ihnen dazu referiere, hier zunächst ein Exkurs zur Neurobiologie.

Neue Erkenntnisse der Neurobiologie

Neurobiologische Forschung ist heute d i e Quelle für neue Erkenntnisse über die Psyche, über Lernen und im Letzten damit: über menschliche Beziehungen. Insbesondere durch die Fortschritte im Neuroimaging („dem Gehirn bei der Arbeit zuschauen", z. B. mittels funktioneller Magnetresonanztomographie) nähern wir uns auf neue Weise Phänomenen wie:
– Resonanz in Beziehungen (mittels Spiegelneuronen)
– Bindung (beeinflusst durch Hormone wie Cortisol und Oxytozin)
– Intuition (eine mögliche Funktion des „Bauchgehirns" = als eines zweiten neuronalen Zentrums in der Darmwand), und sogar
– Meditation (bewirkt hohe Aktivität schneller y-Wellen im EEG links frontal)
„Altes Wissen" wird heute zunehmend auf empirischer Grundlage bestätigt. Der ewige K(r)ampf zwischen „exakter Wissenschaft" und den Alltagserfahrungen vieler Menschengenerationen könnte vielleicht auf die Dauer überwunden werden.

Unser Gehirn wird im Zuge unserer Lebenserfahrungen und der unbewussten wie bewussten Lern- und Übungsprozesse „umgebaut". Die ausgeprägtesten Entwicklungsphasen des Gehirns liegen in den ersten fünf Lebensjahren und dann wieder in der Pubertät. Danach verlangsamt sich die Hirnentwicklung, bleibt aber lebenslang bedeutsam. Es gibt kaum einen Lebensvollzug, der nicht einen Lernaspekt beinhalten würde. Auch Bindung, Halt und Lösungsstrategien sind Phänomene, deren Ausgestaltung erlernt ist.

Lernen ist nichts anderes als eine Veränderung in der Repräsentation von Ereignissen bzw. Wissen in hochkomplexen neuronalen Netzwerken. Abhängig von der Intensität, der Dauer und der affektiven Einbettung des Lernreizes kann sich diese Veränderung auf der Ebene flüchtiger Aktivitätsmuster, relativ stabiler neuronaler Repräsentation von Inhalten, der funktionellen und sogar strukturell-anatomischen Ebene ereignen. D. h. Lernen macht nicht nur Eindrücke, Repräsentationen, sondern verändert dynamisch die Hirnstruktur.

Anders als bei vielen Tieren, wo wir rein reflexhaftes Verhalten provozieren können, vollzieht sich menschliches Lernen immer schon in Gemeinschaft. Gemeinschaftliches Handeln ist wahrscheinlich der bedeutsamste „Verstärker" (Spitzer, 2004). Das heißt: Lernen ist immer eingebettet in emotionale Tönung und Bewertung durch andere wie durch mich selbst, und: in Halt gebende Strukturen. Dazu passt das afrikanische Rätsel: „Wie viele Menschen braucht es, um ein Kind groß zu ziehen? Ein ganzes Dorf!"

Lernprozesse laufen meist unbewusst ab, werden aber auch zielgerichtet induziert: Das meiste, was wir gelernt haben, wissen wir nicht, aber wir können es! Lernen ist ein ganzheitliches, systemisches, bio-psycho-soziales Geschehen.

Lernen ist Gehirnsache! Unser Gehirn wiegt 2 % des Körpergewichtes, verbraucht zu Beginn des Lebens 40 % des Energieumsatzes, im höheren Alter noch ca. 20 %. Dort arbeiten 19 – 23 Milliarden Neuronen. Jedes Neuron ist ein Mikroprozessor, der Signale verarbeitet, Summenpotenziale errechnet, Botschaften weitergibt, und mit bis zu je 10 000 Synapsen mit anderen Neuronen Netzwerke bildet. Die Gesamtzahl der Synapsen überschreitet die Zahl 10^{15}. Das Gehirn, seine Entwicklung und Funktion, wird durch 20000 Gene reguliert … und durch die Gesamtheit der Lebenserfahrungen. Spitzer (2002) sagt, unser Gehirn sei eine „lousy hardware", langsam und unzuverlässig im Vergleich zum PC, was aber durch Synapsenstärken ausgeglichen wird, d. h. durch Gewichtung der eingehenden Impulse an den Synapsen und entsprechende Weiterleitung in unterschiedliche Hirnareale. Diese Verbindungsstärken sind ein Äquivalent für die Informationsspeicherung im Gehirn. Sie bewirken, dass bei einem bestimmten Reiz eine entsprechende Reaktion erfolgt:

Wenn hier links durch die Tür z. B. ein Tiger hereinkommt, wird, noch bevor ich ein bewusstes Bild des Tigers erhalte, eine schlechte Schwarz-Weiß-Kopie davon in mein limbisches System gespeist. Die Mandelkerne sorgen dann dafür, dass eine Aktivierung des hormonell gesteuerten Fluchtsystems mich in Richtung der rechten Tür in Bewegung setzt, während erst langsam das plastische und farbige Bild des Tigers auf meiner Sehrinde entsteht.

Bereits in der Mitte der Schwangerschaft haben die meisten Neuronen nach der Neurogenese und der Migrationsphase ihre endgültige Position im Gehirn erreicht, die wichtigsten Hirnstrukturen sind entstanden. Nun beginnt die Vernetzung („Verdrahtung") der Neuronen zu funktionellen Einheiten, eine hochintensive Auf- und Umbauaktivität, die bis nach der Pubertät mit hoher Intensität geführt wird und in geringerem Umfang bis ins hohe Alter anhält. Dabei werden mehrere Prinzipien verfolgt:

Das Prinzip der Entwicklungsfenster: Für bestimmte Funktionen, z. B. die Entwicklung von Sprache, gibt es eine besonders sensible Phase während der ersten 3 – 4 Jahre. Bei massiver sprachlicher Deprivation in dieser Zeit ist es für das Kind schwer, die Defizite nachzuholen (Hülshoff, 2005). Das Gleiche gilt auch für den Aufbau von Bindungsbeziehungen.

Das Prinzip der Plastizität: Nach Verletzungen oder anderen Hirnschädigungen oder bei Sinnesbehinderungen können Hirnareale umgewidmet, vergrößert oder verkleinert werden. Das kann so weit gehen, dass trotz des Verlustes einer ganzen Hirnhemisphäre eine nahezu unauffällige somatopsychische Entwicklung möglich wird.

Das Hierarchieprinzip: Phylogenetisch ältere Hirnregionen sind stärker genetisch vorgeformt, entwickeln sich schneller und sind in ihrer Funktion stabiler als jüngere: Atem- und Kreislaufzentrum arbeiten bewusstseinsunabhängig, wenn es um die Sicherung des Überlebens gilt. Eine Reaktion des später entstandenen limbischen Systems, z. B.: Du bist mir nicht sympathisch („Ich kann dich nicht riechen!"), kann durch Großhirnaktivität modifiziert werden. Explizite Fähigkeiten des Neocortex, also des jüngsten Teils der Großhirnrinde, werden am stärksten durch interaktive Prozesse mit der Außenwelt modifiziert. Dies ist besonders im Hinblick auf die Aufgaben des Frontalhirns von Bedeutung: Aufmerksamkeit, Motivation, Entscheidungsfähigkeit, Kontrollüberzeugungen, Selbstwirksamkeit.

Das Altersprinzip: Was Hänschen nicht lernt … Junge Gehirne lernen wesentlich schneller, ältere Menschen dagegen integrieren neues Wissen besser mit ihrer Lebenserfahrung und können es dadurch effektiver nutzen. Die Präfrontalregion der Großhirnrinde übernimmt zunehmend die ausgleichenden Steuerungsfunktionen, die Abhängigkeit von den affektiven Zwängen des limbischen Systems nimmt ab.

Das Prinzip der nutzungsabhängigen Ausdifferenzierung: Gehirnentwicklung jenseits der groben genetischen Vorgaben vollzieht sich in Abhängigkeit von den Lebenserfahrungen als ein sich selbst organisierender Prozess. Keine andere Spezies verfügt über ein so umweltoffenes und damit auch vulnerables Gehirn wie der Mensch. Während der Hirnreifung wird zunächst ein großer Überschuss an Neuronen und Synapsen produziert. Nur die Netzwerke, die durch häufige Nutzung (Übung) stabilisiert und verfeinert werden, bleiben. Es ist wahrscheinlich, dass zweistufige Selektionsprozesse nicht nur bei der Entwicklung der Motorik, sondern auch beim Erwerb von höheren Fertigkeiten wie Aufmerksamkeitsfokussierung, Arbeitshaltung, Impulsivitätskontrolle und Denkprozesse eine Rolle spielen.

Neuronale Netzwerke entstehen individuell, sie sind lebenslang lernfähig und können adaptiv funktionell wie strukturell auf veränderte Umweltbedingungen und individuelle Erlebnisse, wie z. B. Krankheiten, seelische Belastungen oder auch Altern reagieren.

Spiegelneurone, Lernen und Empathie: Wir wissen heute, dass Säuglinge die Fähigkeit haben, sofort nach der Geburt nachahmen zu können. Über die „Synchronisation" mit der Mutter kommt es zur Identifikation, zum Teilnehmen am Erleben anderer. Diese frühe Intersubjektivität strukturiert die äußere und innere Welt des Säuglings, ist die Basis interaktiven Wissens und früher sensorischer Integration. Neuronales Äquivalent dieser Kompetenz, die später auch Empathie genannt wird, sind die sogenannten „Spiegelneuronen" im Broca-Sprachzentrum. Sie geben ein gespiegeltes Bild einer beobachteten Handlung wieder, verknüpfen Beobachtungen oder Geräusche mit der eigentlichen Durchführung von Aktionen und spielen damit eine große Rolle beim Verstehen und Erlernen von Bewegungsabläufen, vermutlich auch beim Spracherwerb.

Spiegelzellen unseres Gehirns versorgen uns mit intuitivem Wissen über die Absichten von Personen, deren Handlungen wir beobachten. Spiegelzellen melden uns, was Menschen in unserer Nähe fühlen und lassen uns deren Freude oder Schmerz mitempfinden. Spiegelungsphänomene sind von zentraler Bedeutung für die Aufnahme und Weitergabe von Wissen, denn sie bilden die neurobiologische Basis für das „Lernen am Modell" (Bauer, 2005).

Die Erfahrungen der ersten 18 Monate sind nonverbal, nicht-symbolisch, nicht erzählbar, allenfalls musisch oder künstlerisch ausdrückbar. Dieses „implizite" Wissen bleibt auch nach dem Spracherwerb eine parallele Erlebenswelt. Damasio (1995) prägte den Begriff der „somatischen Marker" als Bezeichnung für positive oder negative Körperempfindungen, die in neuronalen Netzen gespeichert sind. Nach dem Prinzip der Unlustvermeidung gelingt Lernen, sei es sensomotorisch, sprachlich oder emotional, nur dann gut, wenn positive somatische Marker daran beteiligt sind.

Reaktionen auf Stress: Die nutzungsabhängige Strukturierung der entwicklungsgeschichtlich jüngeren Anteile unseres Gehirns wird durch die Umweltbedingungen des Kindes bestimmt. Dazu gehören die Erfahrungen aus dem familiären und sozialen Umfeld, mit Anregungen und Anforderungen, mit Freude und mit Stress. Dabei werden limbische Zentren der Informationsverarbeitung (Hippocampus) und Emotionsregulierung (Amygdala) aktiviert. „Novelty Stress" entsteht bei jeder Wahrnehmung von Neuem, Unerwartetem. Bei einer optimalen Stimulierung dieser Zentren kommt es in der Folge zu einer Zunahme dendritischer Verästelungen, zu einer Verstärkung der Blutversorgung, zur Proliferation der u. a. für die Ernährung von Neuronen zuständigen Gliazellen, letztlich zur Verdickung des entsprechenden Rindenareals. Dopamin als Neurotransmitter und Noradrenalin als Hormon spielen hierbei die Hauptrolle. Bei lang anhaltender Stressbelastung, die von dem Kind nicht mehr kompensiert werden kann, kommt es unter dem Einfluss von Cortisol zum gegenläufigen Prozess: Bereits gebahnte neuronale Verschaltungen werden destabilisiert und abgebaut bis hin zum Zelltod von Pyramidenneuronen im Hippocampus. Unter den Bedingungen chronischer oder auch akuter Traumatisierung kann es – als Schutz des Organismus vor der Überflutung mit Stresshormonen – zu einer „Notfallreaktion" des Gehirns mit Abkoppelung der traumatischen Erfahrungen aus dem Bewusstsein kommen. Der Preis dafür liegt in einer zwar lebenserhaltenden, aber auch Wahrnehmung und Erleben verzerrenden Neuorganisation von Denken, Fühlen und Handeln. Diese individuellen Lösungen werden als Störung der Affektregulation, der Impulskontrolle, der Aufmerksamkeit, der Motivation wahrgenommen. Sie führen häufig zu Lern- und Kontaktstörungen mit niedrigem Selbstwertempfinden, also typischen kindlichen Verhaltensauffälligkeiten, oder aber auch zu psychosomatischen oder motorischen Störungen. Rutter (2006) zeigte anhand seiner Studie zu adoptierten rumänischen Heimkindern, dass frühe und länger anhaltende Deprivation zu Entwicklungsstörungen im Ausmaß geistiger Behinderung mit erheblicher Verhaltensauffälligkeit führt, die auch durch Adoption in ressourcenvolle Familien nicht mehr kompensiert werden kann. Mittlerweile ist sogar nachgewiesen, dass emotional belastende Erfahrungen der Kindheit das Risiko für epidemiologisch bedeutsame somatische Störungen wie Herz-Kreislauf-Erkrankungen, Krebs, Diabetes erheblich erhöhen (Egle et al., 2002). Aus dem Bereich der klinischen Epidemiologie verweist die an über 17 000 amerikanischen Krankenversicherten durchgeführte Verlaufsstudie von V. Felitti auf die herausragende Bedeutung frühkindlicher Stresserfahrungen auf das psychische und physische Erkrankungsrisiko in allen Lebensaltern. Insbesondere zeigt diese „ACE-Studie", dass Suchterkrankung und Depression in einem eindeutigen Dosis-Wirkungs-Verhältnis zu belastenden kindlichen Lebenserfahrungen stehen.

Emotionale Verunsicherung führt also zur Aktivierung limbischer und anderer stress-sensitiver, neuro-endokriner Regelkreise und zwingt das Kind, nach geeigneten Strategien zur Wiederherstellung seines emotionalen Gleichgewichtes zu suchen. Umgekehrt sind sichere emotionale Bindungen für Kinder die wichtigste Ressource zur Bewältigung von Unsicherheit, Angst und Stress. Die Ausformung und Stabilisierung sicherer Bindungsmuster hängt davon ab, ob ein Kind die wiederholte Erfahrung machen kann, dass es in der Lage ist, neue Anforderungen, die zu einer Störung seines emotionalen Gleichgewichtes führen, mit der Unterstützung einer primären Bezugsperson bewältigen zu können (Hüther, 2003). Eine „sichere Basis", die für die Ausbildung von

Urvertrauen notwendig ist, entsteht demnach auf der Grundlage von Resonanzprozessen zwischen Mutter / Vater und Kind. Elterliche Feinfühligkeit, also die Fähigkeit, die kindlichen Signale wahrzunehmen, zu verstehen und prompt, wie auch angemessen, zu beantworten, ist dabei die Grundlage gelingender Gegenseitigkeit. Die dazu notwendigen „Intuitiven elterlichen Kompetenzen" (Papoušek & Papoušek, 1995) sind bereits beschrieben worden.

Bindung anbieten

Menschen sind „Bindungswesen", allem Verhalten wohnt auch ein Bindungsaspekt inne. Die Bindungsforschung lehrt uns, dass wir schon als Säugling die Beziehungserfahrungen der Frühkindheit speichern und zu einem „inneren Arbeitsmodell" ausgestalten, das sich im Laufe der Entwicklung zu einer relativ stabilen „Bindungsrepräsentation", einer teils bewussten, teils unbewussten psychischen Repräsentanz verfestigt. Dabei entscheidet, neben Temperamentsfaktoren beim Kind selbst, die von Ainsworth (1978) so genannte „Feinfühligkeit" der primären Bezugsperson darüber, ob das Kind eine sichere oder eine unsichere Bindungsrepräsentation ausbildet. Feinfühliges Verhalten der Bezugsperson besteht darin, dass diese in der Lage ist, die Signale des Kindes wahrzunehmen (z. B. es schreit), sie „richtig" zu interpretieren (es hat Hunger, ist nass, müde, oder braucht Unterhaltung) und sie dann auch prompt und angemessen zu befriedigen. Dieser Prozess geschieht ausschließlich mittels analoger Kommunikation, die trotz späterer Dominanz der digitalen Kommunikation (Bedeutung von Worten) lebenslang von größter Bedeutung bleibt: nonverbales Verhalten, Klang, Rhythmus, Lautstärke usw. von sprachlichen Äußerungen. Die von dem Ehepaar Papoušek beschriebenen intuitiven elterlichen Kompetenzen stellen eine Ausdifferenzierung des Konzeptes der Feinfühligkeit dar. Damit ist klar, dass die beziehungsstiftenden Kommunikationsleistungen des Menschen vorsprachlicher Natur sind (vgl. Chasiotis & Keller, 1995).

Kind	Bezugsperson
sichere Bindung	sicher-autonome Bindungsrepräsentation
unsicher-vermeidende Beziehung	unsicher-abwehrende Bindungsrepräsentation
unsicher-ambivalente Beziehung	unsicher präokkupierte / verstrickte Bindungsrepräsentation
desorientiertes / desorganisiertes Bindungsverhalten des Kindes	unverarbeiteter Bindungsstatus

Abb. 4: Korrespondenz zwischen den Bindungstypen des Kindes in der Fremden- Situation und der Bindungsrepräsentation der Bezugspersonen im Adult-Attachment- Interview (nach Gloger-Tippelt, 1999)

Das Bindungsverhalten wird im „Fremde-Situation-Test" von Ainsworth et al (1978) erfasst, für die Diagnostik der Bindungsrepräsentation steht als Standardverfahren das Adult-Attachment-Interview von Main et al. (2001) zur Verfügung. Verschiedene weitere Instrumente für die unterschiedlichen Lebensalter sind in der Erprobung oder werden bereits eingesetzt.

Eine sichere Bindungsrepräsentation gilt als Schutz- oder Resilienzfaktor für die Entwicklung des Kindes und als Risikopuffer für spätere belastende Lebensereignisse (Spangler). Umgekehrt gilt eine unsichere Bindung als Risiko für spätere Entwicklungsstörungen und psychische Auffälligkeit. Es werden unsicher-vermeidende, unsicher-ambivalente und desorganisiert/desorientierte Bindungsbeziehungen unterschieden.

Eine Pilotstudie von Schwark et al. (2000) zeigte auf, dass in einer klinischen Population von Kindern und Jugendlichen 78% eine unsichere Bindungsrepräsentation aufwiesen, die meisten davon vermeidend/abwehrend. Damit gingen auch erhebliche Lern- und Konzentrationsstörungen einher. Dies unterstützt die bereits genannten neuropsychologischen Erkenntnisse zu Geborgenheit und Lernen. Daraus, und auch aus anderen Arbeiten, lässt sich die Hypothese ableiten, dass Verhaltensstörungen im Kindes- und Jugendalter häufig mit Bindungsunsicherheiten zu tun haben. Die Ergebnisse der Studien von Gloger-Tippelt (1999) und der Metaanalysen von v. Ijzendoorn zur transgenerationalen Weitergabe von Bindung ergaben Übereinstimmungen zwischen Eltern und Kindern von 75–87%. Damit müssen wir davon ausgehen, dass auch die primären Bezugspersonen dieser Kinder und Jugendlichen zum großen Teil über ein unsicheres Bindungsmodell verfügen. Man weiß, dass Jugendliche in Heimerziehung beispielsweise, zum allergrößten Teil aus extrem belasteten Bindungsverhältnissen kommen und dementsprechende Bindungsrepräsentationen aufgebaut haben. Der Anteil der schwer Bindungsgestörten liegt hier bei weit über 50%. Die „normal" Bindungsgestörten machen noch einmal 40% aus. Nur 2,8% dieser Jugendlichen, das ist das Ergebnis einer recht neuen Studie von Schleiffer und Müller (2001), haben eine sichere Bindungsrepräsentation, die ja notwendig ist, um umfassende Kompetenzen für das spätere Leben zu erwerben.

Bindungsrepräsentation bei Jugendlichen in Heimerziehung

AAI-Klassifikation

	sicher	vermeidend	verstrickt	ungelöst	nicht klassifizierbar
Jungen	0%	51,3%	5,1%	7,7%	35,9%
Mädchen	6,1%	18,2%	9,1%	12,1%	54,5%
alle	2,8%	36,1%	6,9%	9,7%	44,4%

Abb. 5: Bindungsrepräsentation bei Jugendlichen in Heimerziehung (Quelle: Schleiffer, 2001)

Andere Studien belegen sehr deutlich, dass eben die stark unsichere Bindung, das wäre dieser Bereich der nicht gelösten und nicht klassifizierbaren Bindung, bei Jugendlichen in stationärer psychiatrischer Behandlung, bei Jugendlichen in Heimerziehung und bei Männern und Frauen in forensischer Behandlung extrem hoch ist. Man kann davon ausgehen, dass im Bereich von psychischer Krankheit und Dissozialität vorherrschend ein ausgeprägt unsicherer Bindungsstil vorzufinden ist. Neuere Forschungshypothesen und Ergebnisse aus der Tierforschung gehen sogar davon aus, dass ein Zusammenhang zwischen der desorganisierten Bindung und den geradezu epidemisch auftretenden, als ADHS bezeichneten, Verhaltensauffälligkeiten bei Kindern besteht. Genetische Auswirkungen von Bindungsstress auf das hier besonders betroffene Dopaminsystem sind bereits nachgewiesen. K.-H. Brisch hat kürzlich zu dem Thema ein umfassendes Forschungsprojekt auf den Weg gebracht.

Die „Transmission Gap", also die Gruppe (15-25%) von Menschen, die eine andere, meist sichere Bindungsrepräsentation als ihr(e) Mutter/ Vater erreicht haben, ist noch nicht hinreichend erforscht. Günstige Partnerwahl, bessere Aufwachsbedingungen (z.B. Adoption) oder eine psychotherapeutische Behandlung werden als bedeutsam angesehen.

Aus dem bisher Gesagten wird deutlich, dass in der professionellen Begegnung mit Klienten und ihren Bezugsystemen der Aspekt der Bindung essenziell ist. Vertiefte Kenntnisse zur Bindungstheorie sind daher notwendig. Dabei geht es in den allermeisten Fällen um die Gestaltung der Arbeitsbeziehung, nicht um den Aufbau einer Bindung im klassischen Sinn. Da die meisten Klienten, seien es Einzelpersonen, Paare oder Eltern mit ihren Kindern, ihrer Problemlage entsprechend in einem Zustand hoher Spannung, oft mit Angst, und einem eher verminderten Erleben eigener Autonomie, Kompetenz und Selbstwert in unsere Einrichtungen kommen, müssen wir davon ausgehen,

(a) dass in der helfenden Begegnung das jeweilige Bindungssystem beim Gegenüber aktiviert wird,

(b) dass der jeweils zutreffende Typ der Bindungsrepräsentation in der Beratungs- / Behandlungssituation wirksam wird. Dies kann von dem geschulten Berater/Therapeuten sowohl durch die direkte Interaktion als auch in Übertragungs- und Gegenübertragungsreaktionen erfahren werden:
- Eine *sichere* Bindungsrepräsentation ermöglicht einen sowohl affektiven und kognitiven Zugang zu positiven und negativen Kindheitserfahrungen. Vergangene und gegenwärtige Lebens- und Beziehungssituationen werden kohärent, offen und frei geschildert. Auch

die Erlebnisperspektive anderer kann wahrgenommen und respektiert werden. Je nach Ausprägung der Bindungsunsicherheit fehlen bei den drei als unsicher zu bezeichnenden Bindungsrepräsentationen diese Kriterien teilweise oder ganz.

- Bei Menschen mit *unsicher-abwehrender* Bindungsrepräsentation überwiegen in den Äußerungen die kognitiven Bewertungen von Beziehungserfahrungen. Es finden sich wenige und vage Erinnerungen dazu, wenig Zugang zu Gefühlen. Negative Beziehungserfahrungen werden verleugnet, die Kindheit idealisiert, emotionale Unabhängigkeit wird betont sowie ein Bedürfnis, allein zu sein. Unsicher-vermeidende Kleinkinder erleben ihre Bindungspersonen oft als emotional zurückgezogen, zurückweisend bis feindselig und fühlen sich unzureichend unterstützt, und ziehen sich dementsprechend auch selbst eher zurück, reproduzieren so das Beziehungsmuster.

- Ältere Kinder und Erwachsene, die noch in Bindungsthematiken verstrickt sind (unsicher präokkupierte/verstrickte Bindungsrepräsentation), überbetonen Gefühle in der Darstellung ihrer Beziehungserfahrungen, v. a. in Form episodischer Erinnerungen mit viel Ärger oder unpräzisen Frustäußerungen, die nicht auf einer globaleren Ebene bewertet und integriert werden können. Der kognitive Aspekt der Schilderungen ist relativ unterrepräsentiert. Dies macht es auch ihren Kleinkindern schwer, eine kohärente Erwartungshaltung aufzubauen. Sie orientieren sich intensiv und reagieren heftig auf ihre Mutter und versuchen so, sich die beständige und verlässliche Zuwendung zu sichern (vgl. Ziegenhain, 1999).

- Ein *unverarbeiteter Bindungsmodus* mit widersprüchlichem Verhalten und Agieren im Sinne von Desorganisation und Desorientierung findet sich häufig bei Erwachsenen aus klinischen Stichproben, vor allem bei schweren Traumata wie extremen Verlusten, Missbrauch oder Misshandlung, aber auch bei PatientInnen mit einer Borderline-Persönlichkeitsstörung, Depression oder Essstörung (Zulauf-Logos, 2004).

Es ist zudem beobachtbar, dass charakteristische *Übertragungen* entsprechend dem Bindungstyp stattfinden. Wir sollten lernen, angemessen mit diesen Übertragungsreaktionen umzugehen und unsere Gegenübertragungen auf die genannten Bindungsformen zu kontrollieren. Dies kann bedeuten, dass wir stellvertretend väterliche oder mütterliche Funktionen, analog der Situation mit Kindern des entsprechenden Alters, auch bei erwachsenem Gegenüber (z.B. Eltern) temporär ausüben müssen, um an die aktuelle Wirklichkeitskonstruktion der Klienten anzuknüpfen. Dies geschieht, um nach und nach das Vertrauen der Klienten in ihre eigenen Möglichkeiten zu stimulieren, und bezieht sich natürlich sowohl auf die analoge wie auch auf die digitale Kommunikation. Damit nehmen wir

Bindungstyp beim Klienten	provozierte Gegenübertragungsreaktion
sicher	allzu sicher …, ganz einfach!
unsicher-vermeidend	werbend, zu viel Nähe …, latente Aggression
unsicher-ambivalent	Rückzug, zu viel Abstand, Gegenaggression
desorganisiert/unverarbeitet	Entmündigung des Gegenübers durch zuviel Strukturvorgabe und Verantwortungsübernahme

Abb. 6: Bindungstypen und ihre Reaktionen

die Übertragung an, arbeiten sie aber nicht im Sinne einer Übertragungsneurose durch. Vielmehr nutzen wir sie als Hinweis darauf, wie wir genau die Fähigkeiten zur Generierung neuer Lösungen stärken können, und setzen sie zur Ich-Stärkung ein, d.h. wir arbeiten *mit* der Übertragung, aber nicht explizit *an* der Übertragung (vgl. Fürstenau, 1994, S. 109). Im Übrigen wurde auch mittlerweile von psychoanalytischer Seite herausgearbeitet, dass die Übertragung keineswegs nur ein projektives, sondern vielmehr ein interaktionelles Geschehen darstellt (Gill, zitiert nach Fürstenau, 2001). Die Analyse der *Gegenübertragung* (hier ist mit Gegenübertragung die Gesamtheit der unbewussten Prozesse gemeint, die durch die Übertragung beim Therapeuten ausgelöst werden) hilft zum Verstehen des Bindungstyps beim Gegenüber und ist damit ebenfalls ein Instrument, um an die erlebte Wirklichkeit beim Klienten Anschluss zu nehmen. Zudem können damit vorschnelle Änderungsimpulse auf Therapeutenseite vermieden werden.

Ein weiterer bedeutsamer Aspekt der Dimension Bindung/Beziehung ist für mich die bewusste Einnahme einer *entwicklungspsychologischen Perspektive*. Das Konzept der Entwicklungsaufgaben mit ihren charakteristischen Schwellen und Krisensituationen ist überaus hilfreich bei der verständnisvollen Einordnung vorgebrachter Probleme und Symptome. Gerade bei der Verwendung von diagnostischen Klassifikationssystemen, wie der ICD-10 z. B., gerät dieser für die Klienten (-familien) oft entlastende Aspekt leicht in den Hintergrund. Kindliches Lügen beispielsweise, kann oft als unzeitgemäßes Persistieren eines in früheren Entwicklungsphasen durchaus normalen Verhaltens eingeordnet werden, anstelle als schlimmes Verhalten per se. Im Sinne eines Reframing (dt. umdeuten, eigentlich: neu rahmen; vgl. affektive Rahmungsprozesse in Simon et al., 1999) geht es damit nicht mehr um das „Abstellen" eines pathologischen Verhaltens sui generis, sondern um die Berücksichtigung von Bedürfnissen, die in eine frühere Entwicklungsphase gehören und um die Förderung altersgemäßen Verhaltens als bedeutsame Hilfestellung. Dieser Aspekt von Verständnis für abweichendes, konflikthaftes, störendes Verhalten zeigt aufgrund seiner affektiv annehmenden Dimension und der bereits implizit formulierten Lösung die Verbindungen zu den Polen Halten und Lösen.

Halt geben

Der Pol „Halten" des Balancedreiecks bezeichnet alle Haltungen und Interaktionen, die die *Struktur* einer professionellen therapeutischen oder pädagogischen Tätigkeit organisieren. Während das Bindungsthema sich mehr auf die Erfahrungen mit Beziehungen in der Vergangenheit und ihre Konsequenzen für die gegenwärtige Beratungssituation erstreckt, geht es beim Thema Halten mehr um die Gestaltung der Hier-und-jetzt-Situation: die Frage nach der Hierarchie (Wer leitet?), nach den Regeln (Was gilt hier?), nach Räumen und Zeiten (Wo und wann, wie lange?). Damit wird Verlässlichkeit für die Klienten hergestellt, eine wesentliche Vorbedingung für Sich-Öffnen und Sich-Engagieren.

D. W. Winnicott, der berühmte englische Kinderarzt und Psychoanalytiker, stellte in seinen Arbeiten vor allem die Bedeutung des Haltens und Gehaltenwerdens (engl.: Holding) in der frühen Mutter-Kind-Beziehung heraus. Voraussetzung für eine gesunde Persönlichkeitsentwicklung des Kindes sei die Erfahrung, von der frühesten Säuglingszeit an von der Mutter oder einer anderen engen Bezugsperson hinreichend gehalten worden zu sein.

„Halten: Schützt vor physischer Beschädigung. Berücksichtigt die Hautempfindlichkeit des Säuglings – Empfindlichkeit gegen Berührung, Temperatur, auditive und visuelle Reize, Empfindlichkeit gegen das Fallen und den Umstand, dass der Säugling kaum etwas von der Existenz von irgendetwas anderem als des Selbst weiß. Es umfasst den immer gleichen Ablauf der Pflege bei Tag und bei Nacht; sie ist bei jedem Säugling anders... Es [Das Halten] folgt ebenfalls den winzigen Veränderungen, die von Tag zu Tag eintreten und zum Wachstum und zur Entwicklung des Säuglings in physischer und psychischer Hinsicht gehören"(Winnicott, 1974).

Winnicott's Verständnis von Holding erinnert stark an das spätere Konstrukt der Feinfühligkeit von M. Ainsworth. Ihm ging es sowohl um das physische Halten als auch um das Vermitteln von Sicherheit durch die Bezugspersonen, wenn das Kind sich neuen Entwicklungsaufgaben zuwendet. Eine besonders kritische Zeit dafür liegt in der Phase der ersten Autonomiebildung, also der Zeit zwischen ca. 7. und 24. Lebensmonat. Der Wunsch, gehalten zu werden, bleibt aber das ganze Leben erhalten, wenn auch je nach Lebensentwurf oder -lage in stark abgeschwächter Form. In Schwellen- oder Krisensituationen, wie sie für therapeutische Beziehungen ja konstitutionell sind, kann sich das Bedürfnis nach „Holding" wieder auf frühkindliche Intensitätsgrade steigern, und es sollte ihm im Interesse einer erfolgreichen Arbeit hinreichend Rechnung getragen werden.

Ein hilfreicher Ansatz zur emotional stimmigen, Halt gebenden Gestaltung der Beratungs- oder Therapiesituation scheint mir das „Konzept der affektiven Rahmung" aus der Gruppe um E. Fivaz-Depeursinge am Centre d' Études de la Famille in Lausanne zu sein (vgl. Welter-Enderlin, 1998). Der Begriff der „Affektiven Rahmungsprozesse" bezeichnet – ausgehend von der Eltern-Kind-Triade – ein formelles, abstraktes Konzept zu Interventionen, die menschliche Entwicklung in instabilen Situationen ermöglichen. Hier findet eine – sicher diskussionswürdige, aber auch zweifellos sehr anregende – Analogiebildung statt: zwischen der interaktionellen Situation des Säuglings mit seiner primären Bezugsperson und der Situation in anderen, temporär oder permanent hierarchischen Settings, beispielsweise in therapeutischen Situationen in einer kinderpsychiatrischen Einrichtung oder im Lehrer-Schüler-Verhältnis in einer Schule oder sogar in den Beziehungen zwischen Firmenleitung und Angestellten in einem Betrieb.

R. Welter-Enderlin formuliert es so: „Flexible Einstimmungsbereitschaft und hohe Konstanz beim rahmenden System sind also gleichermaßen wichtig. Sie erlauben dem instabileren System, z. B. einem Säugling, Abweichungen („Fluktuationen") bzw. neues Verhalten auf emotional sicherer Basis auszuprobieren. Eltern müssen sich auf das ihnen anfangs fremde Neugeborene einstimmen, um allmählich seine Präferenzen kennen zu lernen und herauszufinden, wie viel Nähe oder Distanz, wie viel Stimulation, Übertreibung oder Wiederholung ihm gut tun. Diese frühen averbalen Austauscherfahrungen werden übrigens später von verbalen Mustern weitergeführt" (Welter-Enderlin, 1998). Sie bezeichnet „Öffnen" und „Bergen" als therapeutische Kernkompetenzen und wendet das Konzept der affektiven Rahmung vor allem auch auf die Lernprozesse in Therapieausbildung und Supervision an.

Ziele affektiver Rahmungsprozesse:
- „Metastabilisierung" eines instabilen Systems im Wandel: vgl. Zitat von Winnicott
- anhaltende, langfristige Kopplung eines instabilen System mit einem

Rahmendes System

Gerahmtes System

rahmenden, konstanteren Systems („sichere Basis")
- Erhaltung der Grundstruktur („Identität") von Individuen, Familien, Organisationen.
- Einbettung von nötigen „Fluktuationen" als Vorboten von Entwicklung zur Reorganisation menschlicher Systeme

Merkmale instabiler gerahmter Systeme (z. B. Säuglinge, Schüler, Therapieklienten):
Hin- und Herbewegungen zwischen
- fokaler Aufmerksamkeit und Rückzug
- Bereitschaft zu und Verweigerung von Blickkontakt
- Wachheit und Abwendung
- verlässliche „Grundstruktur" und „Fluktuation"

Merkmale stabiler, rahmender Systeme (z. B. Eltern, Lehrer, Therapeuten):
- verantwortlich für konstante, vorhersagbare, sozial-affektive Kommunikationsangebote, die „langatmiger" sind als die des gerahmten Systems, damit zuverlässig rahmen
- eine temporär leitende Funktion
- „Metastabilsisierung" zwischen Grundstruktur und Wandel im gerahmten System wird durch dessen Koppelung mit dem leitenden System möglich

Das rahmende System muss zwar temporär stabiler und autonomer sein, sich aber gleichzeitig auf kommunikative Angebote des gerahmten Systems einstimmen: Es entspricht meiner, von vielen Kollegen bestätigten Erfahrung, dass die Fähigkeit des Therapeuten, eine Halt gebende Umgebung (holding environment, vgl. Winnicott, 1960) zu schaffen, in der Psychotherapie der ausschlagende unspezifische Faktor ist, der sie wirken lässt. Dabei kann und muss Holding durchaus einmal als Gegenpol zum regressiven Sog der „Binden"-Dimension eingesetzt werden. Es geht dabei immer wieder auch um Grenzsetzung und Begrenzung reaktivierter archaischer Regungen und Objektbeziehungen. In der Behandlung aggressiver, massiv haltloser Patienten kann es sogar notwendig sein, eine körperbezogene Variante des Holdings im Sinne eines wohlindizierten und eingebetteten, realen physischen Festhaltens einzusetzen.

J. Prekop's Verdienst war es, mit ihrer – durchaus umstrittenen – Festhaltetherapie den Aspekt des Gehaltenwerdens in die zeitgenössische Kinderpsychiatrie auch praktisch wieder einzuführen. Die Kinderpsychologin orientiert sich dabei am biologisch-anthropologischen Modell des Menschenkindes als sekundärem Nesthocker, das sie *Tragling* nennt, in Anlehnung an den bei Naturvölkern – und mittlerweile auch bei uns wieder – verbreiteten Brauch der Mütter, ihr Kind in den ersten ein bis zwei Lebensjahren zeitweise oder immer auf dem Leib zu tragen. Sie sieht in dem ständigen Körperkontakt eine essenzielle Vorbedingung für das Entstehen eines tiefen Urvertrauens und einer grundlegenden Glückfähigkeit. Diese Annahme wird auch durch die Untersuchungen der Anthropologin Jean Liedloff untermauert (Liedloff, 1980). Zusätzlich betont J. Prekop den Aspekt der Anpassungsbereitschaft, die das Kind lernen muss, und im Getragenwerden lernt, um im biologischen wie im sozialen Sinn überleben und leben zu können. Sie benutzt dabei die Metapher des Baumes, der sich zunächst der Bodenbeschaffenheit und dem Klima anpassen muss, bevor er Früchte tragen kann.

Fehlt diese Erfahrung des Gehaltenwerdens, die in modifizierter Form bis zur Ablösung des Jugendlichen aus dem Elternhaus notwendig bleibt, kann es zur Ausbildung von Störungen im genannten Sinn kommen. Diesen spricht Prekop wegen der Tendenz zur Verschlimmerung, der Neigung der betroffenen Kinder, ihren Machtbereich maximal auszuweiten, Unruhe und Aggressivität zu verstärken, einen Suchtcharakter zu. Sie nennt das Verhalten „Herrschsucht" und empfiehlt in solchen Fällen die Anwendung einer Festhaltetherapie durch die Eltern mit dem Ziel, dass das Kind die grundlegende Erfahrung des Gehaltenwerdens nachholt, dabei seine unangemessene Macht verliert und sich der beschützenden Stärke dieses Erwachsenen anvertraut. Dies kann – auch nach meiner eigenen Erfahrung – bei sachgemäßer und verantwortungsvoller Durchführung zu einer katharischen Erfahrung für beide Seiten werden und zu einer angemessenen Neuverteilung der familiären Rollen führen (Prekop, 1989).

Unter *pädagogischer Perspektive* verstehe ich den erzieherischen Aspekt, der jeder therapeutischen, aber auch Leitungsarbeit mit zu eigen ist. Halt geben durch pädagogische Interaktion, durch das Wissen, dass jeder Mensch der Erziehung bedarf, und dass ich als Berater, Therapeut, Erzieher auch manchmal klar Stellung beziehen muss, im Sinne meiner Grund-Haltung, meiner Werte, z. B., wenn es darum geht, Eltern an ihre Verpflichtung bezüglich eines entwicklungsfördernden Tagesablaufes bei ihren Kindern zu erinnern. In Bezug auf die bereits genannte ADHS-Problematik heißt Halten: Regeln, Räume, Zeiten setzen, Verlässlichkeit leben, Erfahrungsspielräume eröffnen und gleichzeitig begrenzen. Eine besondere Variante affektiver Rahmung im schulischen Kontext finden wir bei dem neuerdings beliebten Phänomen des „Klassenhundes". Als „wandelndes limbisches System" kann ein solches Tier erheblich zur emotionalen Stabilisierung, zur Kooperation im Klassenraum und letztlich zur Aufrechterhaltung von Aufmerksamkeit und Arbeitsfähigkeit beitragen. Es sei aber die Frage erlaubt, ob wir pädagogisch mittlerweile so „auf den Hund gekommen sind", dass uns keine genuin menschliche Haltung / Intervention für die starke Unruhe und Anspannung in manchen Schulen mehr einfällt.

Damit ist der Bereich der eigenen *Wert-Haltungen* angesprochen, die einen nicht zu unterschätzenden, meist unbewussten Einfluss auf die Arbeit mit Klienten haben. Die Reflexion der Grundannahmen, die mich in meinem beruflichen und privaten Leben leiten, gehört nach meiner Einschätzung mit zum Wichtigsten, was echte Professionalität auszeichnet. Es macht z. B. für die helfende Begegnung mit verhaltensgestörten Kindern einen großen Unterschied, ob ich von einer pathologiezentrierten oder einer ressourcenorientierten Sichtweise ausgehe, um nur zwei polarisierende Schlagworte zu nennen.

Last, not least soll hier auch der Aspekt einer wohlverstandenen *Interdisziplinarität* erwähnt werden. Damit ist gemeint, dass wir – quasi modellhaft für die Klienten – mit unterschiedlichen Berufsgruppen respektvoll und einander achtend kooperieren, um mit ihnen zusammen gute Lösungen zu finden, und dabei die Spannungen aushalten, die sich aus der Unterschiedlichkeit der Methoden, der Zugangswege und der Beziehungsgestaltung ergeben. Durch das manchmal unverantwortliche Neben- oder sogar Gegeneinander der in einem Fall beteiligten

Institutionen entstehen nicht nur unnötig hohe Kosten, sondern vor allem auch Verwirrung und zusätzliche Spannungen im Klientensystem, die einer Veränderungsbereitschaft entgegenstehen.

Lösungen finden

Der obere und dritte Pol unseres Balancedreiecks benennt die zukunftsbezogene Dimension der helfenden Beziehung. Exploration, Neugier und Kreativität sind immer dann möglich, wenn die Bedürfnisse nach Bindung und Halt – für den jeweiligen Moment – so weit abgesättigt sind, dass die Suche nach etwas Neuem, nach anderen Wegen, nach Lösungen losgehen kann, und: damit Ab-Lösungsschritte erfolgen können. Jeder Schritt auf etwas Neues hin ist gleichzeitig einer von etwas Altem, Vertrautem weg. Dies gilt für Säuglinge ebenso wie für Kinder, Jugendliche und Erwachsene in Therapie- oder Lernsituationen. Wiewohl das ganze Modell systemisch fundiert ist, kommen gerade hier spezielle systemische Handlungsansätze zum Zuge. Einführungen in systemisches Denken und Be-Handeln liegen zur Genüge vor (z. B. Mücke, 2001; Schlippach & Schweizer, 1996), daher sollen an dieser Stelle nur einige wesentliche praxisbezogene Aspekte kurz dargestellt werden:

- *Systemisches Denken* akzeptiert die neurobiologisch begründetete Erkenntnis, dass unsere Sicht der Dinge Ergebnis einer Konstruktion und nicht lineares Abbild der Wirklichkeit ist. Damit orientieren wir uns in unserem Verhalten an „Landkarten", reduktionistischen Modellen der Realität, mit dem Vorteil der leichteren Navigation in einer unübersehbar komplexen Welt, und dem Nachteil, dass unsere persönliche Landkarte immer nur partiell kompatibel mit der anderer Menschen ist. Psychische Probleme werden in der systemischen Theorie eher als Ergebnis unterschiedlicher Beziehungsrealitäten, denn als originär eigene Defekte verstanden. Also keine „harten" Fakten, sondern Ergebnisse von zirkulären, meist sprachlichen Rückkopplungseffekten zwischen Menschen, die bestimmten Ereignissen bestimmte Bedeutungen geben. Im Falle eines Stromkreises, der eine Glühbirne mittels eines Schalters zum Leuchten bringt, ist eine lineare

Interpunktion im Sinne des: Wenn (ich den Schalter betätige) – dann (geht das Licht an) sehr sinnvoll. Ein solch mechanistisch-kausales Modell auf eine Ehestreitigkeit angewendet, trifft hingegen bestenfalls die Wirklichkeitskonstruktion einer der Partner, negiert die des anderen und führt daher nicht weiter. Aufgabe systemischer Beratung wäre es in diesem Fall, mit den Klienten zusammen eine passendere Landkarte mit entsprechenden Möglichkeiten zur Veränderung zu konstruieren, z. B. die einer zirkulären Interaktionsfolge. (Wenn du so viel meckerst, dann habe ich keine Lust, nach Hause zu kommen, wenn du immer weg bist, fühle ich mich allein und bin unzufrieden und vorwurfsvoll, wenn du dann endlich da bist, aber eigentlich würde ich gerne friedlich mit dir zusammen sein …). Dabei wird der Berater als Teil des Behandlungssystems gesehen, er ist also nie nur neutraler Beobachter, sondern beeinflusst durch sein Dasein und sein im günstigen Fall modellhaftes Fördern einer antiregressiven, coping-orientierten Einstellung die lösungswirksame Facette der Wirklichkeit seines Gegenübers. Die Qualität der therapeutischen Beziehung bemisst sich maßgeblich nach der Fähigkeit des Behandlers, einen guten Rapport zum Klienten(-system) aufzubauen.

- *Ressourcenorientierung* meint, dass in der Beratung / Therapie eine Mobilisierung von vorhandenen Ressourcen und Kompetenzen Vorrang vor der Beschäftigung mit dem Problem gewinnt. Als Ressource wird jedes Potenzial verstanden, das die Verhaltensoptionen eines Systems erhöht und damit seine Lebens- und Problemlösefähigkeit verbessert. Personelle Ressourcen können dabei z. B. Temperamentsfaktoren sein, erworbene Kompetenzen, Problemlösungsfähigkeiten, Bereitschaft zu Engagement, eine spirituelle Fundierung. Im interaktionellen Bereich können ein funktionierendes soziales Netzwerk, ein liebevoller Partner oder eine gute Arbeitsstelle starke Ressourcen darstellen. Die Hinwendung der Aufmerksamkeit zu den Ressourcen wirkt sich auf zentrale Erlebensweisen der Klienten aus: Selbstwert und Selbstwirksamkeit werden unmittelbar gesteigert, das eigene Erleben von Autonomie und Kompetenz trotz vorliegender Probleme verbessert.

- *Der lösungsorientierte Ansatz* von de Shazer und Mitarbeitern ist eine der jüngeren Behandlungsmethoden im Spektrum der systemischen Therapien. Er hat in den vergangenen Jahren eine zunehmende Bedeutung auch bei primär nicht systemisch arbeitenden Therapeuten gewonnen, so z. B bei Fürstenau, der von suggestivem Intervenieren bei psychoanalytischem Verstehen spricht (Fürstenau, 2001). Eine kompakte Darstellung des Ansatzes, angewandt auf das Praxis-Setting der Kinder- und Jugendpsychiatrie findet sich bei Trost und Wienand (2000 a, 2000 b). Kernpunkt der Methode ist die von dem Begründer der modernen Hypnotherapie, Milton H. Erickson, formulierte Erkenntnis, dass Klienten in der Regel im Zustand einer *„Problemtrance"* zu uns kommen, ein „natürlicherweise" auftretendes Phänomen, wenn Menschen einen Helfer aufsuchen. Die intensive Beschäftigung mit dem Problem bewirkt eine Bewusstseinseinengung, übrigens oft auch beim Berater. Diese Problemtrance ist meist mit einem Gefühl von Ohnmacht, Schuld und Ausweglosigkeit verknüpft. Die Aufgabe des lösungsorientierten Therapeuten ist es, den „Versuchungen" der Problemtrance zu widerstehen, indem er immer wieder neue Lösungsansätze im Verhalten der Beteiligten entdeckt und redundant versprachlicht. Dies geschieht unter anderem durch die Suche nach Ausnahmen vom Problemverhalten, die oft bereits als Modelle für Lösungen dienen können.

generell: Akzeptanz und positive Konnotation des gezeigten Bindungsmusters	
unsicher-abwehrend:	- gemeinsame Suche nach einem Auftrag
	- Autonomie betonen
unsicher-präokkupiert:	- Verständnis, keine forcierten Lösungen
	- Wahrnehmung für Ausnahmen fördern
	- Beobachtungsaufgaben geben
unverarbeiteter Bindungsstatus:	- Sinnstrukturen im Chaos entdecken
	- Beispiele für Autonomie und Stärke finden
	- Halt und Struktur geben

Abb. 7: Lösungsorientierter Umgang mit unsicheren Bindungen in der therapeutischen Beziehung

- *Lösungsorientierte Arbeit* ist also suggestiv, so wie gute Entwicklungsförderung immer auch suggestive Aspekte beinhaltet: Ermutigung und Hervorheben von bereits Gelungenem machen Mut zu neuen Schritten, zur Erweiterung der Wahrnehmungs- und Handlungsperspektive. Dazu gehört als wichtige systemische Methode ein gekonntes Reframing, d. h. das problematische Verhalten wird in einen neuen Rahmen gesetzt und damit aus dem Circulus Vitiosus befreit. So kann die Interpretation der Symptomatik unter Aspekten von Bindung oder Halt als spezifisches Reframing bereits Teil der Lösung sein.

Binden – Halten – Lösen, ein dynamisches Balancemodell

Meine Vorliebe für Balancemodelle kommt aus der langjährigen Beschäftigung mit der Themenzentrierten Interaktion Ruth Cohn's, die mit dem „TZI-Dreieck" als Denk-, Fühl- und Handlungsfigur in der Leitung von Gruppen ein dynamisches Modell geschaffen hat, das – so die einschlägige Erfahrung – hervorragend funktioniert (vgl. Langmaack, 2004) und in den unterschiedlichsten Bereichen zur Anwendung kommt. Dazu gehört neben der klassischen Leitung von Gruppen aller Art auch die klinisch-therapeutische Arbeit, die Organisationsentwicklung, Beratungs- und Leitungsarbeit in Wirtschaftsunternehmen, in Schule und Hochschule und in der Supervision (zur Verbindung zwischen TZI und systemischer Arbeit: siehe Trost, 1998).

Ein Modell dynamischer Balance, wie das hier vorgelegte, hilft „Schieflagen" in helfenden und anderen Arbeitsbeziehungen wahrzunehmen, sie zu beschreiben und im Sinne einer evolutionären Entwicklung auszugleichen. Ziel seiner Anwendung ist es, dass sich seelisches Wachstum möglichst ungehindert entfalten kann, ganz im Sinne des Themas unseres Symposiums hier in Lindau im Psychotherapeutischen Weiterbildungszentrum, der umfassenden Menschwerdung. Das verlangt vom Berater eine hohe Fähigkeit zu verantwortlicher Selbst-Leitung und zu dialogischer Begegnung. Dabei ist es illusorisch, anzunehmen, eine solche Beeinflussung könnte „neutral" geschehen (Trost, 2006). Sie ereignet sich vielmehr auf dem Hintergrund der Werte, Einstellungen und Kompetenzen des Helfers und in ständiger Rückkopplung mit dem

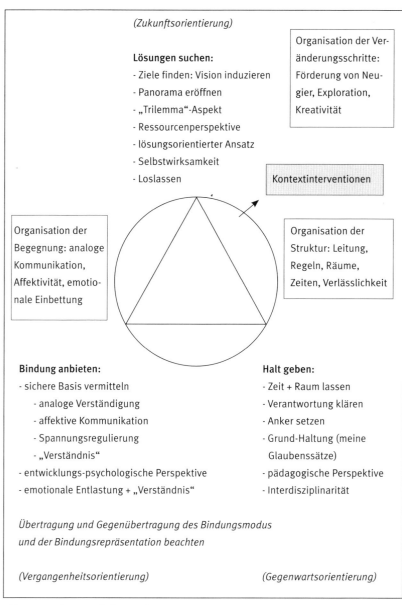

(Zukunftsorientierung)

Lösungen suchen:
- Ziele finden: Vision induzieren
- Panorama eröffnen
- „Trilemma"-Aspekt
- Ressourcenperspektive
- lösungsorientierter Ansatz
- Selbstwirksamkeit
- Loslassen

Organisation der Veränderungsschritte: Förderung von Neugier, Exploration, Kreativität

Kontextinterventionen

Organisation der Begegnung: analoge Kommunikation, Affektivität, emotionale Einbettung

Organisation der Struktur: Leitung, Regeln, Räume, Zeiten, Verlässlichkeit

Bindung anbieten:
- sichere Basis vermitteln
  - analoge Verständigung
  - affektive Kommunikation
  - Spannungsregulierung
  - „Verständnis"
- entwicklungs-psychologische Perspektive
- emotionale Entlastung + „Verständnis"

Halt geben:
- Zeit + Raum lassen
- Verantwortung klären
- Anker setzen
- Grund-Haltung (meine Glaubenssätze)
- pädagogische Perspektive
- Interdisziplinarität

Übertragung und Gegenübertragung des Bindungsmodus
und der Bindungsrepräsentation beachten

(Vergangenheitsorientierung)   *(Gegenwartsorientierung)*

Abb. 8: Ein Balancemodell zur pädagogisch-therapeutischen Beziehungsgestaltung

Klientensystem. Ein neues Gleichgewicht kann dabei – getreu dem Satz: „Nichts ist so beständig wie der Wandel" – immer nur temporär sein. Ein sich anbietendes Bild dafür könnte das ausgleichende Gewicht verlagern auf einem – hier allerdings interaktiven – Balancierkegel in der Psychomotorik abgeben.

Nach meiner Erfahrung eignet sich das Modell für die (Selbst-) Supervision im therapeutischen Prozess, aber auch für die Leitung einer Einrichtung und zur Interventionsplanung für interdisziplinäre psychosoziale Hilfen. Ich arbeite damit z. B. innerhalb von Jugendhilfeeinrichtungen sowohl auf der Ebene der mikrosozialen Beziehungen als auch auf der der Institutionsanalyse. Es wird als Supervisionsinstrument in der sozialen Arbeit eingesetzt und in der systemisch-kinderpsychiatrischen Arbeit. Im Berufsförderungswerk der Elisabeth-Stiftung Birkenfeld wird das Modell zur Gestaltung der Arbeits- und Ausbildungsbeziehung im Ausbildungsgang „Arbeitspädagoge / Reha" eingesetzt. (Ich widme diesen Beitrag meinem Freund **Mathias Blaschke**, dem ehemaligen Leiter dieses Ausbildungsganges, der kurze Zeit nach dem Lindauer Symposium plötzlich und viel zu früh verstorben ist.)

Im Workshopteil dieses Symposiums haben wir im Rahmen einer Fallarbeit die Dimensionen Bindung, Halt, und Lösung als Dreieck mit Personen aufgestellt und die therapeutische Beziehung dazwischen positioniert, dann nach Art der Familienaufstellung die Befindlichkeiten der Beteiligten abgefragt, Veränderungsimpulsen nachgegeben, und sind so Schritt für Schritt zu einer „guten" Lösung gekommen. Es ging dabei um einen Coachingprozess mit einer Firmeninhaberin, die nach dem Tod des Ehemannes die Geschäfte bis zur Volljährigkeit ihrer Kinder übernommen hatte, und wegen Schwierigkeiten mit ihrer halbwüchsigen Tochter Beratung gesucht hatte.

Ausblick: Entwicklungsförderung und Politik

Hauptziel unserer Arbeit ist Entwicklungsförderung, nämlich die angebotenen Probleme, Aufgaben oder Themen so anzunehmen und damit umzugehen, dass Wachstum des Einzelnen und seines Bezugssystems ermöglicht wird: Ermutigung, Stärkung des Selbstgefühls und des Vertrauens in Beziehungen, kurz: Progression fördern, Regression abbauen, Stagnation verhindern. Dies geschieht innerhalb der gesellschaftlichen, globalen und zeitgeschichtlichen geschilderten Kontextbedingungen. Anders als zu Zeiten der therapeutischen Revolutionen der 60er- und 70er- Jahre, als es schwerpunktmäßig um Befreiung aus starren Konventionen und Verhaltensmustern ging, also um den explorativen, den *Lösen*-Aspekt, kommen wir heute in der Zeit der Herausforderungen und Zumutungen postmodernen Lebens wieder zu einer stärkeren Betonung von *Bindung* und *Halt*. Die Kunst ist es, sich möglichst selbstbestimmt ein hinreichend stabiles und hinreichend flexibles soziokulturelles Schnittmuster für eine eigene kohärente Identität als Individuum und als mikrosoziales System zu schaffen.

Je nach Klientensystem, Schule oder Einrichtung liegen dabei die notwendigen Schwerpunkte unterschiedlich, immer aber sind alle drei Elemente für eine gesunde Entwicklung notwendig. Eine Schule, in der der Bindungspol vernachlässigt wird, wird weniger an Identifikation von Lehrern und Schülern mit ihrer Schule und den Lerninhalten bewirken, damit möglicherweise weniger Engagement auf allen Seiten aufweisen. Eine Suchtklinik, in der das Thema Halt nicht hinreichend beachtet wird, wird keine Erfolge erbringen und eine kinderpsychiatrische Einrichtung, in der keine Förderung von Kreativität, Exploration und Neugier stattfindet, wird ihre Patienten nicht mehr los. Ähnliches gilt für die mikrosoziale Situation der therapeutischen Beziehung: Ich werde immer dann „Widerstand" auf der Klientenseite provozieren, wenn ich ein bedeutsames Bedürfnis nach Bindung, Halt oder Lösung nicht angemessen berücksichtige oder irrtümlich auf *meiner* persönlichen „Lieblingsseite" verharre. Die Extrempositionen verdeutlichen jeweils durchaus bekannte Gefahren: *Nur* Binden erzeugt Konfluenz und Abhängigkeit, *nur* Halten ist kalt und leblos, *nur* Lösen ist verkopft oder ‚hysterisch' und nicht geerdet. In vielen Fällen gelingt die Balance intuitiv aufgrund eines guten Rapports zwischen Therapeut und Klienten. In den Fällen eines „unguten Gefühls" über den Verlauf oder sonstiger Komplikationen kann das Modell helfen, die notwendigen Schritte einzuleiten, um eine neue Balance zu finden. Damit lassen sich meiner Überzeugung nach Aggressivität und Destruktivität in Beziehungen zugunsten von kreativer Lebendigkeit wirkungsvoll reduzieren. Dabei stoßen wir sicherlich immer wieder an Grenzen: solche, die das Umfeld uns aufweist, solche, die in der Begrenztheit der Möglichkeiten des Klienten liegen, oder aber in unserer eigenen Begrenztheit. Ruth C. Cohn meint dazu: „Wir sind nicht ohnmächtig, wir sind nicht allmächtig, wir sind partiell mächtig!"

„Die Erkenntnis der Erkenntnis verpflichtet", sagt H. Maturana (1987), der Mitbegründer des modernen Konstruktivismus. Die Erkenntnisse der Neurobiologie, der Säuglings- und Bindungsforschung und der lösungsorientierten systemischen Arbeit können nicht einfach im akademischen Raum bleiben, sie verlangen nach sozialpolitischer Anwendung. Hirnforscher wie G. Hüther (z. B. 1999), der sich viele Jahre in der Grundlagenforschung mit Hirnentwicklungsstörungen befasst hat, belegen, dass eine wesentliche Ursache für Hirnentwicklungsstörungen mangelnde Fürsorge ist, mangelnde Geborgenheit. In einer Welt, in der die Geborgenheit verloren geht, kann Hirnentwicklung nicht mehr normal verlaufen. Er appelliert an uns, indem er sagt, wenn wir unser plastisches, komplexes und lernfähiges Gehirn bis ins hohe Alter weiterentwickeln wollen, müssen wir ein Weltbild und mit ihm eine Gesellschaft verabschieden, die allein auf Konkurrenz und Wettbewerb setzt. Wir bleiben gesund und am Leben, solange wie unsere Regelsysteme die von außen kommenden Störungen ausgleichen können. Neben biologischen Störungen gehört dazu auch psychosozialer Stress. Übermäßig stressende Verstörungen kann unser Gehirn auf die Dauer nicht mehr ausgleichen. In der Konsequenz bedeutet dies Entwicklungsstillstand, Regression auf primitivere Verhaltensstufen, Krankheit, Tod, Aussterben …

Die laut propagierte materielle und psychische Unabhängigkeit als höchster Wert postmoderner Lebensführung führt auf die Dauer zum Zerfall. Nur wenn die soziale Verankerung eines Menschen breit genug ist, und wenn die Person über ein umfangreiches Wissen und vielseitige Kompetenz verfügt, kann sich das herausbilden, was eine Gesellschaft zusammenhalten kann: die Fähigkeit zur Wahrnehmung sozialer Verantwortung. Nach PISA und den dramatischen Vernachlässigungsfällen und Kindstötungen der letzten Zeit scheint sich die öffentliche Meinung und damit die Politik langsam zu besinnen, dass unsere Gesellschaft nur dann eine Zukunftschance hat, wenn sie einen Gedeihraum für die jungen Eltern und ihre Kinder einrichtet, ihre Lebens- und Arbeitsbedingungen verbessert und so dafür sorgt, dass chronischer Stress nicht zu Entwicklungsbehinderungen, zu psychischer und körperlicher Krankheit führt. Der Dreh- und Angelpunkt für eine gute Entwicklung des Kindes von Anfang an liegt in der emotionalen und psychosozialen Unterstützung und bindungsorientierten Begleitung der Mutter und des Vaters. Hier greife ich auf das Konzept der Mutterschaftskonstellation zurück: „… der Wunsch, von einer mütterlichen Gestalt geachtet zu werden, Unterstützung und Beistand zu finden, von ihr lernen zu können und von ihr anerkannt zu werden…" (Stern, 1998) ist dafür kennzeichnend. Damit erscheint ein therapeutisch-pädagogisches Bündnis, wie es mit der „Gute-Großmutter-Übertragung" beschrieben wurde, für diese Zielgruppe besonders sinnvoll. Das finnische „Neuvola"-Konzept verwirklicht genau dies bereits seit vielen Jahren:

Die „Neuvola-Tanten", Hebammen und Krankenschwestern, die eine fünfjährige Ausbildung absolviert haben, um diesen gesundheitspflegenden Beruf auszuüben, stellen schon während der Schwangerschaft den ersten Kontakt zu Müttern und Vätern her und führen die ersten vertrauensfördernden Gespräche. Informationen über das soziale Umfeld, mögliche Erbkrankheiten und persönliche Probleme werden hier aufgenommen. Es wird eine Gesundheitskartei angelegt. … Bis zum Schuleintritt gehen Mütter und Väter mindestens einmal im Jahr zu ihrer „Neuvola- Tante" um über Fortschritte und Probleme zu sprechen. Im Gesundheitszentrum arbeiten außerdem auch PsychologInnen, LogopädInnen, ErgotherapeutInnen und SozialarbeiterInnen. Sie arbeiten vernetzt auch mit den Kindergärten und Schulen zusammen, um Informationen über die Heranwachsenden zu geben … Das finnische Bildungssystem baut auf gegenseitigem Vertrauen auf. Im Mittelpunkt bei allem, was in der Kita getan wird, steht das Kind. Liebe, Geborgenheit, Grenzen, klare Rituale und Ehrlichkeit sind Grundpfeiler der Erziehung in Finnland." (BLZ, 2006)

99% aller finnischen Eltern nutzen dieses freiwillige Angebot. Ähnlich vorbildliche Einrichtungen finden sich in den „Early Excellence Centres" in Großbritannien. Diese Modelle werden in einigen Modellprojekten ansatzweise auf deutsche Verhältnisse übertragen. Zu nennen sind dabei die Städte Ludwigsburg und Dormagen und die Region Oberlausitz. Von einer flächendeckenden Umsetzung sind wir allerdings noch weit entfernt. In jedem Fall wird ein solches primärpräventives Instrument für die gesellschaftliche Entwicklung sinnvoller und kostengünstiger sein, als sekundär- oder gar tertiärpräventive Ansätze. Deren Konzeptualisierung ist ebenfalls notwendig; im Bereich der Kinderschutzorganisationen und der Sozialpädiatrie werden bereits konkrete Vorgehensweisen erprobt, z. B. das „Düsseldorfer Hochrisikoprojekt", das „Potsdamer Frühinterventionsprojekt", der „Stuttgarter Kinderschutzbogen für Kinderärzte" (vgl. Beiträge in der Kinderärztlichen Praxis, 76, 2005).

Der Ausgang des Projektes „Menschwerdung" ist in unserem Land derzeit offen. Wir verfügen über das notwendige Wissen, über eine große Zahl engagierter Menschen und – als eine der reichsten Nationen der Welt – über genügend Ressourcen, um das Ankommen der kleinen Menschen für alle mit einem herzlichen Willkommen, liebevoller Begleitung, und Unterstützung der Eltern zu verbinden. Hoffen wir auf die Einsicht, dass wir diesen Zeitpunkt um keinen Preis verpassen dürfen, weil das persönliche Glück – oder aber Unglück – aller Menschen genau da beginnt.

Literatur

Ahnert, L. (Hrsg.). (2004). Frühe Bindung – Entstehung und Entwicklung. München: Reinhardt.

Ainsworth, M. D. D., Blehar, M. C., Waters, E. & Wall, S. (1978). Patterns of attachment. A psychological study of the strange Situation. Hillsdale, NJ: Erlbaum.

Antonovsky, A. (1997). Salutogenese. Tübingen: dgvt-Verlag.

Bauer, J. (2005). Warum ich fühle, was Du fühlst. Hamburg: Hoffmann & Campe.

BLZ (2006). Bildung beginnt mit der Schwangerschaft. Mitgliederzeitung der GEW, 6.

Chasiotis, A. & Keller, H. (1995). Zur Relevanz evolutionsbiologischer Überlegungen für klinische Psychologie und Psychotherapie. In H. Petzold (Hrsg.), Die Kraft liebevoller Blicke – Psychotherapie und Babyforschung (Band 2). Paderborn: Junfermann.

Cohn, R. C. (1994). Gucklöcher – Zur Lebensgeschichte von TZI und Ruth Cohn. Gruppendynamik, 25, 345 – 370.

Damasio, A. R. (1995). Descartes' Irrtum. München: List.

Egle, U. T., Hardt, J., Nickel, R., Kappis, B. & Hoffmann, S. O. (2002). Früher Stress und Langzeitfolgen für die Gesundheit. Z Psychosom Med Psychother, 48, 411–434.

Felitti, V. (2002). The Relationship of adverse childhood experiences to adult health: Turning gold in to lead. Z Psychosom Med Psychother, 48, 359–369.

Fraiberg, S., Adelson, E. & Shapiro, V. (1975). Ghost in the nursery. Journal of the American Academy of Child Psychiatry, 14, 387–422.

Fürstenau, P. (1994). Entwicklungsförderung durch Therapie. Grundlagen psychoanalytisch-systemischer Psychotherapie. München: Pfeiffer.

Fürstenau, P. (2001). Psychoanalytisch verstehen, systemisch denken, suggestiv intervenieren. Stuttgart: Pfeiffer.

Geißler, P. (Hrsg.). (2004). Was ist Selbstregulation? Eine Standortbestimmung. Gießen: Psychosozial-Verlag.

Gill, M. M: Psychoanalysis and Psychotherapy. A Revision. Int. Rev. Psycho-Anal., 11, 161–179.

Gloger-Tippelt, G. (1999). Transmission von Bindung über die Generationen – Der Beitrag des Adult Attachment Interview. Prax. Kinderpsychol. Kinderpsychiat., 48, 73–85.

Gloger-Tippelt, G. (Hrsg.). (2001). Bindung im Erwachsenenalter. Bern: Huber.

Hülshoff, Th. (2005). Medizinische Grundlagen der Heilpädagogik. München: Reinhardt.

Hüther, G. (1999). Die Evolution der Liebe. Göttingen: Vandenhoeck & Ruprecht.

Hüther, G. (2001). Gebrauchsanleitung für ein menschliches Gehirn. Göttingen: Vandenhoeck & Ruprecht.

Hüther, G. (2003). Die Auswirkungen traumatischer Erfahrungen im Kindesalter auf die Hirnentwicklung. In K. H. Brisch & Th. Hellbrügge (Hrsg.), Bindung und Trauma. Stuttgart: Klett-Cotta.

Langmaack, B. (2004). Einführung in die Themenzentrierte Interaktion. Weinheim: Beltz.

Liedloff, J. (1980). Auf der Suche nach dem verlorenen Glück. München. Lübbe, H. (1994). Erfahrungen von Orientierungskrisen in modernen Gesellschaften. In W. Weidenfeld & D. Rumberg (Hrsg.). Orientierungs-verlust – Zur Bindungskrise der modernen Gesellschaft. Gütersloh: Bertelsmann.

Main, M., George, C. & Kaplan, N. (2001). Adult Attachment Interview. In Gloger-Tippelt, G. (Hrsg.), Bindung im Erwachsenenalter. Bern: Huber

Maturana, H. & Varela, F. (1987). Der Baum der Erkenntnis. Bern: Scherz.

Moll, G. & Rothenberger, A. (2001). Neurobiologische Grundlagen – Ein pathophysiologisches Erklärungsmodell der ADHD. Kinderärztliche Praxis, Sonderheft „Unaufmerksam und hyperaktiv", 9 – 15.

Mücke, K. (2001). Probleme sind Lösungen. Berlin: Ökosysteme.

Papoušek, M. & Papoušek, H. (1995). Vorsprachliche Kommunikation: Anfänge, Formen, Störungen und psychotherapeutische Ansätze. In H. Petzold (Hrsg.). Die Kraft liebevoller Blicke – Psychotherapie & Babyfor-schung (Band 2). Paderborn: Junfermann.

Petzold, H. (Hrsg.). (1995). Die Kraft liebevoller Blicke – Psychotherapie und Babyforschung, Bd. 2, Paderborn: Junfermann.

Prekop, J. (1991). Der kleine Tyrann. München: DTV.

Prekop, J. (1992). Hättest Du mich festgehalten. München: Goldmann.

Rutter, M. (2006). Die psychischen Auswirkungen früher Heimerziehung. In K. H. Brisch & Th. Hellbrügge (Hrsg.), Kinder ohne Bindung. Stuttgart: Klett-Cotta.

Schleiffer, R. (2001). Der heimliche Wunsch nach Nähe – Bindungstheorie und Heimerziehung. München: Juventa.

Schlippe, A. v. & Schweizer, J. (1996). Lehrbuch der systemischen Therapie und Beratung. Göttingen: V+R.

Schüffel, W. et al. (1998). Handbuch der Salutogenese. Wiesbaden: Ullstein Medical.

Schwark, B., Schmidt, S. & Strauß, B. (2000). Eine Pilotstudie zum Zusammenhang von Bindungsmustern und Problemwahrnehmung bei neun- bis elfjährigen Kindern mit Verhaltensauffälligkeiten. Prax. Kinderpsychol. Kinderpsychiat, 49, 340–350.

Simon, F. B., Clement, U. & Stierlin, H. (1999). Die Sprache der Familientherapie – Ein Vokabular. Stuttgart: Klett-Cotta.

Spangler, G. & Zimmermann, P. (1995). Bindung und Anpassung im Lebenslauf: Erklärungsansätze und empirische Grundlagen für Entwicklungsprognosen. In G. Spangler & P. Zimmermann (Hrsg.), Die Bindungstheorie. Grundlagen, Forschung und Anwendung. Stuttgart: Klett-Cotta.

Spitzer, M. (2000). Geist, Gehirn und Nervenheilkunde. Stuttgart: Schattauer.

Spitzer, M. (2002). Lernen – Gehirnforschung und die Schule des Lebens. Heidelberg: spectrum.

Spitzer, M. (2004). Neuronale Netzwerke und Psychotherapie. In G. Schiepek (Hrsg.), Neurobiologie der Psychotherapie. Stuttgart: Schattauer.

Steiner Fahrni, M. (2004). Interaktive Regulation und Selbstregulation in Träumen von Erwachsenen aus der Sicht der Säuglingsforschung. In P. Geißler (Hrsg.), Was ist Selbstregulation? Eine Standortbestimmung. Gießen: Psychosozial-Verlag.

Stern, D. (1998). Die Mutterschaftskonstellation. Stuttgart: Klett-Cotta.

Stern, D. (2000). Mutter und Kind. Die erste Beziehung. Stuttgart: Klett-Cotta.

Taylor, E. (1999). Development of clinical services for attention-deficit/hyperactivity disorder. Archives of General Psychiatry, 56, 1097–1099.

Trost, A. (1998). TZI und systemische Therapie – spielend kreative Lösungen (er-finden). Themenzentrierte Interaktion, 12, 2.

Trost, A. & Wienand, F. (2000). Praxis der lösungsorientierten Therapie in der kinder- und jugendpsychiatrischen Praxis. Forum KJPP, 10, 2.

Trost, A. & Wienand, F. (2000). Halten und Lösen – vom therapeutischen Umgang mit Bindungs- und Beziehungsmustern in der kinder- und jugendpsychiatrischen Praxis. Vortrag bei der Jahrestagung des Berufsverbandes der Ärzte für Kinder- und Jugendpsychiatrie und Psychotherapie in Berlin.

Trost, A. (2006). Bindung anbieten, Halt geben, Lösungen finden: Ein etwas anderes Balancemodell für die Beratung mit TZI. In U. Sauer-Schiffer & M. Ziemons (Hrsg.), In der Balance liegt die Chance (S. 65-90). Münster: Waxmann.

van Ijzendoorn, M. H.: Adult attachment representations, parental responsiveness, and infant attachment: A meta-analysis of the predictave validity of the Adult attachment Interview. Psychological Bulletin, 117, 387–403.

Welter-Enderlin, R. (1998). Was hat Säuglingsforschung mit Therapie und Beratung zu tun? In R. Welter-Enderlin & B. Hildenbrand (Hrsg.), Gefühle und Systeme. Heidelberg: Carl Auer Systeme.

Wienand, F. & Trost, A. (2000). Qualitätskriterien kinder- und jugend-
psychiatrischer Gesprächsführung. Vortrag und Workshop beim XXVI.
Kongress der Deutschen Gesellschaft für Kinder- und Jugendpsychiatrie
und Psychotherapie in Jena.

Winnicott, D. W. (1974). Reifungsprozesse und fördernde Umwelt.
München: Kindler.

Winnicott, D. W. (1960). Theory of the Parent-Infant-Relationship. Intern.
J. of Psychoanalysis, 41, 585–595.

Ziegenhain, U. (1999). Die Stellung von mütterlicher Sensitivität bei der
transgenerationalen Übermittlung von Bindungsqualität. Prax. Kinderpsychol. Kinderpsychiat., 48, 86–100.

Zinnecker, J., Silbereisen, R. et al. (1996). Kindheit in Deutschland. Aktu-
eller Survey über Kinder und ihre Eltern. Weinheim, München: Juventa.

Zulauf-Logoz, M. (2004). Die Desorganisation der frühen Bindung und
ihre Konsequenzen. In L. Ahnert (Hrsg.), Frühe Bindung – Entstehung und
Entwicklung. München: Reinhardt.

Marina Zulauf-Logoz

Auswirkungen der Bindungsqualität auf die soziale und emotionale Entwicklung von Kindern

Dr. phil. Marina Zulauf-Logoz, Diplom-Psychologin, Fachpsychologin für Kinder- und Jugendpsychologie FSP, seit 1998 am Zentrum für Kinder- und Jugendpsychiatrie der Universität Zürich tätig. Schwerpunkte: Untersuchung und Behandlung verhaltensauffälliger Kinder und Jugendlicher, Einzel- und Gruppentherapien, Elternarbeit und Bindungsforschung.

Wie Kinder Beziehungen entwickeln

Mit dem Begriff „Bindungsverhalten" wird die grundlegende Fähigkeit des Menschen bezeichnet, von frühester Kindheit an enge und dauerhafte Beziehungen zu ausgewählten Bezugspersonen auszubilden. Diese Fähigkeit hat sich in der Evolution auch bei vielen anderen Lebewesen herausgebildet und hat eine Schutzfunktion: Das Bindungsverhalten des jungen Kindes bewirkt Nähe zu seinen Bezugspersonen.

Nach der Geburt erkennt ein Säugling bereits die Stimme seiner Mutter wieder. Wenige Tage nach der Geburt kann er den Geruch der Mutter wiedererkennen. Durch seine Bewegungen stellt das Kind entweder aktiv Nähe her, oder veranlasst seine Bezugspersonen durch entsprechende Signale wie Weinen oder Rufen dazu, sich in seiner Nähe aufzuhalten.

Das Bindungsverhalten ist zunächst aber noch unspezifisch, d. h. nicht auf eine bestimmte Person gerichtet. Dies ist evolutionsbiologisch sinnvoll, da nicht sicher mit dem Überleben der Mutter gerechnet werden konnte, das Überleben des Säuglings aber entscheidend davon abhängt, ob er genügend gut versorgt wird.

Die in der kindlichen Entwicklung sehr früh erkennbaren Bindungsverhaltensweisen sind Weinen, Saugen und Lächeln. Bereits sehr junge Babys äußern Trennungsprotest und weinen, wenn sie sich allein fühlen – lange bevor sie in der Lage sind, ihre Bezugspersonen genau zu erkennen. Bezugspersonen reagieren intensiv auf diese noch unspezifischen Verhaltensweisen des Babys, die eine stark appellative Wirkung besitzen und Fürsorgeverhalten auslösen.

Etwa im Alter von vier Monaten kann das Baby greifen und sich so aktiv an seinen Eltern oder anderen Bezugspersonen festhalten und deutlicher dazu beitragen, dass es in Körperkontakt mit ihnen bleibt. Ab dem Alter von einem halben Jahr können junge Kinder ihre wichtigsten Bezugspersonen visuell genau identifizieren und richten nun ihr Bindungsverhalten spezifisch auf diese. Sie lassen sich jetzt besser von ihnen trösten und beruhigen als von Fremden und reagieren bekümmert, wenn sie einige Zeit nicht in der Nähe ihrer Bindungspersonen sind.

Das häufig zu beobachtende Fremdeln im Alter von etwa acht Monaten, welches mit der Entwicklung des Krabbelns zusammenfällt, bewirkt, dass junge Kinder in der Lage sind, Annäherungsversuche unbekannter Personen zurückzuweisen und sich aktiv in die Nähe ihrer Bindungspersonen zu bringen. In der zweiten Hälfte des ersten Lebensjahres wird somit deutlich erkennbar, dass das Kind eine oder mehrere Bindungsbeziehungen zu ausgewählten Personen entwickelt hat, die es regelmäßig und intensiv umsorgt haben.

John Bowlby (1961), der Begründer der Bindungstheorie, formulierte in seinem Aufsatz *Grief and mourning in infancy* einen in drei Phasen verlaufenden emotionalen Prozess, den Kinder nach dem Ausbilden einer Bindungsbeziehung durchmachen, wenn man sie Tage oder Wochen von ihrer Hauptbezugsperson trennt. Diese Phasen gleichen in ihrer Intensität und Abfolge der Trauerreaktion Erwachsener auf den Verlust einer geliebten Person und umfassen zunächst schmerzlichen Protest gegen das Verlassenwerden und Trennungsangst, gefolgt von Verzweiflung und Kummer während der Trennung, was schließlich in Resignation und Ablösung übergeht, besonders, wenn die Trennung länger als etwa eine Woche dauert.

Die Ablösungsphase äußert sich darin, dass das zuvor ganz in seinen Kummer vertiefte Kind nun wieder Interesse an der Außenwelt zeigt. Beobachter meinen deshalb, dass es dem Kind nun wieder gut gehe. Bemerkenswert ist jedoch, dass die Kinder bei Rückkehr der Bindungsfigur in der Regel mit intensiver Nichtbeachtung auf sie reagieren, ihre Kontaktangebote geradezu ignorieren, sodass erst daran deutlich wird, dass eine Blockade des Bindungsverhaltenssystems eingetreten ist. Bowlby vertrat die Ansicht, dass eine das Kind überfordernde, lange Trennung zu einer Deaktivierung des Bindungsverhaltenssystems führt und die Bezugsperson, die eine Art Schlüsselreiz für die Aktivation von Bindungsverhalten beim Kind ist, in dieser Situation keine Reaktion mehr bei ihm hervorrufen kann. Ist die Bindungsperson nach absehbarer Zeit wieder zum Kind zurückgekehrt, geht diese Deaktivation allmählich zurück, wobei eine Phase von intensiv anklammerndem Verhalten auftreten kann, so als ob die Beziehung von neuem aufgebaut werden müsse.

Das innere Arbeitsmodell von Bindung

Im Laufe der Entwicklung werden die Interaktionserfahrungen mit den primären Bindungspersonen vom Kind verinnerlicht, sodass eine innere Haltung über das soziale Selbst entsteht. Es bezieht sich auf die Aspekte, wie verfügbar Bindungspersonen für das Kind erlebt werden, wie vertrauenswürdig und wie unterstützend sie sind, und schließlich, als wie unterstützenswürdig sich das Kind erlebt. Diese innere Haltung bezeichnete Bowlby als das Arbeitsmodell von Bindung. Es integriert laufend bindungsrelevante Erfahrungen und ist mit dem Konzept des Urvertrauens von Erikson vergleichbar: „Jeder Mensch braucht Zuwendung und Unterstützung anderer und kann sie anderen geben. Es ist natürlich, von anderen abhängig zu sein. Beziehungen sind wichtig und geben Geborgenheit" (Erikson, 1957). Im Alter von etwa vier Jahren ist das innere Arbeitsmodell von Bindung so weit ausgebildet, dass junge Kinder in der Lage sind, Trennungen von den Bindungspersonen zu überbrücken, indem sie aus der psychischen Vorstellung von den Bindungspersonen ein Sicherheitsgefühl beziehen können. Die Kinder verfügen in diesem Alter über die Fähigkeit, Absichten und Ziele anderer Menschen nachzuvollziehen (sog. Theory of mind) sowie über ein gewisses Zeitgefühl. Den Prozess der Generalisierung von Bindungserfahrungen zeichnet die Bindungsforscherin Inge Bretherton (1988) mit folgendem Beispiel für ein sicheres Arbeitsmodell von Bindung anschaulich nach.

Das sichere Arbeitsmodell von Bindung

Die Interaktionserfahrung: „Wenn ich mir weh tue, kommt meine Mutter, um mir zu helfen" geht in die Erwartung über: „Meine Mutter ist normalerweise für mich da, wenn ich sie brauche" und führt zur Ableitung von Eigenschaften der Bindungsfigur: „Meine Mutter ist ein liebevoller Mensch". Dies bewirkt das Lebensgefühl: „Ich werde geliebt" und beeinflusst das Selbstwertgefühl :„Ich bin liebenswert". Die unterschiedliche Qualität des Arbeitsmodells von Bindung wird als Bindungsqualität bezeichnet und beeinflusst entscheidend, wie Kinder oder Erwachsene mit negativen Gefühlen, insbesondere mit Kummer und Stress, fertig werden, d. h. in welcher Weise sie den Kontakt zu Bindungspersonen nutzen, um ihre Emotionen zu regulieren.

Das unsicher-vermeidende Arbeitsmodell von Bindung

Im Gegensatz zur Erfahrung feinfühliger Betreuung des Kindes durch seine Bezugspersonen führt ein abweisender Umgang mit seinen negativen Gefühlen zu einem unsicher-vermeidenden Regulationsstil. Judith Cassidy (1994) beschreibt diesen Prozess folgendermaßen: Wenn junge Kinder häufig die Erfahrung machen: „Meine Mutter ist froh, wenn ich allein zurechtkomme – sie spielt mit mir, wenn ich fröhlich bin; bin ich traurig, geht sie weg – ich darf nicht zu viel von ihr verlangen", führt dies zu einem bestimmten Verhalten des Kindes bei intensiven Gefühlen: Es zeigt keine deutlichen Signale und keine Suche nach Körperkontakt bei Kummer. Offener Gefühlsausdruck zeigt sich eher dann, wenn sich das Kind wohlfühlt. Negative Gefühle werden unterdrückt. Dies stellt im Kontext der Beziehung zur primären Bindungsfigur eine natürliche, angepasste Reaktionsweise dar, ist aber in anderen Kontexten nicht unbedingt adaptiv.

Das unsicher-ambivalente Arbeitsmodell von Bindung

Ein unter normalen Verhältnissen eher selten anzutreffender Beziehungsstil entsteht, wenn das Kind die Erfahrung macht: „Meine Mutter reagiert selten auf meine Gefühle – sie ist nicht erreichbar – sie reagiert immer wieder anders. Wenn ich ruhig und zufrieden bin, verliere ich den Kontakt zu ihr". Solche Kinder tendieren dazu, eine Strategie zu entwickeln, die ihnen ein Maximum an Aufmerksamkeit und Zuwendung durch Bindungsfiguren sichert. Sie äußern Kummergefühle in verstärkter Form und erscheinen sehr abhängig von der Bindungsperson. Dies zeigt sich auch darin, dass sie ängstlich und zurückhaltend im Kontakt mit der dinglichen und sozialen Umwelt sind, also wenig Neugierverhalten zeigen. Für diese Strategie der Emotionsregulation gilt, dass sie zwar kurzfristig die Aufmerksamkeit der Bezugsperson sichern kann, langfristig jedoch die Beziehungen des Kindes gefährdet, da die Bindungspersonen sich überfordert fühlen, und mit Ärger auf die häufige und intensive Kontaktsuche des Kindes reagieren, zumal diese Kinder schwer zu beruhigen sind und bereits bei geringer Belastung mit Bindungsverhalten reagieren.

Zusammenfassung

Der heutige Stand der empirischen Bindungsforschung zeigt, dass die Feinfühligkeit der primären Bindungspersonen in der Betreuung des Kindes einen deutlichen Einfluss auf die Entwicklung der drei oben dargestellten Strategien in der Emotionsregulation haben. Dies gilt jedoch nicht für den Fall, dass Bindungsfiguren unter unverarbeiteten traumatischen Erfahrungen leiden, wie später noch ausgeführt wird (s. u.). Zur Erfassung des Arbeitsmodells von Bindung bei Erwachsenen haben Cindy Hazan und Philipp Shaver (1994) einen Kurzfragebogen entwickelt, der hier die drei von Mary Ainsworth (1978) entdeckten Bindungstypen B (sicher), A (unsicher-vermeidend) und C (unsicher-ambivalent) illustrieren soll:

B Ich finde es relativ leicht, anderen nahe zu kommen, und ich fühle mich wohl, wenn ich von ihnen abhängig bin und sie von mir abhängig sind. Ich mache mir kaum Sorgen darüber, verlassen zu werden, oder dass mir jemand zu nahe kommen könnte.

A Mir macht es irgendwie etwas aus, anderen nahe zu sein. Ich finde es schwierig, mir zu erlauben, abhängig von ihnen zu sein. Ich werde nervös, wenn mir jemand zu nahe kommt und es ist oft so, dass Liebespartner möchten, dass ich intimer werde, als es mir angenehm ist.

C Ich habe das Gefühl, dass die anderen zögern, so nahe zu kommen, wie ich es gern möchte. Ich mache mir oft Sorgen, dass mein Partner mich nicht wirklich liebt oder nicht bei mir bleiben will. Ich möchte völlig mit einer anderen Person verschmelzen und dieser Wunsch erschreckt und vertreibt andere oft.

(Hazan & Shaver, 1994, Übers. d. Autorin)

Es ist unschwer erkennbar, dass es sich beim ersten Beispiel um ein sicheres Arbeitsmodell von Bindung handelt, beim zweiten um das unsicher-vermeidende und beim dritten um das unsicher-ambivalente Arbeitsmodell.

Die Untersuchung der Bindungsqualität bei Kindern

Die paradigmatische Erfassung der Bindungsqualität wurde von der kanadischen Psychologin Mary Salter Ainsworth (1978) für den Altersbereich 12 – 18 Monate entwickelt. Dieses Untersuchungssetting – der Fremde-Situations-Test – besteht aus einer etwa 20 Minuten dauernden videografierten Beobachtungssituation, während der Mutter und Kind sich in einem Spielzimmer befinden. Nach einigen Minuten tritt eine dem Kind fremde Person ein, die langsam mit dem Kind Kontakt aufnimmt, worauf die Mutter den Raum verlässt, nach wenigen Minuten wieder zum Kind zurückkehrt, das mit der Fremden zurückgeblieben ist. Diese verlässt bei Rückkehr der Mutter den Raum. Anschließend geht die Mutter wieder hinaus, das Kind bleibt einige Minuten ganz allein, bis zuerst die Fremde und schließlich die Mutter zu ihm zurückkehrt, worauf die Fremde wieder den Raum verlässt.

Es geht bei dieser genau festgelegten Abfolge darum, zu erkennen, welche Strategie das Kind einsetzt, um seine Bindungsbedürfnisse zu befriedigen, und inwieweit es ihm gelingt, wieder beruhigt zum Spiel zurückzukehren. Das Bindungsverhalten gegenüber der Mutter wird mit demjenigen gegenüber der Fremden spezifisch verglichen. Sicher gebundene Kinder untersuchen vor der Trennung die Gegenstände im Spielzimmer interessiert und aktiv. Sie wenden sich an die Mutter und bleiben emotional in Kontakt mit ihr. Sie begrüßen die zurückkehrende Mutter aktiv und/oder suchen den Kontakt zu ihr in den sogenannten Wiedervereinigungsepisoden. In Anwesenheit der Mutter können sie wieder zur Exploration zurückkehren. Bei diesen Kindern wird erkennbar, dass sie die Mutter als sichere Basis nutzen, was ihnen einerseits ungestörtes Spiel ermöglicht, und andererseits bei Kummergefühlen wirkungsvoll Trost spenden kann.

Unsicher-vermeidende Kinder neigen hingegen dazu, vor den Trennungen kaum Kontakt mit der Mutter aufzunehmen, verhalten sich der Mutter und der Fremden gegenüber in ähnlicher Weise und weinen eher dann, wenn sie ganz allein bleiben, als wenn die Fremde statt der Mutter bei ihnen ist. Charakteristisch ist für sie, dass sie die zurückgekehrte Mutter in deutlicher Weise ignorieren und auf ihre Kontaktangebote nicht eingehen. Hier zeigt sich, dass diese Kinder einen Weg gefunden haben, mit ihrem Kummer allein fertig zu werden.

Unsicher-ambivalent gebundene Kinder schließlich sind in der Regel bereits durch den ungewohnten Raum mit der Fremden so verunsichert, dass sie kaum explorieren, auch nicht in Anwesenheit der Mutter. Die Trennungen von der Mutter belasten sie stark, aber dennoch ist in den Wiedervereinigungen ihre Suche nach Nähe und ihr Kontaktverhalten gegenüber der Mutter wenig effizient. Sie lassen sich schwer beruhigen und zeigen häufig Wut oder Ärger sowie aktiven Widerstand gegen Körperkontakt mit der Mutter, obwohl sie das dringende Bedürfnis danach signalisieren. Dieser Aspekt führte zur Bezeichnung „ambivalente Bindung".

Die Beurteilung des Bindungsverhaltens und die Klassifikation der Bindung erfordert eine intensive Schulung durch Experten.

Desorganisierte Bindung

Bei der Verwendung des Klassifikationssystems von Ainsworth hatte sich bereits in den 80er-Jahren gezeigt, dass einige Kinder schwer einzuordnen waren, und bei vielen Untersuchungen etwa 13 Prozent der Kinder als unklassifizierbar übrig blieben. Mary Main, eine Mitarbeiterin von Ainsworth, stellte anhand zahlreicher Videoaufnahmen solcher Kinder fest, dass diese häufig sinnlos scheinende, auffällige Verhaltensweisen zeigten, und dies gerade im Beisein der Mutter taten. Diese sehr kurzen Auffälligkeiten im Verhalten hinterließen beim Beobachter ein ungutes Gefühl und erschwerten oder verunmöglichten die Bestimmung der Bindungsqualität (Main, 1986). Main bezeichnete diese Phänomene als desorganisiertes Bindungsverhalten und ordnete sie folgenden Bereichen zu (Main, 1990):

1. Sequenzielles Auftreten widersprüchlicher Verhaltensmuster
2. Simultanes Auftreten widersprüchlicher Verhaltensmuster
3. Ungerichtete, fehlgerichtete, unvollständige und unterbrochene Bewegungen und Ausdrucksverhalten
4. Stereotype, asymmetrische Bewegungen, fehlkoordinierte Bewegungen und anormale Körperhaltungen
5. Eingefrorene, leblose und erstarrende Bewegungen und Ausdrucksverhalten

6. Direkter Ausdruck von Furcht beim Anblick der Elternperson
7. Direkte Anzeichen von Desorganisation und Desorientierung
(vgl. auch Zulauf-Logoz, 2004).

Ein wichtiges Kriterium ist dabei, dass ein Kind keine neurologischen Beeinträchtigungen aufweist, die für die Verhaltensdesorganisation verantwortlich sind, was sich z. B. darin zeigt, dass die beschriebenen Verhaltensweisen spezifisch als Reaktion auf die Rückkehr der Mutter auftreten, d. h. in Phasen, in denen das Kind versucht, seine Bindungsbedürfnisse zu befriedigen.

Ursachen desorganisierter Bindung und Ursachen unsicherer Bindung ohne Desorganisation

Untersuchungen von Mary Main & Eric Hesse (1989) sowie von Mary Ainsworth & Carolyn Eichberg (1991) zeigten auf, dass Bindungsdesorganisation häufiger bei Kindern von Müttern auftritt, die durch ein unverarbeitetes Trauma belastet sind. Nach der Befragung von Müttern, welche eine nahe Bezugsperson durch Tod oder Trennung verloren hatten, ließen sich zwei Gruppen bilden: Diejenigen Frauen, welche das Verlusterlebnis verarbeitet hatten, konnten in reflektierender Weise darüber sprechen.

Eine zweite Gruppe von Frauen schien dagegen auch aktuell noch stark belastet, was sich in bestimmten Merkmalen äußerte, wenn diese Erlebnisse im Interview thematisiert wurden. Ein gekünstelter Sprachstil, übermäßige Idealisierung der Eltern bei gleichzeitigem Berichten über vernachlässigende oder gewalttätige Kindheitserfahrungen, unkontrollierbare affektive Einbrüche während des Berichtes über lange zurückliegende Erlebnisse, abrupte Veränderungen des Sprachstils an emotional belastenden Stellen im Interview sowie überschwängliche, schwärmerische oder metaphysische Erklärungen in Zusammenhang mit dem Verlusterlebnis sind einige Beispiele für Indikatoren eines unverarbeiteten mentalen Status hinsichtlich Bindung.

In der Untersuchung von Ainsworth und Eichberg hatten alle zehn Kinder, deren Mütter der „unverarbeitet traumatisierten" Gruppe zugehörten, im Fremde-Situations-Test desorganisiertes Bindungsverhalten gezeigt, während dies nur bei zwei von 20 Kindern der Gruppe mit Müttern mit verarbeiteten Traumata der Fall gewesen war. Auf der anderen Seite finden sich sehr viele desorganisiert gebundene Kinder in Misshandlungs- und noch häufiger in Missbrauchsstichproben (Van Ijzendoorn et al., 1999). Die Schlussfolgerungen der Autoren (Main & Hesse, 1990) gehen dahin, dass eine desorganisierte Bindung dann entsteht, wenn die Hauptbezugsperson auf das Kind nicht nur eine sicherheitsspendende, sondern auch eine Furcht erregende Wirkung hat. Die bezüglich der Bezugsperson einander widersprechenden Gefühle verstören das Kind und führen zur Unfähigkeit, in Kummersituationen eine wirkungsvolle und organisierte Strategie zu finden, mit der das Kind seine negativen Emotionen regulieren kann.

Folgende Faktoren aufseiten der Bindungsfiguren erwiesen sich in verschiedenen Forschungsarbeiten (vgl. Schuengel, Bakermans-Kranenburg & van Ijzendoorn, 1999) neben Misshandlung und Missbrauch des Kindes als relevant im Zusammenhang mit einer Bindungsdesorganisation:

Unverarbeitetes Verlust- oder traumatisches Erlebnis der Elternfigur, Ehekonflikte, diagnostizierte affektive Störung der Mutter, dissoziatives/ Angst erregendes Verhalten der Elternfigur gemäß direkter Beobachtung.

Bindungsdesorganisation kann also auf einem direkten Weg entstehen, indem das Kind von der Hauptbezugsperson misshandelt oder missbraucht wird, oder aber indem es durch die traumatisierte Verfassung der Bezugsperson erschreckt wird, wenn diese immer wieder durch Gefühlseinbrüche beeinträchtigt ist, und dann nicht angemessen auf die Bindungsbedürfnisse des Kindes reagieren kann. Dies kann z. B. bei dissoziativen Zuständen des Erwachsenen oder auch bei anderen Symptomen einer psychischen Störung auftreten. Lyons-Ruth et al. (2002) beschreiben folgende Phänomene als Furcht erregendes Verhalten von Bezugspersonen gegenüber den Kindern, die auch ohne Misshandlung des Kindes zu Bindungsdesorganisation führen:

1. Affektive Kommunikationsfehler
2. Grenz- oder Rollenkonfusion
3. Übergriffiges/negativistisches Verhalten
4. Furchtsames/desorientiertes Verhalten
5. Rückzugsverhalten

Diese Störungen des Interaktionsverhaltens können unabhängig von der elterlichen Feinfühligkeit bestehen, die mit den „organisierten" Varianten von Bindungsunsicherheit (Bindungstyp A: unsicher-vermeidend oder Bindungstyp C: unsicher-ambivalent) in Beziehung stehen. Geringe Feinfühligkeit dem Kind gegenüber beinhaltet, dass die Bindungsfigur wenig sensibel in der Wahrnehmung und der Beantwortung der kindlichen Bindungsbedürfnisse ist, sich wenig kooperativ dem Kind gegenüber verhält und eine geringe Akzeptanz des Kindes zeigt. Dies kann einerseits durch ein unsicheres Bindungsmodell der Mutterfigur entstehen, d. h. durch die intuitive Fortsetzung des früher selbst erfahrenen Betreuungsstils, oder aber durch eine hohe und chronische psychosoziale Belastung der Familie, welche einen feinfühligen Umgang mit dem Kind stark beeinträchtigten kann. Ablehnung körperlicher Nähe mit dem Kind und Zurückweisung des Kindes bei negativem Gefühlsausdruck stehen eher mit einem unsicher-vermeidenden Bindungsstil des Kindes in Zusammenhang, während ein wechselhafter, qualitativ unzuverlässiger Umgang mit dem Kind eher mit einem unsicher-ambivalenten Bindungsstil des Kindes zusammenhängt.

Veränderungen in der frühkindlichen Bindungsqualität

Unter normalen Verhältnissen weist die Mehrzahl der Kinder eine sichere Bindung auf. Eine Übersicht dazu findet sich bei van Ijzendoorn et al. (1992).

N (Anzahl)	A unsicher-vermeidend	B sicher	C unsicher-ambivalent	D desorganisiert (hochunsicher)
306	23%	55%	7,5%	14,5%

Abb.1: Häufigkeit der Bindungsstile

Vondra, Dowdell Hammerding und Shaw (1999) untersuchten 90 Kinder, deren Mütter bei ihrer Geburt noch im Jugendalter waren und zu einer sozioökonomischen Risikopopulation gehörten. Die Kinder wurden im Alter von einem und erneut im Alter von eineinhalb Jahren zusammen mit ihren Müttern im Fremde-Situation-Test beobachtet. Die Autoren stellten sich die Frage, welche Faktoren für etwaige Veränderungen in der Bindungsqualität dieser Kinder zwischen den beiden Untersuchungszeitpunkten verantwortlich sein könnten. Daher wurden auch die demografischen Risikofaktoren erfasst, welche die jungen Mütter belasteten, sowie Risikofaktoren in ihrer Persönlichkeit, ihre Fähigkeit zur Ärgerkontrolle, ihre Zufriedenheit mit der Partnerbeziehung, depressive Symptome sowie negative Lebensereignisse. Die Kinder wurden sowohl mit zwölf als auch mit 18 Monaten einem der vier Bindungstypen B/A/C oder D zugeteilt.

Von den sicher gebundenen Kindern (B) waren es ein halbes Jahr später knapp 60 Prozent weiterhin. Bei den Müttern dieser Kinder fiel auf, dass sämtliche Risikofaktoren gering ausgeprägt waren. 25 Prozent der zunächst unsicher gebundenen Kinder konnten bis zum zweiten Untersuchungszeitpunkt eine sichere Bindung ausbilden. Ihre Mütter zeigten in ihrer Persönlichkeit nur wenig Aggressivität/Feindseligkeit, waren mit ihrer Partnerbeziehung sehr zufrieden und hatten wenig negative Lebensereignisse erlebt. Die Autoren schließen, dass diese Frauen mit der Zeit ungestört in ihre Mutterrolle hineinwachsen und einen feinfühligen Betreuungsstil ausbilden konnten.

Von den 20 Kindern (22 Prozent der Stichprobe) hingegen, die mit 18 Monaten als unsicher-vermeidend beurteilt wurden, waren knapp die Hälfte früher sicher gebunden gewesen. Die Mütter dieser 20 Vermeiderkinder (A) hatten seltener einen Partner als andere, berichteten am meisten über erlebten Ärger und über das geringste Ausmaß von Ärgerkontrolle. Gleichzeitig zeigten sie aber während der Untersuchungen am wenigsten Ärgerreaktionen gegenüber ihrem Kind. Rückzug aus Beziehungen, unterdrückter Ärger und unterschwellige Feindseligkeit gegenüber dem Kind hingen mit der Ausbildung des Vermeider-Musters zusammen. 29 Prozent der untersuchten Kinder wurden mit 18 Monaten als desorganisiert gebunden klassifiziert, die Hälfte von ihnen hatte dieses Muster bereits mit zwölf Monaten gezeigt. Die Mütter dieser Kinder erreichten die höchsten Werte in problematischen Persönlichkeitszügen. Während letztere auch sehr unzufrieden mit ihrer Partnerbeziehung waren, hatten die Mütter der erst mit 18 Monaten als desorganisiert beurteilten Kinder die meisten negativen Lebensereignisse zu verzeichnen. Gleichzeitig stellten sie sich aber als selten ärgerlich dar, was den Interaktionsbeobachtungen mit den Kindern jedoch widersprach. Diese Untersuchung zeigt den Stellenwert des psychologischen und sozialen Umfeldes junger Mütter auf, welches sich qualitativ auf ihren Fürsorgestil dem kleinen Kind gegenüber auswirkt.

Bindungsstörung

Ein grundlegender Unterschied besteht zwischen den oben beschriebenen Bindungsstilen, die unter intakten Verhältnissen oder auch in Risikostichproben auftreten, und der Bindungsstörung im kinderpsychiatrischen Sinne, welche unter hochgradig pathogenen Bedingungen zu finden ist. Während unsichere Bindung und unsicher-desorganisierte Bindung eine Bindung an mindestens eine Bezugsperson voraussetzt, haben Kinder mit einer Bindungsstörung extreme Deprivation, wie z. B. mehrfache Wechsel der Hauptbezugsperson in den ersten Lebensjahren oder ausgeprägte Vernachlässigung durchgemacht, was das Ausbilden einer Bindungsbeziehung weitgehend verhindert hat. Diese Kinder verhalten sich nicht nur dann auffällig, wenn es ihnen in Kummersituationen nicht gelingt, angemessen Trost und Sicherheit bei ihren Hauptbezugspersonen zu suchen, wie es bei unsicher gebundenen Kindern der Fall ist, sondern sie sind insgesamt entweder distanzlos und wahllos in ihrem Bindungsverhalten oder aber extrem misstrauisch, feindselig und furchtsam gegenüber anderen Menschen. Dies tritt nicht nur in Stress- oder Kummersituationen auf, sondern bezieht sich auch übergreifend auf ihr Verhalten in sozialen Situationen.

Fallbeispiel:

Das Kind F. war im Alter von 2 Jahren aus einem Kinderheim adoptiert worden. Auch nach einem halben Jahr sprach es nicht und gab nur Laute von sich. Es nahm mit fremden Personen Kontakt auf, indem es sie umarmte oder sich im Bus bei Fremden auf den Schoss setzte. Es protestierte nie, wenn es ohne die Adoptiveltern mit einer Untersucherin allein bleiben sollte. Jahre später hatte es seinen Entwicklungsrückstand im kognitiven Bereich weitgehend aufgeholt, jedoch keine festen Freundschaften geschlossen. Zunehmend wurde es sich seiner Besonderheiten bewusst und litt darunter, das Verhalten der Gleichaltrigen nicht richtig zu verstehen.

Leider wird in der psychotherapeutischen Fachliteratur Bindungsstörung immer wieder mit Bindungsunsicherheit synonym gebraucht, was zu Begriffsverwirrungen führt. Zudem ergeben sich ganz andere therapeutische Überlegungen im einen und im anderen Falle. Kinder mit Bindungsstörungen, so wie sie z.B. bei den aus rumänischen Waisenhäusern nach England adoptierten Kindern (vgl. O´Connor et al., 2003) in sehr vielen Fällen bestanden, benötigen vor allem ein neues, stabiles Beziehungsangebot in einem familiären Umfeld mit angemessener Betreuung, um über Jahre hinweg ihre Verhaltensprobleme zu überwinden. Bei Kindern mit unsicherer Bindung besteht die Möglichkeit, durch Interventionen auf der Elternebene oder direkt auf der Ebene der Eltern-Kind-Interaktion, die elterliche Wahrnehmung des Kindes und den Umgang mit dem Kind zu beeinflussen.

Auswirkungen auf die soziale Entwicklung und den Erwerb sozialer Kompetenz

Im Alter von etwa vier Jahren verfügt das Kind über eine spezifische mentale Repräsentation seines sozialen Selbst. Diese beinhaltet eine Wahrnehmung des Selbst als mehr oder weniger liebenswert und unterstützenswert einerseits, sowie der sozialen Umwelt als mehr oder weniger unterstützend. Diese innere Haltung beeinflusst die Art und Weise, mit der das Kind in Interaktion mit anderen Kindern tritt, sein Kontaktverhalten, wie es seine Gefühle äußert und wie es sich bei Konflikten verhält. Das Ausbilden von Freundschaften, was eine wesentliche Entwicklungsaufgabe in der mittleren Kindheit darstellt, die Entwicklung von Autonomie und Mit-Zugehörigkeit zur Gleichaltrigengruppe im Jugendalter, und schließlich das Eingehen intimer Beziehungen werden vom Bindungsmodell mitbestimmt.

Solche Prozesse lassen sich am besten durch Längsschnittuntersuchungen verfolgen, d. h. Studien, in denen dieselben Kinder zu verschiedenen Alterszeitpunkten untersucht werden. Herausragende Arbeit in diesem Bereich haben z. B. in Minneapolis (USA) Alan Sroufe und Byron Egeland (1990) mit ihrer Arbeitsgruppe sowie Klaus und Karin Grossmann (2004) in Regensburg mit ihren Mitarbeitern geleistet. Auch in Zürich wird von der Autorin gemeinsam mit Studierenden eine Gruppe von 50 Kindern längsschnittlich in größeren Abständen untersucht.

In Minneapolis nahmen 267 Mütter und Kinder aus einer sozioökonomisch benachteiligten Stichprobe an einer Längsschnittuntersuchung teil. Nachdem die Kinder als Einjährige im Fremde-Situations-Test beobachtet und ihre Bindungsqualität (zur Mutter und separat zum Vater) erhoben wurde, ließ sich belegen, dass die sicher gebundenen Kinder im Kindergartenalter (4 – 5 Jahre) sozial kompetenter waren. Sie wirkten selbstsicherer in neuen Situationen, waren sozial zugewandter und besser gelaunt als die unsicher gebundenen Kinder. Sie waren weniger auf die Unterstützung Erwachsener angewiesen und zeigten anderen Kindern gegenüber mehr Mitgefühl.

Zu ähnlichen Ergebnissen kamen die Regensburger Forscher. Die sicher gebun-denen Kinder der Regensburger Mittelschichtstichprobe hatten im Kindergarten weniger Konflikte mit anderen Kindern als unsicher gebundene Kinder und fanden häufiger autonome Konfliktlösungen, wenn sie Konflikte austragen mussten. Sie zogen sich in Konflikten weniger zurück und es gelang ihnen besser, mit anderen Kindern zu verhandeln, und sie nahmen seltener die Hilfe der Erzieherinnen in Anspruch. Hier zeigte sich auch, dass die Bindung an den Vater einen zusätzlichen Einflussfaktor darstellt. Kindergartenkinder waren in ihren Konfliktlösungen besonders kompetent, wenn sie an beide Elternteile sicher gebunden waren.

Gerhard Suess aus der Regensburger Arbeitsgruppe konnte anhand von Bildergeschichten zu aggressivem Verhalten spezifisch darstellen, dass ein sicheres Arbeitsmodell von Bindung die soziale Informationsverarbeitung positiv beeinflusst: Die mit einem Jahr sicher gebundenen Kinder interpretierten die ihnen vorgelegten Bildergeschichten deutlich realistischer und wohlwollender. Sie unterstellten dem Aggressor-Kind seltener eine böse Absicht, als unsicher gebundene Kinder es taten.

Solche Resultate zeigten sich später auch bei den mit zehn bis elf Jahren erneut untersuchten Kindern in Minneapolis. Im Rahmen eines Sommer-Camps wurden den Kindern Filmaufnahmen mit Interaktionen zwischen den Kindern aus dem Camp gezeigt. Sicher gebundene Kinder konnten kompetenter über die Filme sprechen und ihre Gedanken und Gefühle besser äußern. Es zeigte sich dabei, dass sie weniger negative Urteile abgaben und weniger Vorbehalte gegenüber den Kindern im Film hatten.

Die amerikanische Forschergruppe beobachtete die Kinder im Sommer-Camp besonders auch in Hinblick auf das Entstehen von Freundschaftsbeziehungen (Shulman, Elicker & Sroufe, 1994). Exemplarisch beschrieben sie drei Kinderpaare, die im Alter von einem Jahr die gleiche Bindungsqualität aufwiesen und sich nun angefreundet hatten. Der spezifische Verlauf der Freundschaftsbildung im Sommer-Camp und die Qualität des Kontaktes zueinander geben Hinweise auf den Einfluss des inneren Arbeitsmodells von Bindung auf die soziale Kompetenz im Schulalter. Die Autoren teilen den Verlauf des Befreundens in drei Phasen ein: Die Phase der Orientierung, in der die Beziehung durch Kennenlernen des anderen entsteht, die Phase der Verbundenheit, in der die Freundschaft sich etabliert hat, und die Phase der kreativen Bezogenheit, in der die Beziehung genutzt wird, um gemeinsam etwas zu erleben und Konflikte zu bewältigen.

Folgende drei Fallvignetten dazu sollen hier wiedergegeben werden.

Zwei 10-jährige Mädchen mit einer sicheren Bindung:
Beim Eintritt in das Camp wurde deutlich, dass beide Kinder sich von vornherein sozial aktiv verhielten, mit anderen Kindern Kontakt aufnahmen und sich auch gut selbständig beschäftigen konnten. Als sie sich kennen lernten (Orientierungsphase), hielten sich nahe beieinander auf, sprachen viel miteinander und verbrachten gemeinsame Zeit mit verschiedenen Spielen und Aktivitäten. Sie lachten gemeinsam und waren guter Stimmung, auch Körperkontakt war zu beobachten. Dabei ließen sie es zu, dass andere Kinder sich ihnen anschlossen und

spielten viel draußen (Phase der Verbundenheit). Gegen Ende der ersten Woche gingen sie dazu über, gemeinsame Pläne darüber zu machen, was sie zusammen malen, tanzen oder spielen könnten. Sie eröffneten einen Makramee-Laden und ließen es zu, dass andere Kinder sich daran beteiligten. Als es zu einem Konflikt kam, weil eines der Mädchen auch mit einem dritten Kind viel Zeit verbrachte, sprachen sie das Problem direkt an, stritten sich und zeigten dabei ihre Gefühle offen. Sie fanden eine Lösung, die darin bestand, dass sie sich gegenseitig ihre Freundschaft versicherten, aber auch akzeptierten, dass man weitere Freundinnen haben kann. Auf der emotionalen Ebene erschien ihre Verbundenheit stabil, sodass sie immer wieder gelegentlich auftretende Konflikte bewältigen konnten und ihre Freundschaft erhalten blieb.

Zwei Mädchen mit unsicher-vermeidender Bindungsqualität:
Obwohl sie sich bereits vor dem Camp ein wenig kannten, saßen sie anfangs zwar nebeneinander, sprachen sich aber nicht an. Sie nahmen eine beobachtende Haltung ein und erschienen in gedrückter Stimmung. Später begannen sie ein Kartenspiel, aber auch dabei wechselten sie kaum Worte (Orientierungsphase). In der Folge verbrachten sie die meiste Zeit zusammen, ohne aber Körperkontakt aufzunehmen. Sie wählten abgeschirmte Orte, an denen sie unbeobachtet waren. Sie beteiligten sich nicht an den Spielen der anderen Kinder, sondern beobachteten diese zeitweise beim Spielen (Phase der Verbundenheit). Ihre gemeinsamen Beschäftigungen waren einfach, sie wählten entweder Regelspiele, oder wählten dieselbe Aktivität, z.B., indem sie nebeneinander auf der Schaukel saßen. Erst in der dritten Woche ließen sie es zu, dass andere Kinder ihr Versteck aufsuchten und hatten ein wenig Kontakt zu den anderen. Dabei näherten sie sich der Gruppe immer gemeinsam an, verhielten sich im Gruppengeschehen aber passiv. Es gab wenig affektiven Austausch zwischen ihnen, und sie hatten auch keine Konflikte miteinander (Phase der kreativen Bezogenheit). Gegen Ende des Camps entstand der Eindruck, dass eines der Mädchen auch gern mit einem anderen Kind Kontakt haben wollte, sie kehrte jedoch immer zu ihrer Freundin zurück.

Zwei Jungen mit unsicher-ambivalenter Bindungsgeschichte:

Anfangs verhielt sich der eine Knabe sehr passiv und beobachtend, während der andere sehr aktiv und impulsiv schien. Dabei schien er eher umherzustreifen, als sich gezielt einer Beschäftigung zu widmen. Beide fielen gelegentlich durch aggressives Verhalten anderen gegenüber auf. Schließlich beobachtete man sie häufig in der Nähe des anderen, meist bei den Mahlzeiten am Tisch (Orientierungsphase). Der eine der beiden ergriff schließlich die Initiative zu einem gemeinsamen Spiel, wobei es nur zu flüchtigen Kontakten kam. Oft hielten sie sich zusammen beim Schwimmbecken auf. Einer der beiden war ein guter Schwimmer und half dem anderen. Ihre gemeinsame Aktivität entfaltete sich aber oft in Situationen, in denen sie Regeln nicht einhielten und Störverhalten an den Tag legten (Phase der Verbundenheit). Es gelang ihnen nicht, längere Zeit spielend miteinander zu verbringen. Dennoch war es offensichtlich, dass sie sich gern mochten und gelegentlich sehr nett zueinander sein konnten (Phase der kreativen Bezogenheit).

Diese drei Fallvignetten aus der Untersuchung von Shulman, Sroufe und Elicker (1994) demonstrieren, in welcher Weise sich die mentale Repräsentation von Bindung auf die Gestaltung von Gleichaltrigenbeziehungen auswirken kann. Sicher gebundene Kinder haben eine positive Erwartungshaltung anderen gegenüber und können leichter Kontakt aufnehmen. Sie nutzen die Freundschaftsbeziehung als sichere Basis, die ihnen Unternehmungslust und Kreativität ermöglicht. Der Zusammenhang zwischen Bindungssicherheit und Autonomie zeigt sich im Spiel der Kinder und in ihrer Offenheit anderen gegenüber. Sie können das Ausdrücken von Gefühlen bei der Bewältigung von Konflikten nutzen. Im Gegensatz dazu haben unsicher gebundene Kinder es schwer, sich auf eine Freundschaft einzulassen. Sie wählen eine distanziertere Form der Beziehung, die zwar räumliche Nähe beinhaltet, aber nur wenig affektiven Austausch oder gemeinsames kreatives Spielverhalten. Die Freundschaft kann sich nicht so weit vertiefen, dass eine Kontaktaufnahme auch mit anderen Kindern wirklich möglich würde. Bei den unsicher-ambivalent gebundenen Kindern zeigt sich ein instabiles Beziehungsverhalten, welches durch nur zeitweilige Nähe zueinander und durch eine Neigung zu aggressivem Verhalten gekennzeichnet ist.

In unserer Züricher Untersuchung (Zulauf-Logoz & Buchmann und Frei, 2001, 2003) fragten wir 32 Kinder, deren Bindungsqualität wir im Alter von einem Jahr erhoben hatten, mit zehn Jahren, ob sie einen engen Freund oder eine enge Freundin hatten. Wir stellten fest, dass die sicher gebundenen Kinder im Alter von neun bis zehn Jahren wesentlich häufiger einen besten Freund oder eine beste Freundin nennen konnten als die unsicher gebundenen Kinder. Dabei war nicht die Anzahl der Freundschaften eines Kindes unterschiedlich, sondern die besondere Qualität der Beziehung zu einem(r) besten Freund(in).

Bindungsuntersuchung bei älteren Kindern

Ab dem Alter von etwa acht Jahren sind Kinder in der Lage, auf einer sprachlichen Ebene über ihre Gefühle und Erlebnisse zu berichten und verfügen über ein gewisses Maß an Fähigkeit zur Selbstreflexion. Diesem Umstand wurde bei der Entwicklung des Child Attachment Interviews (Shmueli-Goetz, Target & Fonagy, 2000), Bindungsinterview für Kinder, Rechnung getragen. Es eignet sich für Kinder im Alter von acht bis zwölf bzw. 14 oder maximal 15 Jahren. Im Gegensatz zum Adult Attachment Interview, das sich retrospektiv auf die Erfahrungen bis zum Alter von 14 Jahren und ihren aktuellen Verarbeitungsstatus bezieht, berichten Kinder im Interview über ihre gegenwärtigen Erlebnisse und deren Verarbeitung.

Konzeptuell orientiert sich das Interview am Fremde-Situations-Test, indem durch gezielte Fragen das Bindungssystem aktiviert werden soll, wobei sich die emotionale Belastung allmählich steigert und mit den abschließenden Fragen wieder zurückgenommen wird. Die Fragen beziehen sich zunächst auf das Selbstbild des Kindes, seine Wahrnehmung der Beziehung zu beiden Eltern, Erlebnisse in Zusammenhang mit Krankheit, Trennung und Verlust sowie Streit mit den Eltern und Streit der Eltern miteinander. Am Ende des Interviews wird eine „Wunderfrage" gestellt, d. h. das Kind darf drei Wünsche äußern, die eine Zauberfee ihm erfüllen könnte.

Die Grundlage für die Auswertung bilden konkrete Beispiele, zu denen das Kind aufgefordert wird. Die darin enthaltenen Schilderungen von Interaktionen mit den Eltern und die dadurch verdeutlichte Qualität der Erfahrungen mit den Hauptbezugspersonen des Kindes werden seinen allgemeinen Beurteilungen gegenübergestellt. Indikatoren einer sicheren Bindung sind eine imponierende emotionale Offenheit, also die Fähigkeit, Gefühlsempfindungen bei der Darstellung einzubeziehen. Diese Gefühlsqualitäten sind bei sicher gebundenen Kindern ausbalanciert. Negative und positive Aspekte von nahestehenden Personen können vom Kind so integriert werden, dass eine realistische Sicht der sozialen Umwelt spürbar wird. Der freie Umgang mit Gefühlen zeigt sich bei diesen Kindern auch darin, dass sie spontan Erlebnisse berichten können, welche ihre Bewertungen stimmig erscheinen lassen. Sie erinnern sich leicht an Erlebnisse, die Bindungserfahrungen beinhalten. Im Laufe ihrer Erzählungen wird spürbar, dass sie die Fragen auch als Anregung zu neuen Einsichten nutzen können.

Idealisierung der Eltern ist hingegen ein Kennzeichen unsicher-vermeidend gebundener Kinder, die zwar sehr positiv von ihrer Beziehung zu den Eltern oder den Eltern als Person berichten, aber nicht in der Lage sind, über entsprechende gemeinsame Erlebnisse zu erzählen, oder sogar offensichtlich häufiger Zurückweisung erlebt haben und mit Kummer allein gelassen wurden. Bei einigen Kindern tritt während des Interviews heftiger Ärger auf, wenn negative Erlebnisse geschildert werden. Dabei versuchen sie, die interviewende Person für ihre Sicht zu gewinnen und Bestätigung in ihrer Wut auf die Eltern zu finden. Während dies für eine unsicher-ambivalente Bindungsstrategie typisch sein kann, neigen Vermeiderkinder eher dazu, die Bedeutung von Bindungserfahrungen insgesamt herunterzuspielen. Sie betonen ihre Autonomie und bewerten den Einfluss von Verletzung und Zurückweisung auf ihre Person als gering. Besondere Beachtung findet bei der Schilderung konflikthafter Episoden der von den Kindern berichtete Ausgang schwieriger Situationen. Dabei geht es nicht um ein konkretes „Happy End", sondern darum, ob das Kind einen Konflikt für sich verarbeiten und das Geschehen innerlich akzeptieren konnte. Das Fehlen solcher Konfliktlösungen zeichnet traumatisierte Kinder oder Kinder mit einer desorganisierten Bindung aus. Wenn sie auf sehr unangenehme Ereignisse zu sprechen kommen, verlieren sie im Gespräch die Kontrolle, was sich in Blockaden, Widersprüchlichkeiten und Verwirrung zeigen kann. Auch intensive Idealisierung der

Eltern, Katastrophenphantasien, Rollenumkehr und ein Auseinander-
klaffen zwischen den Gefühlen, die das Kind zeigt, und dem Inhalt, über
den es spricht, zeigen eine Bindungsdesorganisation an.

Ausblick: Förderung von Bindungssicherheit

Welche psychotherapeutischen Ansätze zur Förderung von Bindungssicherheit von Kindern und Förderung sicherheitsspendenden
und damit autonomieförderlichen Elternverhaltens lassen sich nun formulieren? Wir können für die konkrete Umsetzung bindungsgeleiteter
Interventionen vier Ebenen unterscheiden:
- Arbeit an der Veränderung elterlicher Beziehungsmodelle bei nicht-
  optimaler Bindungsentwicklung
- Arbeit an den aufrechterhaltenden Mechanismen unsicherer Bindungsqualität in der Eltern-Kind-Interaktion
- Arbeit auf der Ebene der psychosozialen Belastungsfaktoren
- Prävention von Bindungsstörung, wenn ein Kind von den Eltern
  getrennt werden muss

Veränderung des elterlichen Bindungsmodells
Ein wesentliches Ergebnis der Bindungsforschung ist die transgene-
rationale Weitergabe von Bindungsmustern. Die Bindungsrepräsentation von Eltern kann im Rahmen einer Einzelpsychotherapie allmählich
verändert werden, wenn Klienten neuartige, korrigierende Erfahrungen
machen können, die im Erleben von Feinfühligkeit gegenüber ihren
Gefühlen und Einstellungen, Akzeptanz, Verfügbarkeit und Zuverlässigkeit im Rahmen einer Therapie bestehen können. Im Idealfall verändert
sich längerfristig das Arbeitsmodell von Bindung der Eltern, was auf
ihre Gefühle und ihr Verhalten dem Kind gegenüber einwirkt.
Dabei erscheint es von großer Bedeutung, das therapeutische Vorgehen an das Bindungsmodell der Klienten anzupassen. Besteht ein
unsicher-vermeidendes Bindungsmodell, sollten die Wahrnehmung,
das Benennen und angemessene Äußern von Gefühlen im Vordergrund
stehen. Auch bei negativen Gefühlszuständen sollte der Therapeut/die
Therapeutin als verfügbar und unterstützend erlebt werden, sodass die

vermeidende Strategie der Klienten überarbeitet werden kann, weil sie auf neuartige Reaktionen stößt.

Personen mit einer unsicher-ambivalenten Bindungsrepräsentation gehen intuitiv davon aus, dass sie nur durch übertriebenen Gefühlsausdruck und Hilfe heischendes Verhalten Unterstützung finden. Bei solchen Klienten nimmt die Vermittlung von Bewältigungsstrategien und Problemlösestrategien, statt Gefühlsausbrüchen, einen zentralen Stellenwert ein. Traumatisierte Personen können in der Behandlung Selbstregulationsfertigkeiten erwerben, welche ihnen in Belastungssituationen das Gefühl vermitteln, nicht hilflos ausgeliefert zu sein, sondern Stress bewältigen zu können, handlungsfähig zu bleiben und ihre negativen Gefühle so regulieren zu können.

Im Sinne des geleiteten Entdeckens können dysfunktionale kognitive Schemata identifiziert und durch Verbalisierung einer Veränderung zugeführt werden, z. B. „Mit Problemen muss ich allein fertig werden" (A-Vermeider), oder „Ohne starke Helfer bin ich verloren" (C-Ambivalente) oder „Ich werde von meinen Gefühlen überwältigt" (D-Desorganisierte). Derartige Interventionen können im Kontext unterschiedlicher therapeutischer Ansätze stattfinden.

Veränderung der Eltern-Kind-Interaktion

Ein sehr direkter Zugang ist die videogestützte Arbeit an der Eltern-Kind-Interaktion. Meist beginnen solche Interventionen mit der Videoaufzeichnung einer strukturierten Beobachtungssituation, bei der Eltern und Kind ein gemeinsames Spiel beschäftigt oder sie ein Gespräch über ein gemeinsames Anliegen führen. Dabei können freie und von den Eltern geführte Sequenzen miteinander kontrastiert werden. Nach Sichtung der Filmaufnahme durch die Therapeuten können ausgewählte Sequenzen dazu dienen, gemeinsam mit den Eltern ihre Wahrnehmung der Gefühle und Absichten des Kindes zu explorieren. Vorsichtiges Hinterfragen und gemeinsames Korrigieren dysfunktionaler Interpretationen der Eltern können ihre Sensibilität für das Kind erhöhen. Abschnitte, die eine gelungene Interaktion beinhalten, sollten besonders hervorgehoben werden, weil sie das Selbstvertrauen der Eltern erhöhen und die Motivation schaffen können, ihr Verhalten besser auf das Kind abzustimmen. Schließlich können Eltern direkt gecoacht werden, wenn

Interaktionssituationen im Rollenspiel mit Therapeuten ausprobiert und schließlich mit dem Kind wiederholt werden.

Psychosoziale Interventionen

Sozioökonomisch benachteiligte Eltern sind häufig in ihrer Elternfunktion beeinträchtigt. Hier können Hausbesuche bereits vor der Geburt eines Kindes die Eltern „dort abholen, wo sie stehen", indem ihnen konkrete und praktische Informationen über die Kindesentwicklung und Bedürfnisse von Kindern in den verschiedenen Entwicklungsstadien vermittelt werden. Solche Besuche durch geschulte Hebammen, Kinderkrankenschwestern oder Familienhelferinnen können nach der Geburt Beobachtungen und Beratungen in Fütter- und Wickelsituationen beinhalten, sowie Hilfe zur Selbsthilfe leisten, indem Unterstützung darin gegeben wird, wie Eltern sich nötige Informationen und Hilfen in schwierigen Situationen beschaffen können. Ein in diesem Zusammenhang entwickeltes Vorgehen ist das STEEP-Modell (Steps toward effective and enjoyable parenting) von Egeland & Erickson (1986).

Prävention von Bindungsstörungen

Fremdplatzierungen von Kindern, deren Kindeswohl gefährdet ist, erfolgen oft im Rahmen von Kriseninterventionen, die eine zunächst vorläufige und danach endgültige Weiterplatzierung vorsehen. Nicht selten sind betroffene Kinder so stark verhaltensauffällig, dass noch eine oder mehrere weitere Platzierungen folgen. Zu den hoch belastenden Umständen, denen solche Kinder in ihren Herkunftsfamilien ausgesetzt waren, kommen dann multiple Beziehungsabbrüche hinzu. Solche Interventionen, die aus dem Gedanken des Kindeswohls heraus erfolgen, müssen bindungsgeleitet ausgerichtet sein. Dies würde bedeuten, dass mehrfache Umplatzierungen möglichst vermieden werden sollten und eine Eingewöhnungszeit eingeplant werden muss, welche dem Kind den Aufbau neuer Bindungen ermöglicht. In dieser Phase auftretende Verhaltensauffälligkeiten sollten auf dem Hintergrund des in hohem Maße aktivierten kindlichen Bindungssystems gesehen werden, wobei zwangsläufig dysfunktionale Bindungsstrategien des Kindes zum Ausdruck kommen, was wiederum Verhaltensauffälligkeit wahrscheinlich macht. Zumindest sollte genügend Zeit (mindestens 6 Monate) gewährt

werden, um zu prüfen, ob im Rahmen eines stabilen Bezugspersonen-
angebotes eine Verhaltensberuhigung eintritt, bevor eine Weiterplatzierung des untragbar erscheinenden Kindes veranlasst wird. Ein weiterer
wichtiger Aspekt ist die Gestaltung des Kontaktes zur Herkunftsfamilie.
Unter dem Gesichtspunkt, dass auch misshandelte Kinder an ihre Eltern
gebunden sind, sollte ein Kontaktabbruch, wenn immer möglich, vermieden werden und eine dosierte und begleitete Aufrechterhaltung der
Beziehung zu den leiblichen Eltern berücksichtigt werden, auch wenn
dies strukturell und organisatorisch einen hohen Aufwand erfordert.

Literatur

Ainsworth, M. D. S. & Eichberg, C. (1991). Effects on infant-mother-attachment of mother's unresolved loss of an attachment figure, or other traumatic experience. In C. M. Parkes, J. Stevenson-Hinde & P. Marris (Eds.), Attachment across the life cycle (S. 160–183). London: Routledge.

Ainsworth,M. D. S., Blehar, M., Waters, E. & Wall, S. (1978). Patterns of Attachment. Hillsdale N.J.: LEA.

Bowlby, J. (1961). Die Trennungsangst. Psyche, 15, 411–464. (Original erschienen 1960: Grief and mourning in infancy and early childhood)

Bowlby, J. (1984). Bindung. Frankfurt/M.: Fischer. (Original erschienen 1969: Attachment)

Bretherton, I. (1988). Pouring new wine into old bottles: The social self as internal working model. In M. Gunnar & A. Sroufe: Self processes and development. The Minnesota Symposia on child development, Vol. 23, 1–41. Hillsdale, New Jersey.

Cassidy, J. (1994). Emotional regulation: Influences of attachment relationships. In N. Fox (Ed.), The development of emotion regulation: Biological and behavioral considerations. Monographs of the society for research in child development, No.2, 228–249.

Erikson, E. H. (1957). Kindheit und Gesellschaft. Stuttgart: Klett. (Original erschienen 1950: Childhood and Society)

Farell Erickson, M. (2000). Bindungstheorie bei präventiven Interventionen. In K.-H. Brisch, K.E. Grossmann, K. Grossmann & L. Köhler (Hrsg.), Bindung und seelische Entwicklungswege. Stuttgart: Klett Cotta.

Grossmann, K. & Grossmann, K.-E. (2004). Bindung–das Gefüge psychischer Sicherheit. Stuttgart: Klett-Cotta.

Hazan, C. & Shaver, P. (1994). Attachment as an organizational framework for Research on close Relationships. Psychological Inquiry, 5, 1–22.

Lyons-Ruth, K., Melnick, S. u. Bronfman, E. (2002). Desorganisierte Kinder und ihre Mütter. In K.-H. Brisch, K. E. Grossmann, K. Grossmann & L. Köhler (Hrsg.), Bindung und seelische Entwicklungswege. Stuttgart: Klett Cotta.

Main, M. & Hesse, E. (1990). Parents unresolved traumatic experiences are related to infant disorganized attachment status. In M. T. Greenberg, D. Cichetti & E. M. Cummings (Eds.), Attachment in the preschool years. The University of chicago press: London and Chicago.

Main, M. & Hesse, E. (1990). Procedures for identifying infants as disorganized/disoriented during the Ainsworth Strange Situation. In M. T. Greenberg, D. Cichetti & E. M. Cummings (Eds.), Attachment in the preschool years. The University of chicago press: London and Chicago.

Main, M. & Solomon, J. (1986). Discovery of an insecure-disorganized/disoriented attachment pattern. In T. B. Brazelton & M. Yogman (Eds.), Affective development in infancy. Norwood, N.J.: Ablex.

O´Conner, T., Marvin, R., Rutter, M., Olrick, J., Britner, P., and the English and Romanian Adoptees Study Team (2003). Child-parent attachment following early institutional deprivation. Development and Psychopathologoy, 15, 19–38.

Schuengel, C., Bakermanns-Kranenburg, M. & Van Ijzendoorn, M.H. (1999). Frightening maternal behavior linking unresolved loss and disorganized infant attachment. Journal of consulting and clinical psychology, 67, 54–63.

Shulman, S., Elicker, J. & Sroufe, A. (1994). Stages of friendship growth in preado-lescence as related to attachment history. Special issue:

Children's friendships. Journal of social and personal relationships, Vol 11 (3), 341–361.

Sroufe, A., Egeland, B. & Kreutzer, T. (1990). The fate of early experience following developmental change: Longitudinal approaches to individual adaptation in child-hood. Child Development, 61, 1363–1373.

Suess, G. J., Grossmann, K. E. & Sroufe, L. A. (1992). Effects of infant attachment to mother and father on quality of adaptation: From Dyadic to individual organization of self. International Journal of Behavioral Development, 15 (1), 43–64.

Van Ijzendoorn, M., Goldberg, S. Kroonenberg, P. & Frenkel, O. (1992). The relative effect of maternal and child problems on the quality of attachment: A meta-analysis of attachment in clinical samples. Child Development, 63, 840–858.

Vondra, I., Dowdell Hammerding, K. & Shaw, D. S. (1999). Stability and change of infant attachment in a low income sample. In J. Vondra & D. Barnett (Eds.), Monographs of the Society for Research in Child Development, Vol. 64, No.3, 119–144.

Zimmermann, P., Gliwitzky, J. & Becker-Stoll, F.(1996). Bindung und Freundschaftsbeziehungen im Jugendalter. Psychologie in Erziehung und Unterricht, 43, 141–154.

Zulauf-Logoz, M. (2004). Die Desorganisation der frühen Bindung. In L. Ahnert (Hrsg.), Frühe Bindung. Entstehung und Entwicklung. München: Reinhardt.

Zulauf-Logoz, M., Buchmann, R. & Frei, H. (2001). Geht es desorganisiert gebundenen Kindern mit 9 Jahren schlechter als sicher gebundenen Kindern? Ergebnisse einer Züricher Längsschnittuntersuchung. Poster, 15. Tagung der Fachgruppe Entwicklungspsychologie in Potsdam, 2.–5.9. 2001

Zulauf-Logoz, M., Buchmann, R. & Frei, H. (2003). Entwicklung von Kindern mit desorganisiertem Bindungsverhalten. Posterworkshop an der 16. Tagung der Fachgruppe Entwicklungspsychologie in der DGfP, Universität Mainz, 9.9.2003

Albert Pesso

Pesso Boyden System Psychomotor

A powerful mind-body approach to emotional growth and well-being

Albert Pesso aus New Hampshire, USA, hat gemeinsam mit seiner Frau Diana Pesso-Boyden das Konzept Pesso Boyden System Psychomotor entwickelt. Er arbeitet als international anerkannter Mastertherapeut auch in vielen Ländern Europas und ist Ausbilder für diese Therapieform.

Dieser Vortrag wurde anlässlich des ptzSymposiums „Menschwerdung - Psychotherapie des Ankommens" 2005 in Lindau gehalten.

Introduction and Basic Movement Concepts

It`s so heart warming to hear your response. Thank you so much. My wife and I started professional life as dancers and teachers of dance, and we wanted to help our dancers to become the best possible artists and choreographers. I was then an Associate Professor and Director of the Dance Department at Emerson College in Boston, Massachusetts. One of my wife's and my goals was to help our dancers to get to know their instrument, their body. In that endeavour we asked ourselves these questions: "How does the body move? Is all movement the same? Does human movement have different origins?" We then determined that there were three different motor systems that initiated action. We began to teach our students those concepts and then helped them to learn how to move in each one of the three motor systems, separate from the others.

The first motor system was based on body-righting reflexes. Those are the reflexes that keep us upright in a gravity field. We taught them to move just as if they had nothing to base movement on other than the information coming from their spinal column and the vestibular system in the inner ear. Thus, when we asked them to move that way it was as if we asked them to be de-corticated so to speak. In that exercise they could see that their body can keep its own balance without using information coming from the motor system based on volition, and the motor system based on emotions. They could then see that there was a natural "dance" between gravity, the ground and the reflexes.

That was one way that movement could happen – based on gravity and the reflexes we depend on to catch our balance.

But then, your body also moves because you can control it. That was voluntary movement. In a way we were discovering the brain for ourselves, the parts of the brain that initiated different kinds of motor behaviour.

In this exercise we taught our students to move in a totally voluntary way, absolutely without emotion.

So, once again, they were using only one motor system at a time: first reflexes, then voluntary movement. And, to repeat, voluntary movement was separate from emotions. In this exercise using the voluntary motor system, they would decide where they would place a part of their body, without any emotion or affect, and simply place that part of their body wherever they wanted to place it.

Then next, we would teach them to move spontaneously, in immediate and uninhibited body response, to whatever emotion they felt or decided to recall at that moment.

In this movement modality, we asked them to respond to the impulses arising from their limbic system without exercising cortical and voluntary controls. In other words, they could feel an emotion and in this exercise we gave them the freedom to move directly to express that emotion, directly and bodily.

So if they felt fear, they would freely exhibit the movements impelled by the feeling of fear. If they felt fury, they would carry out the movements that came directly from the feeling of fury. If they felt love, they would move with the qualities and actions that came directly from their heartfelt emotion of love.

In this way, they learned to be directly and immediately in touch with the center of their feelings and with the motor behaviour that came out of that center. As a result of teaching these concepts and exercises we realized a very interesting thing. We were now, unexpectedly and unintentionally, getting to the very core of our dance students personality and not simply developing their artistic sensibilities – which was our original intention. And what interesting things were coming out of their core!!

But before I tell you how the next step occurred that led to our developing a new form of therapy, I want to talk about the other side of the coin of nonverbal communication we looked at.

This first part of nonverbal communication dealt with the question: "How do our inner states make or produce outer actions?" In other words, "How does what is going on inside ourselves, affect the outside shape and action of our body?'

Now we were looking at the other side of the coin of nonverbal communication. Which can be characterized by the question, "How does the outer shape and movement of *others* affect *my own* inner state?" To summarize, we have looked at how inner affects outer behavior and now we will look at how does outer activity of others affect my inner state? That´s going to get very interesting.

Sabine spoke in her introduction about how specific we like to be in Pesso Boyden System Psychomotor. And here is the beginning of specificity. I'll get to what I mean in a moment. When they touched their emotional feelings, we said, "Move directly in response to them." Okay. To review, we've established that there are three motor systems and the third one is the emotional motor system where you *feel* the emotion, then you *do* it. Clearly, at this juncture, we were beginning to come across the psychological process of catharsis. And catharsis is simply another way of saying letting out what is inside.

Now here's the important point of specificity. We learned from observing those emotional expressions and from the feedback from our students, that the expression in a vacuum, i.e. without interaction with some outside figure or system, wasn´t entirely satisfying. They found that when they felt their emotion and then let it out directly, there was a momentary release, but they didn´t get any response from the outside world that validated what came out and answered it.

Shape Countershape and Accommodation

We began to understand then, that complete emotional expression was an interactive process and not something done in isolation. In this exercise, people let their feelings go out but nothing came back. So we did a very interesting step: We began to invent what they would like to come back to validate what came out. Later on we began to know and call that process "shape/countershape".

It became clear that an emotion had a shape and that emotional expression didn´t get resolved or fully satisfied until someone else responded to it – countershape. So it began to look like this: shape/countershape = question/answer and then things felt complete.

So, on that basis, we began to regularly invent the satisfying, answering, countershape. So that at that moment, we didn´t know that we were moving away from dance and into psychotherapy. We didn´t make a conscious decision. We had no idea we were going to do that. We just wanted to get good dancers and let their feelings out and express and to be elegant or whatever. But then, when the moment came that they were full of emotional energy and its bodily action, and there was no response, something had to be done.

So we invented what we called accommodation. When they would bodily express fury, we assigned/gave them someone else in the group to present them with the appropriate response. So, like children playing cops and robbers, you know. "Bang, bang you're dead" and the other says, "You missed, it went under my arm." That would make them furious. They wanted to have someone hurt or dead when they went bang, bang. So we then gave people the *appearance* of wounded and dead bodies that they emotionally wanted. Wonderful! The emotion is relieved.

But even after that, they began to feel dissatisfied. Because they came to realise that they were angry because of some frustration that they didn´t get satisfied even after their anger was satisfied. And that is when we began to get into their personal history. What were they dissatisfied about? Why were they so bloody angry? Than they said, "When I was little my mother never took care of me I could kill her for that." So we let them "symbolically kill" the mother. But then they said "but then I have no mother."

Invention of Ideal Figures and Transition to Psychotherapy

So we invented an ideal mother. We said, this would be as if you were born again and *this* mother would know *how* to be a mother. So, with that addition and change of history they began to get the satisfaction of mothering that they had been apparently waiting all their life to get. So you can imagine what happened.

The road we had been on until then went to creating good dancers and choreographers. This new road went to psychotherapy. And these are the cross roads where we arrived, after years and years of exploration. So, in 1961 we said, "We go down this road." And we started to think directly about changing people's history and lives, i.e. doing psychotherapy. From nowhere, except we knew how people felt like, how do they move and what they wanted. Fortunately, and early-on, the psychiatric community in Boston got very interested in what we were doing. And than, very early, the chief of psychiatric research at the Boston Veterans Administration Hospital got very interested in what we were doing. He first heard of it in a rather indirect way, (his children were participants in a dance class that Diane was teaching for the Arlington Street Church where she taught those new dance concepts). He made personal contact with us and after experiencing the work directly in several of my sessions, he arranged a grant for me and I became, suddenly, a Consultant in Psychiatric Research at that hospital. And for five years I worked with him as team leader. He was a psychoanalyst. And also in the research team was a behaviour therapist, Leo Reyna, who was the professor of Volpe in South Africa. So, in that team I began to learn about psychoanalysis and behaviour therapy. It was wonderful. And then further on, a psychiatric hospital, called McLean Hospital – it is a Harvard teaching hospital, psychoanalytically based – they made a new department and they made it for me and Diane. I remained on the staff there as a Psychomotor Therapist for eight years working with a wide range of psychiatric patients. That was in the sixties and seventies. Then we decided to develop training programs and then our lives changed. And we spent the last thirty years organizing training programs for psychotherapists in other parts of the world. We now have training programs in ten countries. So I am very busy with all this. But, what I want to tell you all about today, I hope, is how the work evolved from that beginning. You're gonna get a very interesting picture now, how over the years as we developed – now this is fourty-five years later – looking at the human condition. Looking at it from a feeling state, from a movement state. And this is what I want to share with you today what I now know about the human condition.

So I will start now. And now at this point the kind of thing I want to share with you – maybe because I´m seventy-six years old and know a little bit about living, I hope – is the question "What the heck is this all about, this living business?" And I came to a few conclusions and I would like to share those with you. First, that life is possible. And that we were made to be able not only to live, but to be happy. So that's right in the very core of our DNA – or whatever we inherited from the beginning of time – the flavour and the passion for living. The ability to live and the expectation that living will produce happiness. Because we have the endorphins and other pleasure producing substances in our systems, we must be created to expect some kind of happiness or why do we get born with these damned receptor cites for pleasure? Just to get frustrated?

So we have, right from the start, an anticipation of pleasure. And when you don´t get pleasure you might think, "Something must be wrong with life, or with me." But we are made to anticipate that life should provide satisfaction. So, it is clear, we are made ready to live.

Basic Impulses for Life

We are made out of a sperm and an egg. And that stuff is – I was going to say – just dying to live, but it´s not dying, it´s just coming alive and it wants passionately to live.

And then we're gonna slowly – inside our dear mother's uterus – become a self. And what is one of the first drives of living? Survival of the self!. And all the information about how to survive is in that stuff we were born with. Survival of the self!!

And I go back to what I said before. It is our feelings that want to come out, but it´s also the world out there which we perceive with our senses that is gonna influence the state of our lives and how and what we feel safe to let out. For we were made to be able to perceive, we are made with senses. To hear, to see, to smell, to taste, to touch, because we are put in a world that we can be happy in and find pleasure in. So therefore we have selective attention to see what is out there that is good for me or bad for me. Right from the beginning.

But, we are not simply perceiving creatures, we are also acting/moving creatures. So the moment we see, we than get – instantaneously – motor responses to do something effective with whatever we are seeing that appears to either improve our lives or endanger our lives. And that happens automatically. The moment we see we get a motor response. We are, as all living creatures are, sensori-motor organisms. If you study the brain, you will see that sensory input goes directly to motor systems. So as soon as we see, we are automatically enabled to do something effective about what we see. I call that process "see-do". Without even consciously knowing what we are seeing, but automatic processes in our brains make an instantaneous evaluation and automatically prepare us to *do* the thing necessary to match what we see with movement that will be helpful. Or not *do* what will not be helpful. Shape/counter-shape appears once again. The moment we see – shape – we get an impulse to do something effective about it – countershape. And the do has the same selective attention that will allow us to be able to do those things that will make life possible and satisfying. It´s not a random process, it´s engineered (by evolution) for survival.

When you show a child something it likes, it sees it and it reaches for it. It doesn´t consciously think about it. And if it´s shown something scary it runs away. There it is – see-do. But the moment it sees something it likes and it does something with it that is pleasurable, it is happy and laughs. I call that "the click of closure". It completed something and pleasure is a result. So whenever we see something and complete the action of doing what is satisfying, there is a relief and a feeling of satisfaction and pleasure. So right from the very beginning there is seeing, doing and completing something. And that automatically results in pleasure. And that is a fundamental gestalt notion: we are made, – and I believe, engineered genetically – to make things whole, to make things complete. And when we make it whole and complete we are rewarded with pleasure and satisfaction.

Thus, we are driven – not only to survive but to make things whole and complete and that's what makes life more pleasurable. So that's now clear, there is a fundamental push to make things complete, to make them whole. Now, I'll give you a little example of that. I will *do* something I want you to see and watch what happens to your body. (Al with his fingers draws a circle in the air and stops before the circle is completed) Frustration? Motor impulse in your arms? (Then he finally closes the circle by moving both fingers together) And when it´s completed it´s satisfaction. And I have only made a circle and yet you reacted strongly to that. That shows how fundamental it is. We simply and inevitably need to make things round, we need to make things complete. And when they are not round and not complete there is frustration and we get a motor wish (which you could say show's up in your mind's body) – you almost could jump on the stage and push my arms together, right? And when it is complete there is relief. That is a fundament rule of existence. Because only when it is complete it is over and you could go on to the next thing. Otherwise it waits and it waits and we do not get the click of closure. Now, where I have just brought you to, is the relationship between memory and present consciousness and present behaviour. Because when there have been no completions of things that needed to be done to complete and fulfil our lives, we remember/record those deficit-ridden events. And we see the world in terms of the memory of those unfulfilled developmental needs.

Relationship of Past and Present

Let us talk further about memory and consciousness for a moment. Let's examine the very act of seeing. Most everybody says: "I am seeing the reality now." But that is absolute nonsense because the instant you see, you awaken in your visual cortices what you have seen like that before. You couldn´t possibly make any sense out of what you see now, in the present, unless you remembered seeing something like that before. It needs *memory of then* to know and experience *now*. So this is not a psychoanalytic notion, this is a neurological fact. What we see now, is driven by memory. And therefore, present consciousness can be seen as a tapestry woven with threads of memory.

So the result is that everybody is seeing their history in every single moment. And they have rememberances in their mind's body on how to react to what they see. So every movement of the body is based on remembered movement. Otherwise there would be no ability, no learning and no facility.

But some people say: "I want to live in the here and now. There is no history there is just now." "Good," I say sarcastically, "become an Alzheimer patient and you won´t have any history at all." And if they were able to remove their history then they would wonder, as Alzheimer patients do, "Who are you, who am I, where am I? They wouldn't know a thing about those questions. Because we only know who we are by the assistance of our memory. And we only see by our memory. So the act of seeing and the act of doing is always an act of remembering.

And Gerald Edelman – a Nobel prize winning scientist, wrote a book describing what he calls, "the remembered present". He scientifically confirms that what we call the present is full of memories and is not a simple fact of nowness!

Okay. That's in place. And we have seen that the act of closing finishes something off and that things that are not closed or completed results in frustration. We now can understand that the memory of unfulfillment keeps part of ourselves from going forward and maturing properly. Now that brings us to the question: "What are the basic forces of life?" And that brings us right back to the beginning.

The primary goal of life is survival of the self. We talked about an egg and a sperm. That is just the beginning. My God! Those two little cells are now joined and it´s going to become a viable human being! What a journey! If we look up to the arc of where it has to go, it´s way up there! But it *has* to get there. And there are certain things that *have* to happen to it in order to get it up there in good shape.

What does it mean to get up there? Once we get up there we are mature adults. And when we are mature adults It brings us to the next basic push of life. Remember, the first push of life is survival of the self. But we don´t live forever. We grow old and die. And knowledge of dying and the fact of ending of life is built into our genes. Our genes certainly know that there such a thing as death. Genetic and evolutionary processes already figured that out. So the reason why we are getting up to here (mature adults) with pleasure is so that we can then be able to make more life. And that results in the survival of the species and (hopefully) the survival of the planet.

So, in all of us are those two basic drives: survival of the self and survival of the species. The survival of the self process has to take place and a lot of things have got to happen in the past in order to be able to live in the present – with a sense of pleasure in the world. That possibility should be the norm. But how many of you have patients who say "I have pleasure in the world"? They are coming to psychotherapy because they are not having pleasure and they are unhappy with what they see and what they do and are unhappy with what they feel and what they think.

That tells me that they had a history of incompletions of those necessary interactions that would help them to become a happy human being. And those incompletions are still waiting to be done.

Basic Developmental Needs and Processes of Maturation

And I examined over the years – what are the basic tasks that we need to complete appropriately in order to go from two cells to a generative adult who is happy? There are five basic tasks: 1)We need our basic developmental needs met at the right age and with the right kinship relationship. That means we have an innate timeline of some kind. And we have an innate sense about what a complete family network should be and who should do what job at what age. So when we are older – and those tasks hadn't been accomplished when we were young – it´s already too late and we don´t have a mother and a father anymore. It´s a real problem. Because it has to be done at the right age and with the right kinship relationship.

Let me list what these basic developmental needs are: The first one is to have a place in the world. And I think that was really talked about in the earlier discussion today when we saw the therapeutic work with the client in the foetus state. The child has to have a sense of "I fit in here, I belong in here, I am wanted in here". And then it has to be nurtured, it has to be fed. And then it has to be supported because children when they come out (of the womb), they are helpless. They have to be carried around. They are fragile, they have to be protected. And listen to the last one: they need limits. They need limits. That´s a need!? Limits means they know their own boundaries (are not infinite) and they can handle the fundamental power and forces in their life – which are enormous. They need to have limits. But that is only the first task in order to grow up: basic developmental needs like place, nurture, support, protection and limits.

The next basic task I call the integration and unification of polarities. So the person learns to own all aspects of himself. As if he was a planet and has to be an explorer who discovers every continent and every ocean and all that is in the atmosphere. And then be able to say, "All this

I have discovered is me." Because if we don´t take the ownership of all our polarities we will project those unownable parts out. And if it is our fineness we have not integrated we gonna love it *out there* and if it is the not so fine parts we have not integrated, we gonna hate it *out there*. So we need to own all of it. Among the polarities are the left hemisphere and the right hemisphere, output and intake, also animus and anima, i.e. maleness and femaleness. So that task is: How to find and integrate all sides of our personality and make a singularity, a unity of it.

Now the next task is the development of consciousness. And consciousness means we are not just *subjective* but also *objective*. And along with that, to develop a sense of meaning. So we are not only alive but we know we are alive and we have a sense of the meaning of life. And in humans that is enhanced by one of the things that happen in the development of consciousness – that meaning gets increased by the development of language. Let´s look at what the development of language is all about. Because before there is the development of language we have constructed a representation of outer reality inside (our minds). So, in that way, we have an internal visual representation of the world. We can manoeuvre in the world because we have those stored, *visual* representations. But when we have language we are gonna make a verbal representation of the world. That is a very interesting shift. Look at what a verbal representation of the world is. The little baby now here in the womb – in a few months will be born and then soon start to talk. And then it will drive the parents nuts: "What´s that, what´s that, what´s that …". But then everything that they see gets a name. "That´s a doggy," the mommy says" "Doggy," the child repeats.

Then you get a visual representation linked with an auditory representation. Look what that does. That tells us that there is a whole new aspect regarding the process of seeing and doing. Because when I spoke about seeing before, I´m seeing with my real eye. But somewhere in my brain I have what is called a minds-eye. That is, that when I´m looking with my real eye I´m also seeing with my minds-eye – my memories of what I have seen before like that. So when the next day the mother says "Where is the doggy?" the child sees her dog in her mind´s-eye. The *word* "doggy" evokes a visual representation in her brain of the doggy she had seen before. And then remember, every time we *see* we *do* something. We not only have a real body we also have a mind's body just as we have a mind´s eye. The development of language results in a new neurological organisation that includes mind's body responses to what we have seen in our mind's eye.

It is not just a fantasy that we have a mind's body. Let me show you how the minds-eye works. Think of your mother or your father. You see them, right? As soon as you see them you get a feeling in your body. If you love them you want to hug them, if not, you try to avoid meeting them. What you see in your mind´s eye evokes a motor response that´s what I want you to know. So every time that child hears "doggy" she is going to see the doggy and in her body awakens the wish to *do* something with the dog. So that she then gets the click of closure and gets satisfaction when she does what she felt she wanted to do with the dog: pat it, kiss it, hug, etc.

What I´m really beginning to open the door for here is the tremendous power of stories and myths to awaken action. And I am referring to action in our mind's body that we don´t even know we are doing. As soon as we hear a story we are compelled to do something about it even if only in our mind's body, because we have seen it in our mind's eye. But what we have "done" in our mind's body, has powerful effect on our viscera and the disposition of energy in our entire system. So we have gotten past that one. That is a big load: the development of consciousness and language and the power of language to affect our internal vision in our mind's eye that affects our motor responses in our mind's body.

To review, when we are talking about the basic life tasks. First we have to satisfy our basic developmental needs, second is the integration and unification of polarities, third is the development of consciousness, than we have fourth the development of what I call the pilot. The pilot is the highest order of consciousness. It is the part of the self that makes decisions, makes plans, implements the plans and is accountable for what it does. It is like the president of the united states of consciousness. So we are *not* multiples. We own the whole system. This is me! I´m running the system. For me it seems so obvious that everybody should have that self ownership, i.e. the pilot. But in some cultures it´s denied to children and also it´s denied to women to take ownership of themselves. Even today, in many parts of the world, it is still a struggle. And everybody has got to have something done as they grow up that allows them to develop their pilot and take full ownership of themselves.

And the last task is to bear fruit. To bear fruit. That is in answer to the question: "What I am here for, what is my calling?" That is just the wish to make some contribution beyond the self. That is a spiritual notion and it's also a biological notion. Trees do it all the time. They grow and they bear fruit – seeds- that lead to creating the next generation of trees. Otherwise life would stop.

So this brings us all the way back to the beginning. As I said before there are two basic drives in life: survival of the self and then when we are mature enough and have successfully accomplished all the above interactive, maturational tasks, we can successfully attend to survival of the species. At first we need to *take in* and then we are fully prepared to *put out*. And it has to happen in the right order, at the right age and with the right kinship relationship. So now that highlights what I referred to in the beginning: "What's the whole business of life about?" And I'd like to put it in its simplest terms now. First task of life is to work, second task of life is to love and the third task of life is to do justice. And believe it or not, doing justice is connected with the click of closure and making things whole and making things right. That's justice! A sense of fairness. I think even though we see the world full of injustice it's not in our nature to accept it. The rest of the world, seeing the injustice, cries and hurts and feels the injustice of it. So, let me say those three again: to work, to love, to do justice.

Basic Connections and Basic Forces

Because if we didn't love, there wouldn't be another generation. That says in order to do those three things there are three basic connections that have to be established. And the first connection is the connection to the self. And we were doing that when we taught our dancers. We said: "What do you really feel?". That is the limbic system, the felt self. In order to be human, a viable happy human being, we have to be connected to the self. Know what we really feel and not just our head and not just words. And then connected with the other. With love. Connected with the other.

Now listen to this last one: Connected to God. And I think it´s an innate drive to have a sense of transcendence and something beyond ourselves as a singular, organising principle of life. I'm not talking about a Christian God or a Jewish God, Buddha or a Moslem God, put whatever name you want on it. We are all driven to have a sense of something beyond ourselves that's behind the organisation and unification of the cosmos.

So once we make those distinctions it becomes very clear, that we need to be clear about the differences between them. So, in being connected to *myself*, I am not God. I am only myself. The *other* is not God. But sometimes in some person's history of need for the *other* the *other* fails him and then he could say, "I have to be my own *other*. There is no external *other*, for the *other* has failed me in satisfying my basic developmental needs."

But he really needs the other. You remember the rule: the right kinship relationship at the right age. The disillusioned person says: "Screw the other, God will take care of me." Then he's put God doing what humans should have done and we need to be clear about which connection is right for which activity. And not to get confused about it. And that is an important process here. That has to do with what I called limits before. I spoke about the basic drives of humanity which is see-do, click of closure and make things whole, to work, to love, to do justice, to mature, to bear fruit. What is driving all those activities? What is the engine? I believe that the fundamental engines in the basement of our being are the capacity to destroy and the capacity to create. Those are running everything. But they have to be limited. We are now back to limits. Those capacities, those forces have to be limited, i.e integrated and modulated.

And if they are not limited then all hell breaks loose. They break loose if we haven´t had enough limits in our childhood. And you may say, "What do you mean the capacity/tendency to destroy and the capacity/tendency to create?" I mean those are the two fundamental drives that run *all* of life. Because when I´m working I´m tearing something down. To go further, when I´m completing something I´m making it end. We know how to make things end and we know how to make things begin. To make things end is to kill or destroy in a way and to make things begin is, to create – which at its base is sexuality. And those two forces run everything. But they have to be well developed, unified and modulated with the help of interactions with caring parents so that we know how and when to work and not to destroy and how and when to love others without it necessarily becoming literally sexual. And how to make a difference between the kinds of love like tenderness and care for a child and erotic, sexual love for a partner. We have to learn to make all these different distinctions so when we are working we are not "really" killing but tearing things down, completing things, ending things and when we are creating we are not "really" having sex. But those forces, underneath – sex and aggression, creating and destroying – is what is running everything, but well under control, modulated and so forth.

What gets it out of control? Because it is out of control in the world we live in. So much rape and murder. Yes, it is out of control. One of the things that makes it out of control is insufficient parenting and especially no limits in the parenting. Where this brings us is to the fact that there are three different kinds of memory that are dysfunctional and affect how we will behave in the future. The first class of memory is a memory of deficits. If we had a history of deficits the present is gonna be turbulent with others. Deficit-ridden memories leave us with a load of unfinished maturational and developmental needs and as I said before, those uncompleted needs don't go away, we just keep trying to get them met in the present, but at the wrong age and with the wrong kinship figures. Most likely our husbands, wives, teachers and bosses. And what a mess that makes!

So when people came to a point in their therapy where they remembered the pain and frustration of their childhood history, we invented an ideal mother who would have done things differently than the real mother. That was way back in the beginning when we first started doing this work. The main focus of the work is still to create new symbolic memory to offset the deficits of the original memory. So the answer even then was not to have catharsis to get everything out and then hope to feel better but to take in a new experience that transforms our perception of the present. Okay, now let me jump from there because now you know what we do here: we make new memory! Because memory runs our perception of the present and our anticipation of the future.

The second class of poor memories is the memory of trauma. Look at the difference between the memory of a deficit – not enough came in – and the memory of trauma where too much came in that we did not want. And when trauma comes in that we do not want, our boundaries get broken. We no longer have control about what is entering or leaving us. Boundaries get broken. The pilot is lost. The person who is traumatised doesn´t run himself, some other, outside force does. And trauma paradoxically evokes and produces – probably by the action of the amygdala – tremendous erotic and aggressive energy as an automatic response. So when people are traumatised, the danger first is coming from the outside – the perpetrator. But trauma victims are also terrified of all the energies that the impact of the trauma provokes inside. That is why they dissociate. They leave their body not only because it is a dangerous place to be in as it is under attack, but also because their body is exploding with unbounded fury and unbounded eroticism that arises internally in response to the traumatic event itself.

Memory of Holes in Roles

Now the third class of memory – and I am just coming to it now – but it is gonna be an important part of what I will be doing here – is the memory of filling holes in roles. You don´t know anything about that, I´ve just start talking about that. That is the third class of memory. Remember we are born knowing what a complete set of family network figures should be like. Born with an innate knowledge of that. And we are born with the capability to play every single one of those roles. And when we see empty holes where someone should have been we´re gonna see an incompletion. And the gestalt drive to complete it is gonna get awakened. And we complete it with a portion of ourselves without us knowing for a moment we have done it. It´s automatic, it´s see-do. And it has a profound effect on that personality and the disposition of energy in the person. Let me give you an example of that.

Let´s say there was a little girl who is four years old and she has her birthday and the mother is crying. And she gets compassionate. "What´s the matter mummy?" She says. And the mother starts to tell her a story – remember the power of stories that makes images. And the mother says, "When I was a little girl … (so the child immediately makes an image of the mother in her minds-eye, of her mother as a little girl. She sees it. She has never seen her mother as a little girl, but she sees it in her mind's eye.) Then the mother says: "When I was four years old, my father … (child in her mind thinks: "Oh, mummy has a daddy," and she sees a daddy beside her mummy.) … but then the mother adds, "… died." The child then perceives and receives the shock of the empty role. In response to that unfilled gestalt, she takes a portion of herself (from her mind's body) and fills that hole with a portion of herself … without ever knowing that she had done such a thing. And at that moment the child becomes – fills the space of – the mother´s missing father. And she has no idea that she has done it. At that moment it awakens something like a messianic impulse.

We all are messianic, we all are gonna be the healer. Every time we see an emptiness, we need, we are compelled by that gestalt push, to fill it with a portion of our self. And at that moment we become "the only". And when we become "the only" we become omnipotent. We become all powerful and it loosens the bounds of those profound energies in the basement. So in that moment that she becomes her mother´s father she expands (somewhere inside), and is no longer just a little child. She becomes more masculine in some of her energies. And she is now putting out too soon before she has received, taken in, all her maturational needs. When we fill holes in roles too soon, we become resistant to receiving. There seem to be some fundamental law that if we put out too early we can not take in. And at the same time it loosens the forces in here (our bodies) and people then begin to be frightened of the energies inside. When those energies are let loose, then there is a systemic response to control those energies. It´s not a psychological response, it´s a systemic response (the system does it to maintain stability). So let me just repeat: When we fill holes we become all-powerful. We become Godlike in some way and then it loosens these primordial forces to kill and to create that are so important to be held down, (limited, modulated and integrated) and we have to stop it. And there are four or five different systemic defences against those forces breaking loose. The first one is depression. Instead of having a lot of energy the person will have no energy. The second one is dissociation, that means to leave the body. The next one is retroflection. Because the person feels, "I don´t have these dynamic, deadly forces but I´m being pursued by them." So they see their own destructive energy as if it is coming at them. And then they get afraid of all closures. Even though it came about because they made a closure by filling a hole. The fear is that any happiness will be on account of a click of closure that comes because they killed or because they had sex with a forbidden figure. So *any* closure becomes a forbidden closure. So they keep themselves from any kind of closure. Any kind of pleasure. Because the *forbidden* might have come out. So they find it difficult to complete things and difficult to receive, because they are still putting stuff out.

Making New Memories and Movies

So what do we do with that? We make a new memory! And you might say, "What is this new memory business? You are creating fantasy because in reality it never happened and you can not change what happened."

From a physics viewpoint you can not go back in time and you can not go back in space. That is true. But in our brain is only a representation of a past event. And that is a neurological representation and not the actual fact of time and space. So why not make a new neurological representation? The older neurological representation negatively affects our life so why not make a new, positive one? And when we put it (the new memory) back as if it happened at the age and with the right figure it should have happened with, people immediately see a different reality. We don't have to literally go back in time and space. We just can change the inner representation of time and space, recorded as events in the brain. Then the perception shifts. That is the link between memory and perception. And that gives hope. Because if you didn´t have this kind of hope what else would you have to do in psychotherapy to make it successful ? You had to say that "Past is past there is nothing you can do about it. So let´s learn how to live in spite of that and get stoic and tolerate all that frustration and learn to cope and let the grief of the lost possibilities go out." That would be the only answer and that is what many therapies consist of.

What we try to do is to make a new memory. I showed you before how we make a new memory with an ideal mother because there is a deficit in the past and than if there is trauma we make a new memory of protection that should have been there. We make protection and limits and now we make new memories for the holes in roles. An example: The translator is the client for a moment and she has told the story of the little girl when she was four years old. Your mother told you the story of your father died. Now she is forty or so and she is in therapy and she may say, "Oh, I hate my mother she was never any good she was always depressed." And than she may say, "But my mother had such a bad life," and then she starts to cry and says, yes and her father died when she was little. Then we know she filled the hole in the role. An interesting link is here. Whenever there is compassion for a figure this is usually an indicator that they are somehow, somewhere taking care of that figure with a portion of themselves. Compassion is a sign of filling a hole. So in this example I would say to the client: "Let´s put something to represent your mother as a child." So if there was a big group she would pick a person, if not, she would pick an object. Probably this cup. And than she says, "My poor mother she never had a father." And I would say, "Let´s make this (bottle) role play your mothers ideal father and not her real father." And he says,(to your mother) "If I was your ideal father I wouldn´t have died when you were four years old. I would have stayed alive most of your whole life."

Now the right figure – even though it is in fantasy, for she is seeing it only in her minds-eye and she never saw the reality of her mother's loss except in her minds-eye, she has gotten a motor response (from her imagined scene) and she put herself in. But now, (in the therapy session) we are replacing herself with the new figure. And he says, to her mother in this new image "When I was your ideal father I wouldn´t have died when you were four. I would have been there for most of your whole life." And the client usually goes, "Ahh," as if a burden fell off her shoulders. The relief is an indication that their mind's body is no longer filling that role. And the disposition of energy is more available to themselves. The energy disposition in themselves visibly and experientially shifts.

And than they say, "If my mother had had a father (as she grew up) my whole life would have been totally different." She got a different image about what that past would have been like and therefore what the future will be like. Now with that client til that moment if I said, "Let's give you an ideal mother", she would have said, "Hah, that's ridiculous. That is just nonsense." And that is the omnipotent part in them. Without that change, they would be the only authority and would kill any other authority. But in this moment she (the client) is no longer that authority but he (ideal father) is there. She is relieved and then she says, "My whole life could have been different, my mother could have taken care of me." She is showing receptivity to take in now by saying: "My mother could take care of me."

And than we could say, "How about, we will invent an ideal mother for you? And she says, "What a good idea." Before that it would be impossible. Receptivity opens up when you fill the hole. And than we would give her an ideal mother and an ideal father – make sure it is balanced, because if there is no father she would jump in to become the husband to the mother, that happens all the time.

I didn't tell you about it that part of my little story. I said when the mother talks about the father that died and the child is shocked … let me tell you this story a little bit further. (Going back to the beginning, when the little girl is hearing about her mother's loss and shows sympathy) The mother says, "You are such a good girl. You listen to me, you are nice to me when I cry. Your father is such a lousy rat. When I cry he just walks out of the house and you listen to me." So what happens then? She becomes the husband to her mother! Any place which is an empty space is a place to fill in. It is as if we are all spiders in a way and we all know what a perfect web should look like. We are born with a perfect family network – ahh! But if the wind blows or something breaks the web? Shock! A hole has appeared. But as a spider we will fill it up very fast, with stuff that comes right out of ourselves, with pieces of ourselves.

It is the same with people. Anytime people see an empty space they fill it up. They have to. But than they get terrified of the energy that breaks loose. That is why we find it so important to make those movies. In our example we could make another movie of the client's mother as a young woman. And we say, "How about we give your mother an ideal husband?" And the ideal husband would say to her mother, "If I have been your ideal husband I would be kind to you and I would give you all the attention you needed when you cried." She, (the client) doesn´t have to do that job anymore.

So, (in this way) we fill all the holes in the roles. But that is never the end of the story. The end of the story is to take care of her needs because when she filled the hole she stopped growing. She stopped to be able to receive. So the movie is only a stepping stone towards satisfying basic maturation needs.

Let me tell you a little bit more. How do we do this work technically? Since we know that present consciousness is driven by memory and that present consciousness consists of perception, action, feeling and thought. So what we do to start this form of therapy we micro-track present consciousness. And micro-track two elements of present consciousness: The first element is the client´s feeling, their affective state and the other element is their thought. And we track their affective state with a figure that we invent that we call the witness figure. So that the client – let´s say she´s (Al indicates the translator) the client – and then if she is smiling or crying and I would say, "A witness figure would say, I see how much grief you feel when you remember your mother´s story."

If the witnessing process is accurate with the correct labelling of the affect and the right words in the context of the affect, it produces a click of closure and a feeling "yes, that´s right!" and that leads to satisfaction.

And as time goes on we would track her thoughts. And that develops a bit more of her consciousness, she not only feels, she sees how and what she feels. She not only thinks but can review what she thinks with her pilot and then by a process of association she is going to remember the historic events that are the foundation for this present moment. Because every present is made up by threads of memory. So if we take apart the present moment with feelings and thoughts then they automatically remember the context of history that is the basis for the present state of consciousness. At that moment in their minds-eye they are seeing the mother or the history and in their mind´s body they are feeling it. Then we externalise that event by having different members of the group role play what they see and hear in the inner theatre of their mind, here in the therapy room. So the therapy room becomes to be the externalisation of their consciousness. We put the old history here – not just to provide catharsis and express it – but to see what went wrong. And than we make the new history. Because at that moment they are feeling in their body the age when they had the original memory. At that point we bring in the ideal mother and father and whatever they needed and than the new memory get´s placed right beside the old memory. We don´t eliminate the old memory we make a supplement to it. And that supplement changes the way they live in the present and makes them have more hope for happiness in the future. I was playing with the words in my mind, I think happiness has to do with "hope-iness". The more hope you have about how things "could have been" the more happy you can be in the present.

So the whole idea of this work is to start in the absolute present, with where the person is: take apart the consciousness of the present and the history within it, externalise the history, make an alternative that fits (what our genes tell us life should have been like), people get that sense of relief and then the future begins to open up because some of the old things (that hadn't been completed) have been closed and new beginnings and new possibilities to receive can happen.

And that is what we do.

This lecture was followed by two minutes of applause and standing ovations of the audience.
Dieser frei gesprochene Vortrag wurde mit zweiminütigem Applaus der Zuhörenden bedacht.

Wilhelm Rotthaus

Erziehung in einer gewandelten Welt

Dr. med. Wilhelm Rotthaus, Arzt für Kinder- und Jugendpsychiatrie und Psychotherapie, ehem. Fachbereichsarzt der Kinder- und Jugendpsychiatrie Viersen, 1. Vorsitzender der Deutschen Gesellschaft für Systemische Therapie und Familientherapie,
trapmann-rotthaus@t-online.de

Dieser Vortrag wurde anlässlich des ptzSymposiums „Menschwerdung – Psychotherapie des Ankommens" 2005 in Lindau gehalten.

Einleitung

Wer mit problemhaften Lebenssituationen von Kindern und Jugendlichen sowie ihren Eltern und Erzieherinnen befasst ist, begegnet zwangsläufig den unterschiedlichsten Arten erzieherischer Schwierigkeiten und vielen Formen erzieherischen Scheiterns. Dabei lässt sich in den vergangenen Jahren kaum noch übersehen, dass die Erziehungsprobleme heute anderer Art sind, als noch vor 20 oder 30 Jahren. Um es ganz grob zu charakterisieren: Während Kinder früher durch eine übermäßige, einengende, autoritäre Erziehung in ihrer Entwicklung behindert wurden, scheint dies heute dadurch zu geschehen, dass sie aufgrund von Erziehungsunsicherheit und Erziehungsresignation kaum noch Grenzen kennen lernen.

Natürlich ist man als professioneller Helfer jeweils mit den Extremen gesellschaftlicher Entwicklungen konfrontiert. Die geschilderten Beobachtungen scheinen jedoch in überspitzter Form einen Wandel erzieherischer Einstellungen und Haltungen aufzuzeigen und Kernfragen gesellschaftlicher Rahmenbedingungen, unter denen Erziehung heute erfolgt, zu verdeutlichen. Diese Vermutung näher zu untersuchen und Expertenmeinungen aus verschiedenen Wissenschaftsbereichen heranzuziehen, war ein Anlass für meine Beschäftigung mit dem Thema „Erziehung".

Ein weiterer Anlass lag darin, dass ich inzwischen fast zwei Jahrzehnte systemtheoretisch orientierter Arbeit mit Kindern und Jugendlichen sowie ihren Eltern und sonstigen Angehörigen unter stationären und ambulanten Bedingungen überblicke. In dieser Zeit habe ich die Überzeugung gewonnen, dass systemisches Denken für das Verstehen menschlichen Verhaltens nützlich ist, und dass es zudem dazu anhält, die Würde des anderen – sei es Kind, sei es Erwachsener – zu respektieren und seine autonomen Entscheidungen zu achten. Es reizte mich deshalb, zu untersuchen, ob der systemische Blick auf den Prozess der Erziehung neue Anregungen erbringt (Rotthaus, 1998).

Dabei war nicht zu übersehen, dass systemisches Denken bislang in der Pädagogik einen auffallend geringen Niederschlag gefunden hat. Soziologen, insbesondere Niklas Luhmann, haben gegen Ende der 80er-Jahre zwei hochinteressante Kongresse zum Thema der Erziehung unter systemtheoretischer Perspektive veranstaltet, haben aber nach meiner Wahrnehmung innerhalb der Pädagogik wenig Resonanz gefunden. Vielleicht hat es damit zu tun, dass Luhmann damals mit schöner Deutlichkeit seine Problemwahrnehmung formuliert hat, indem er beispielsweise schrieb: „Im Prinzip nimmt der Erzieher sich etwas Unmögliches vor" (1987, S. 60), oder an anderer Stelle: „Man nimmt ein Können in Anspruch, das man nicht können kann" (1987, S. 61). Luhmann sprach in diesem Zusammenhang von einem Technologiedefizit des Erziehungssystems und meinte damit die Tatsache, dass Erziehung nicht in der Lage sei, das Erreichen der angestrebten Effekte mit hinreichender Zuverlässigkeit zu kontrollieren. Im letzten Jahrzehnt hat sich die Situation allerdings deutlich geändert: Ich brauche nur auf die Publikationen von Rolf Huschke-Rhein, Reinhard Voß, Kersten Reich u. a. zu verweisen.

Im Folgenden möchte ich mich auf den Aspekt konzentrieren, welche Änderungen Kindheit im Wandel der letzten Jahrzehnte erfahren hat und welche Konsequenzen im Hinblick auf die Kinder-Erwachsenen-Beziehung und damit auch auf Erziehung daraus zu ziehen sind, und kann im Rahmen dieses Beitrags nur ganz allgemein darauf verweisen, dass der systemische Blick auf Erziehung zu einem ganz ähnlichen Ergebnis kommt.

Die Differenz von Erwachsenem und Kind als Basis der Erziehung

Erziehung existiert nicht als spezifische Handlungsform. Die Erzieherin berät, informiert, erklärt, unterrichtet, animiert, spricht Mut zu, lobt, tadelt, streitet, straft, setzt Grenzen -, aber das alles gibt es nicht nur in erzieherischen Kommunikationen. Erst wenn ein Mensch seinen Handlungen des Anregens, Beratens, Informierens, Erklärens, Lobens, Tadelns usw. erzieherische Absicht zuschreibt, und diese erzieherische Absicht auf eine oder mehrere andere Menschen (meist, aber nicht nur, Kinder und Jugendliche) richtet, findet Erziehung statt. Dabei ist es unwichtig, ob diese Handlung überhaupt eine Wirkung hat oder welche Wirkung sie hat.

Die erzieherische Absicht des Erwachsenen dem Kind gegenüber ist nun meist auf die Überzeugung des Erwachsenen zurückzuführen, dass er etwas kann oder etwas weiß, was das Kind noch nicht kann und noch nicht weiß. Diese Feststellung klingt zunächst einmal banal, verweist aber doch auf einen grundlegenden Gesichtspunkt von Erziehung, nämlich auf die Differenz von Erwachsenem und Kind, von Wissendem und Nicht-Wissendem, von Erzogenem und Nicht-Erzogenem, von Ausgebildetem und Nicht-Ausgebildetem als Grundlage für Erziehung. Damit verbunden ist die Idee des Kindes als eines noch unbeschriebenen Blattes, eines Wesens, das formbar und zu entwickeln ist, dessen Zukunft als offen und gestaltbar angesehen wird. Weniger freundlich formuliert heißt das: Kindheit ist ein defizitärer Status, der überwunden werden muss. Kinder müssen demnach – selbstverständlich! – erzogen, unterrichtet und ausgebildet werden.

Die meisten Menschen dürften heute der Überzeugung sein, Erziehung sei ein Grundtatbestand des Lebens, den es zu allen Zeiten und immer gegeben habe. Diese Annahme beruht wahrscheinlich auf der Tatsache, dass es zu allen Zeiten aufgrund der anthropologischen Grundsituation des Kindes notwendig gewesen ist und notwendig sein wird, Fürsorge für Kinder zu zeigen, sie insbesondere als Säuglinge zu ernähren, zu pflegen und anzuregen. Tatsächlich jedoch ist Erziehung in der uns überkommenen Form eine Erfindung, die noch gar nicht sonderlich alt ist und aus dem Beginn der Neuzeit stammt. Die Idee der Erziehung wurde gegen Ende des Hochmittelalters entwickelt mit der damals einsetzenden Lösung des Ich aus den gemeinschaftlich-traditionsgebundenen Bezügen, und mit der damals erfolgenden „Geburt des Individuums" (Heer), d. h. mit dem Aufkommen der Idee, den Menschen als Individuum zu denken.

Im Mittelalter gab es diesen – für uns zumindest bis in die fünfziger Jahre des letzten Jahrhunderts so selbstverständlichen – prinzipiellen Abstand zwischen Erwachsenen und Kindern nicht. Sobald ein Kind sich allein fortbewegen und verständlich machen konnte, lebte es mit den Erwachsenen in einem informellen, natürlichen Lehrlingsverhältnis und lernte von ihnen, was es über die Welt, die Religion, die Sprache, die Sitte, die Sexualität oder das Handwerk wissen musste. Kinder und

Erwachsene trugen die gleichen Kleider, spielten die gleichen Spiele, verrichteten die gleichen Arbeiten, sahen und hörten die gleichen Dinge und lebten nicht in voneinander getrennten Lebensbereichen.

Es war dann vor allem Rousseau, der unsere Vorstellung von Erziehung am stärksten geprägt hat, der als Erster sehr deutlich formuliert hat, dass Kinder keine kleinen Erwachsenen seien, sondern dass Kindheit und Erwachsenenalter deutlich unterschieden werden müssten. Rousseau formulierte auch mit aller Klarheit, dass die Distanz zwischen Kindern und Erwachsenen, zwischen Kindheit und Erwachsensein die wichtigste Grundlage für Erziehung sei. Für ihn war es Aufgabe des Erziehers, dem Kind diese „natürliche Ordnung" zu vermitteln, es aber in einer „wohlgeordneten Freiheit" ohne Verbote und ohne Züchtigungen zu erziehen. Wörtlich formulierte er: „Behandelt euren Zögling, wie es seinem Alter entspricht. Weist ihm von Anfang an seinen Platz zu und haltet ihn darin so fest, dass er gar keinen Ausbruch mehr versucht. Dann befolgt er schon die wichtigste Lehre der Weisheit, ehe er weiß, was Weisheit ist. Befehlt ihm nie und nichts, was es auch sein mag. Er darf gar nicht auf den Gedanken kommen, dass ihr irgendeine Autorität über ihn beansprucht. Er braucht nur zu wissen, dass er schwach ist und ihr stark seid, dass er also notwendigerweise von euch abhängig ist. Das muss er wissen, lernen und fühlen. Er soll früh das naturgewollte Joch fühlen, das schwere Joch der Notwendigkeit, unter das sich jeder Sterbliche beugen muss ... Der Zwang der Verhältnisse muss der Zügel sein, der ihn hält, nicht die Autorität" (Rousseau 1971, S. 70).

Rousseau ordnete Kinder einem besonderen Schonraum zu, einem besonderen pädagogischen Raum, der in erster Linie zum Schutz der Kinder gedacht war und in dem Kindern erlaubt war zu handeln, ohne die volle Verantwortung für ihr Tun übernehmen zu müssen. Der Schutz bestand u. a. darin, dass den Kindern unter der Kontrolle von Erwachsenen erst nach und nach ein bestimmtes Maß an Informationen zugänglich gemacht wurde, und zwar so behutsam und in so geschickter Form, dass sie das Neue – so die Vorstellung – psychisch verarbeiten konnten. Es ging also um kontrollierte Wissensvermittlung und folgerichtiges Lernen. Der eigenständige Zugang zu diesen Informationen wurde den Kindern nach Möglichkeit versperrt.

Unterstützt und verstärkt wurde diese Idee von Kindheit und Erziehung in einem besonderen Schonraum durch die Arbeitsbedingungen des Frühkapitalismus und die Entwicklung zur Kleinfamilie. Es kam zunehmend zur Auslagerung pädagogischer Funktionen in entsprechende Institutionen. Das Lernen durch das Leben war kaum noch möglich. Die Schule als Ort systematischen Lernens gewann an Bedeutung. Sie bildete – ebenso wie später der Kindergarten – einen Sonderraum für Kinder, mit eigenen Gesetzen, und übernahm zunehmend die Aufgaben von Erziehung, Bildung und Ausbildung, die sich die Familien zum Großteil nicht mehr leisten konnten. Allerdings hat sich diese Entwicklung in den verschiedenen Schichten der Bevölkerung zu sehr unterschiedlichen Zeiten vollzogen. Arbeiterfamilien blieben im 18. und weitgehend auch noch im 19. Jahrhundert auf die Mitarbeit der Kinder zum Lebensunterhalt angewiesen, was in diesen Kreisen oftmals Entwicklung verhinderte.

Die Entwicklung eines Schonraums für Kinder ging einher mit der Ausformung einer besonderen Spielsphäre und anderen kindertümlichen Merkmalen. Wichtiges Element aber war die Abtrennung dieses Schonraums von dem alltäglichen Miteinander und die Entwicklung einer Distanz zwischen Kindern und Erwachsenen, zwischen Kindheit und Erwachsen-Sein. Kindheit wurde damit zu einer Zeit des Noch-nicht-erwachsen-Seins. Kind zu sein, bedeutete die Aufgabe, erwachsen zu werden.

Kindheit heute

Diese Idee des Schonraums, die eng verbunden ist mit der Vorstellung von glücklicher Kindheit, ist uns heute – noch – gut vertraut. Es stellt sich aber die Frage, ob die gesellschaftlichen Voraussetzungen dafür noch gegeben sind. Viele Autorinnen und Autoren sind der Überzeugung, dass sich diese Beziehung zwischen Kindern und Erwachsenen, wie sie einmal zur Grundlage von Erziehung geworden ist, heute zunehmend unsicher und unklar darstellt. Die Basis für Erziehung ist brüchig geworden, was der wesentliche Grund für die große Unsicherheit und

Unklarheit in Erziehungsfragen sein dürfte. Es ist eine Nivellierung des Unterschieds zwischen Kindern und Erwachsenen eingetreten, die sich von beiden Seiten her, sowohl vonseiten der Kinder als auch vonseiten der Erwachsenen beschreiben lässt.

Postman spricht vom Verschwinden der Kindheit, andere Autoren von einer Liquidierung der Kindheit (Hengst), von einer Aushöhlung der Kindheit (Hengst) oder von der Kindheit als Fiktion (Suransky). Die Fülle der Hinweise ist meines Erachtens überzeugend: Postman hebt vor allem hervor, dass der prinzipielle Wissensvorsprung der Erwachsenen durch die Videomedien verloren gegangen sei, dass Intimität und Sexualität, früher für Kinder tabuisiert, heute kein Geheimnisbereich der Erwachsenen mehr genannt werden könne, ein Geheimnisbereich der Erwachsenen generell verloren gegangen sei. Andere verweisen darauf, wie die traditionellen Kinderspiele fast völlig verschwunden seien, die Nutzung des öffentlichen Raums durch Kinder an rigide Restriktionen, sprich an Erwachsenenregeln gebunden sei, dass Verhalten und Sprache, Einstellungen und Wünsche von Kindern ebenso wie die von Erwachsenen durch Werbung geprägt werde und vieles andere mehr.

Das Verschwinden der Differenz zwischen Kindern und Erwachsenen lässt sich aber auch von den Erwachsenen her beschreiben: Die Idee, dass der Erwachsene ausgelernt habe, wirkt heute bereits nahezu komisch. Gegenteilig werden die Erwachsenen zu lebenslangem Lernen aufgerufen und zu der Bereitschaft, ggf. dreimal in ihrem Leben einen neuen Beruf aufzunehmen. Erwachsene legen aber auch nicht mehr so großen Wert auf ihr Erwachsensein wie in früheren Zeiten, in denen es schlicht undenkbar gewesen wäre, dass ein Erwachsener sich mit Spielzeug in der Öffentlichkeit gezeigt hätte, beispielsweise mit Inline-Skatern oder einem Tretroller durch die Innenstadt gefahren wäre. Und so scheint es ebenso berechtigt, statt von einem Verschwinden der Kindheit, von einem Verschwinden der Erwachsenheit zu reden, was Treml etwas unfreundlicher formuliert als „eine Infantilisierung der Erwachsenen" (Treml, 1996, auf den Viersener Therapietagen). Von welcher Seite aus man es auch betrachtet: Die Voraussetzungen für die Idee der Kindheit haben sich geändert: Die Differenz zwischen Kindern und Erwachsenen ist unzweifelhaft geringer geworden.

Das bedeutet auch: Das traditionelle Rollenbild des Erwachsenen, das Sicherheit gab und davor schützte, sich individuell mit dem Kind auseinandersetzen zu müssen, ist verloren gegangen, und ein neues Rollenbild, wie es meines Erachtens erforderlich ist, ist gesellschaftlich noch nicht definiert.

Hinzu tritt ein Weiteres: Dieses Phänomen, dass Kinder erwachsener und Erwachsene kindlicher geworden sind, geht nun aber einher – und das dürfte kein Zufall sein – mit dem Faktum, dass die Kindheit sich verkürzt hat und die Jugendzeit eher beginnt. Der Zeitpunkt ist schwer festzulegen; ich habe persönlich den Eindruck, dass er für viele Kinder bereits beim Übergang von der Grundschule in die Hauptschule anzusiedeln ist. Hurrelmann verweist darauf, dass die Menarche wesentlich früher eintritt, als noch vor 20 Jahren, wofür die Wissenschaft keine befriedigenden Erklärungen abgeben könne. Er verweist weiter darauf, dass Kinder heute Erwachsenenkrankheiten haben, demgegenüber die üblichen Kinderkrankheiten vielfach gar nicht mehr durchmachen. In der Kinder- und Jugendpsychiatrie machen wir die Erfahrung, dass Psychosen wesentlich früher auftreten, für deren Erscheinungsform eine gewisse Reife notwendig ist, und dass Suizidhandlungen bei 10- bis 14-Jährigen, die vor 15 bis 20 Jahren noch eine extreme Rarität waren, heute keine Besonderheit mehr darstellen. Auch Sexualdelikte seitens Jugendlicher sind wesentlich früher zu beobachten. In diesem Zusammenhang ordnet sich die Diskussion um die zunehmende Kinder- und Jugendkriminalität nahtlos ein. Das heißt: Insgesamt wird man sagen müssen, dass solche Verhaltensauffälligkeiten, Verhaltensstörungen und psychische Erkrankungen, die früher erst nach dem normativen Beginn des Jugendalters auftraten, heute schon bei 10- bis 14-Jährigen zu beobachten sind. Diese Vorverschiebung ist meines Erachtens die wesentliche Erklärung für den Anstieg der Kriminalitätszahlen bei Kindern und Jugendlichen, angesichts der Tatsache, dass traditionell der Höhepunkt an Kriminalitätsauffälligkeit im jungen Erwachsenenalter stattfindet. Dementsprechend hat es durchaus eine innere Logik, wenn man die Herabsetzung des Strafmündigkeitsalters diskutiert, auch wenn das – aus anderen Gründen – nicht als sinnvolle Maßnahme angesehen werden kann.

Wenn nun aber die Voraussetzungen für die Idee der Kindheit zunehmend schwinden und Kinder wesentlich eher als „Jugendliche" im klassischen Sinne anzusehen sind, dann muss das auch Auswirkungen auf die Chancen und Möglichkeiten von Erziehung haben. Angesichts dieser Situation wird von vielen Seiten das „Ende der Erziehung" ausgerufen, von Postman (1995) beispielsweise in seinem neuesten Buch beklagt, von Giesecke (1985) demgegenüber gefordert. Entsprechend werden in der aktuellen Diskussion zwei verschiedene Lösungen proklamiert: Von der einen Seite wird gefordert, das alte Verhältnis zwischen Kindern und Erwachsenen wieder herzustellen, d. h. die überkommene Trennung von Kindheit und Erwachsenheit wieder zu restaurieren, wieder Eltern und Erzieherinnen zu sein, damit Kinder Kinder sein können. Von der anderen Seite wird demgegenüber verlangt, die Unterscheidung zwischen Kindern und Erwachsenen ganz aufzugeben, und die Kinder als junge Erwachsene zu betrachten, die – wie es eben bis zum Ende des Mittelalters üblich war – durch gemeinsames Leben mit den Erwachsenen in die Erwachsenenwelt hineinwachsen.

Allerdings fragt es sich, ob diese beiden Alternativen tatsächlich die einzig denkbaren Möglichkeiten sind oder ob es nicht neue Wege einer Kinder-Erwachsenen-Beziehung gibt, die zukunftsweisender und zukunftsträchtiger sein könnten. Dazu nochmals ein kurzer Rückblick:

Das „Objekt" Kind

Rousseau bestand – wie oben gezeigt – erstmalig auf einem Eigenrecht der Kindheit als einer von dem Erwachsenenalter unterschiedenen Phase, und er verlangte einen altersgemäßen Umgang mit den Kindern. Mit Rousseau begann aber nun nicht nur das Zeitalter der Erziehung, sondern es begann zu gleicher Zeit auch das Zeitalter des wissenschaftlichen Denkens in unserem heutigen Sinne. Die Entwicklung des wissenschaftlichen Denkens und die Durchsetzung einer Konstruktion von Kindheit, die in dem Kind zugleich das nicht vernünftige Wesen sah und es für erziehungs- und bildungsfähig hielt, gingen miteinander parallel und verstärkten sich wechselseitig. Damit wurde die Grundlage gelegt für die empirische Psychologie und die geisteswissenschaftliche Pädagogik. Das „Objekt" Kind wurde von nun an erforscht, und die genaue Kenntnis des „Objektes" weckte die Idee, man könne es planen und beherrschen, man könne Kinder so herstellen, so machen, wie man sie haben wolle. Abweichungen davon galten als Störungen oder auch als Ärgernisse, wurden zu Problemen für Experten. Die Entwicklung wurde als ständiger Fortschritt vom Säugling zum Erwachsenen gesehen. Sie wurde objektiv beobachtet und detailliert vermessen.

Die Ausformung der Ideengeschichten von Kindheit einerseits, und von Wissenschaftlichkeit andererseits, die sich beide vielfältig miteinander verschränkten, legte die Basis für die prinzipielle Vorstellung, dass „richtige" Erziehung das „richtige" Kind produziere, dass es sich umgekehrt sozusagen um einen Produktionsunfall handele, wenn das Kind nicht richtig werde. Erinnert sei nur an das noch gar nicht lang zurückliegende, leidenschaftliche Plädoyer von Skinner, dass durch die richtige Anwendung wissenschaftlicher Methoden in der Erziehung jedes erzieherische Ergebnis zu erreichen sei. Etwas populärwissenschaftlicher schlugen sich diese Vorstellungen nieder in einer umfangreichen Literatur über Erziehungsfehler.

Nun sind wir aber auch in der Wissenschaft zu einem Punkt gelangt, an dem eine derartige naive Wissenschaftsgläubigkeit weitgehend verloren gegangen ist. Die Idee der Trennbarkeit von Beobachter und beobachtetem Objekt ist seit Heisenbergs Unschärferelation sogar in der „harten" Wissenschaft Physik nicht mehr haltbar, geschweige denn in den sozialen Wissenschaften. Und die Systemtheorie verweist darauf, dass der Beobachter immer Teil des von ihm Beobachteten ist, und „objektiv" dementsprechend immer nur ein relativer Begriff, Objektivität nur eine „Objektivität" in Anführungsstrichen sein kann.

Kinder als „Seiende" und als „Werdende"

Zurück zu der Frage, ob wir – Giesecke folgend – Erziehung abschaffen und die Kinder, wie im Mittelalter, gemeinsam mit den Erwachsenen in einem „natürlichen Schüler-Lehrer-Verhältnis" aufwachsen lassen sollten, oder aber – Postman folgend – die gute alte Erziehung wieder restaurieren müssen. Ich glaube, dass beide Wege versperrt sind: Eine in allen Bereichen gemeinsame Welt von Kindern und Erwachsenen ist heutzutage, angesichts der modernen Arbeitsbedingungen, kaum denkbar, und eine Restaurierung der alten Erziehung, angesichts der gesellschaftlichen Entwicklungen, nicht möglich. Ich bin der Überzeugung, dass wir eine neue Kind-Eltern-Beziehung brauchen, die darauf gründet, dass wir das Kind betrachten als einerseits autonomes, eigenständiges Lebewesen eigenen Rechts, als Subjekt seines Lebens und seiner Entwicklung, das andererseits jedoch nicht unabhängig von seiner Umwelt – sei es eine erzieherische, eine politische oder eine wissenschaftliche Umwelt – verstanden werden kann.Das bedeutet, dass der Erwachsene das Kind sowohl als den gleichwertigen oder gleichwürdigen Menschen und Partner sieht, mit gleichberechtigten Wünschen und Bedürfnissen und gleichem Recht auf Meinungsäußerung. Gleichzeitig aber hat der Erwachsene die Verantwortung dafür, das Kind in diese Welt einzuführen und es beispielsweise mit deren ethisch-moralischen Grundsätzen und Grundwerten vertraut zu machen. Erziehung ist also – zumindest aus meiner Sicht – keineswegs überflüssig. Aber der Erwachsene bewegt sich dabei heute auf einem sehr schmalen Grad zwischen einer Verschwisterung mit den Kindern, die den Kindern ihre Eltern nimmt, auf der einen Seite, und einem Rückfall in autoritäres Verhalten alter Schule auf der anderen Seite. Ein Mehr an Wissen und Fertigkeiten ist heute nicht mehr das entscheidende Differenzierungsmerkmal zwischen Kind und Erwachsenem, sondern vielmehr das Verstehen komplexer Zusammenhänge, die Übersichtsfähigkeit über aktuell-situative Bedingungen hinaus und die Einsicht in die Notwendigkeit ethischer Prinzipien.

Der – erziehende – Erwachsene handelt in dieser Konzeption mit dem Kind als gleichwürdigem Partner. Zugleich sieht er die Anleitungs- und Unterstützungsbedürftigkeit des Kindes und erzieht es, indem er ihm Lernen ermöglicht und es damit in die Kultur einführt. Das Kind ist damit nicht mehr Objekt erzieherischer Bemühungen, sondern bleibt Subjekt seines Lebens und seiner Entwicklung. Es ist kein Mangelwesen, kein noch unfertiger, unzureichender, unvollkommener Erwachsener, sondern mit seiner offeneren, weniger festgelegten, wir sagen oft „phantasiereicheren Sicht" der Welt schlicht andersartig in seinem So-Sein. Es ist nicht ein Wesen, das durch Erziehung zum vollwertigen Menschen werden soll, sondern braucht den Erwachsenen als Mehrwisser oder Anderswisser, weil es die für uns selbstverständliche Sicht der Welt noch nicht kennt. Unter diesen Voraussetzungen wird Erziehen dann verstanden als ein interaktiver Prozess, in dem die Handlungen aller beteiligten Partner gleich wichtig sind, auch wenn Kinder und Erwachsene unterschiedliche Rollen und Aufgaben haben.

G. Scholz (1994) illustriert dieses Verhältnis zwischen dem Kind und dem Erwachsenen in der Erziehung am Beispiel des Mitspieltheaters: Der Erwachsene spielt gemeinsam mit dem Kind, und dabei werden seine Spielzüge von denen des Kindes ebenso beeinflusst, wie er die Spielzüge des Kindes bestimmt. Der Erwachsene aber ist Spieler und Regisseur zugleich. Er spielt und weiß zugleich, dass er spielt, und was er spielt, und warum er spielt. Er kennt die möglichen Spielszenen, wie auch die Bedingungen und Strukturen des Spiels. Er ist deshalb in der Lage, und es ist seine Aufgabe, Spielhandlungen vorzuschlagen. Die Verantwortung für das Spiel ist also ungleich verteilt. Das Spiel lebt davon, dass beide Spieler jeweils situativ aufeinander hören und aufeinander reagieren, jeder improvisieren und neue Ideen in das Spiel bringen kann. Das heißt: Auch das Kind kann neue Spielhandlungen in das Spiel hineintragen, und es ist nicht zuletzt die Aufgabe des Erwachsenen, das Kind im Spielen über die inneren Strukturen des Spiels aufzuklären. Der Verlauf und der Ausgang des Spiels ist nicht planbar und nicht vorhersehbar.

Diese neue Sicht auf die Beziehung zu Kindern und Jugendlichen passt gut zu neueren wissenschaftlichen Erkenntnissen, die in zunehmendem Maße die Kompetenz der Kinder wahrnehmen. Das beginnt schon bei der Säuglingsforschung: Während der Säugling früher als hilfloses, passives Wesen, als unbeschriebenes Blatt, allenfalls fähig zu reflexhaften Reaktionen gesehen wurde, hat die neuere Forschung erkannt, über welche erstaunlichen Sinnesleistungen der Säugling verfügt, und wie er die Interaktion mit den Erwachsenen höchst aktiv mitgestaltet.

Aber so wichtig und so nützlich es auch ist, die Fähigkeiten von Kindern in viel stärkerem Maße als zu früheren Zeiten zu beachten, so darf das andererseits nicht dazu führen, dass die Erwachsenen die

Übernahme von Verantwortung verweigern und damit die Kinder in Überforderungssituationen bringen. Das bedeutet: Die Bemühungen der Erwachsenen müssen sich darauf richten, die Kinder in ihrer Art, die Welt zu sehen und zu begreifen, ernst zu nehmen und zu respektieren. Der Erwachsene muss für die kindliche Sichtweise echtes Interesse zeigen, statt sie als drollige, niedliche, erheiternde „Dummheit" zu betrachten, und ihm doch gleichzeitig die unter Erwachsenen übliche Perspektive erläutern. Das Ernstnehmen bedeutet auch, anzuerkennen, dass ihre Probleme mindestens so gewichtig sind, wie die der Erwachsenen (denn sie verfügen meist noch nicht über so viele Ressourcen für die Problemlösung wie ein Erwachsener). Gleichzeitig stellt sich die Aufgabe, ihnen als „Werdende" Problemlösungsstrategien zu vermitteln. In die Welt einführen heißt im Übrigen, dass der Erwachsene die Verantwortung dafür hat, den Kindern unsere ethisch-moralischen Grundsätze zu vermitteln, was nicht ohne ein Setzen von Grenzen und ein Ertragenlassen von Frustrationen möglich ist. Dies geschieht – und das ist entscheidend wichtig – bei grundsätzlicher Gleichartigkeit der Regeln auch für die Erwachsenen. Für den Bereich des Lehrens und Lernens heißt das, Kinder in ihrer Fähigkeit zu unterstützen, ihre Lernaktivitäten selbst zu steuern und Chefs ihrer eigenen Lernprozesse zu sein (Kinder als Seiende), ihnen aber gleichzeitig strukturierte Angebote mit den notwendigen Grenzen zu machen (Kinder als Werdende), wobei dann die interessante Frage auftaucht, wieweit man die Kinder und Jugendlichen selbst wiederum an dieser Strukturierung, an der Erarbeitung dieser Strukturen beteiligen kann. Bateson hat für dieses Konzept von Erziehung und Unterricht ein sehr schönes Bild gefunden. Er hat gesagt:

Man kann das Pferd zum Wasser führen,
aber man kann es nicht zum Trinken zwingen.
Das Trinken ist seine Sache.
Aber selbst wenn Ihr Pferd durstig ist, kann es nicht trinken,
solange Sie es nicht zum Wasser führen.
Das Hinführen ist Ihre Sache.

Zusammenfassung

Zusammenfassend möchte ich zwei Überzeugungen nochmals hervorheben:

1. Erziehung ist keineswegs überholt, muss aber auf der sich neu entwickelten Kind-Erwachsenen-Beziehung erfolgen. Das bedeutet aber auch, dass wir ein neues gesellschaftliches Erwachsenenbild brauchen, ein neues Eltern-, Erzieherinnen-, Lehrerinnenbild. Hierzu einige Gedankenskizzen, die notwendigerweise etwas idealistisch klingen: Dieses Erwachsenenbild ist meines Erachtens gekennzeichnet durch den Verzicht auf den Anspruch, etwas Besseres, Vollkommeneres, Würdigeres zu sein als das Kind. Vielmehr geht dieses Erwachsenenbild davon aus, dass Kinder und Erwachsene auf einer Ebene stehen im Hinblick auf Respekt vor dem anderen, Achtung vor dem anderen, ernst nehmen des anderen, und der Würdigung seiner Wahrnehmungs- und Denkstile. Das heißt auch: Der Erwachsene hat – ebenso wie das Kind dies in je altersgemäßer Form zu tun hat – Aufgaben für das Wohlergehen der häuslichen, familiären und gesellschaftlichen Gemeinschaft zu übernehmen. Regeln gelten prinzipiell (in Abkehr von der Idee des „Quod licet Jovi, non licet bovi") für alle gleichermaßen, beispielsweise die Basisregel: Was du nicht willst, was man dir tut, das füg` auch keinem anderen zu! Regeln sind also grundsätzlich reziprok, wenn auch im Detail in Abhängigkeit vom Alter unterschiedliche Ausformungen gelten müssen.

Der Erwachsene ist aber derjenige, der unsere Welt kennt, der mit den Perspektiven und Sichtweisen vertraut ist, auf die wir uns geeinigt haben. Er weiß beispielsweise um die Notwendigkeit von Regeln für die wahrscheinlichen Folgen des Zusammenlebens und kennt die wichtigen ethischen Prinzipien. Aufgrund seiner Lebenserfahrung verfügt er über ein Überschauvermögen, sodass es ihm möglich ist, über die aktuellen Situationsfaktoren hinaus die wahrscheinlichen Konsequenzen bestimmter Entscheidungen und Handlungen vorauszusehen. Er hat die Verantwortung dafür, Kinder mit dieser Welt so vertraut zu machen, dass sie mit wachsendem Alter immer mehr Selbstverantwortung übernehmen können. Er sucht das Kind im Sinne seiner Überzeugungen zu beeinflussen. Dabei orientiert er sein Erzieherverhalten am Alter des Kindes, wobei er die Handlungen und Entscheidungen des Kindes in seiner jeweiligen Subjektbestimmtheit würdigt, auch wenn er sie nicht billigt.

2. Kinder werden heutzutage früher reif, werden früher Jugendliche – das allerdings bleiben sie dann unter bestimmten und auch sehr neuen Bedingungen sehr lange Zeit. Diese deutliche Verkürzung einer Kinderzeit bedeutet, dass wir Kinder in kürzerer Zeit dahin führen und anleiten müssen, dass sie in den wesentlichen Punkten ihres Lebens – wenn auch unter Beratung durch den Erwachsenen – eigenverantwortlich zu handeln in der Lage sind. Wir können es uns nicht mehr leisten, unsere Kinder, wie früher, künstlich kindlich zu halten. Wer mit dem Versuch, sein Kind im Sinne eigener Wertvorstellungen zu beeinflussen, zu spät kommt, den bestraft – verzeihen Sie die etwas allzu griffige Formulierung – den bestraft das Kind. Ich meine das ernst: Dass wir heute so oft von „battered parents", also geschlagenen Eltern, aufgesucht werden, ist mit Sicherheit kein Zufall, sondern hat mit diesen gesellschaftlichen Prozessen zu tun.

Literatur

Giesecke, H. (1985). Das Ende der Erziehung. Stuttgart: Klett-Cotta.

Juul, J. (1997). Das kompetente Kind. Hamburg: Rowohlt.

Luhmann, N. (1987). Strukturelle Defizite. Bemerkungen zur systemtheo-
retischen Analyse des Erziehungswesens. In J. Oelkers & H.-E. Tenorth
(Hrsg.), Pädagogik, Erziehungswissemschaft und Systemtheorie (S.
57–75). Weinheim: Belitz.

Postman, N. (1995). Keine Götter mehr. Das Ende der Erziehung. Berlin:
Berlin-Verl.

Rotthaus, W. (2004). Wozu erziehen? Entwurf einer systemischen Erziehung (5. Aufl.). Heidelberg: Carl-Auer-Systeme.

Rotthaus, W. & Trapmann, H. (2004). Auffälliges Verhalten im Jugendalter. Handbuch für Eltern und Erzieher (Band 2). Dortmund: modernes
lernen.

Rousseau, J. J. (1971). Emile oder über die Erziehung. Paderborn: Schö-
ningh. (Franz. Orig., 1762)

Scholz, G. (1994). Die Konstruktion des Kindes. Über Kinder und Kindheit. Opladen: Westdeutscher.

Trapmann, H. & Rotthaus, W. (2004). Auffälliges Verhalten im Kindesalter. Handbuch für Eltern und Erzieher (Band 2, 11. Aufl.). Dortmund:
modernes lernen

Wilk, L. (1994). Kindsein in „postmodernen" Gesellschaften. In L. Wilk &
J. Bacher (Hrsg.), Kindliche Lebenswelten (S. 1-32). Opladen: Leske und
Budrich.

Jirina Prekop

Die Festhaltetherapie

Dr. phil. Jirina Prekop, Diplom-Psychologin, aufgewachsen in Mähren, arbeitete im Bereich der Entwicklungsrehabilitation – viele Jahre davon in einer Kinderklinik in Stuttgart. Bewegt durch das Schicksal von Autisten, übernahm sie die Festhaltetherapie von Martha Welch/USA und übertrug sie auf andere Bindungsstörungen. Heute gibt sie weltweit Vorträge und Seminare und arbeitet als erfolgreiche Autorin.

Manche Deutsche zucken beim Begriff „Festhaltetherapie" erst einmal zurück, denn er kann Assoziationen wie Unterdrückung, Vergewaltigung, Gefangenhalten und Nicht-Loslassen hervorrufen – also eine Verletzung des freien Willens, eine Missachtung der Persönlichkeit und der Menschenwürde. In allen anderen Sprachen dieser Welt gibt es für diese Therapiemethode friedlichere und sanftere Benennungen. Wer sich aber mit der von mir als Festhaltetherapie nach Prekop markenrechtlich geschützten Therapiemethode befasst, wird schnell erkennen, dass sie im absoluten Gegensatz zur Einschränkung der Freiheit steht.

Ziel der Methode ist die bedingungslose Liebe zu sich selbst und zum Nächsten als Grundvoraussetzung für das Erlangen der inneren Freiheit.

Der methodische Weg dorthin ist eine emotionale Konfrontation in enger Umarmung. Die beiden beteiligten Personen drücken ihren Schmerz von Bauch zu Bauch, von Herz zu Herz, von Antlitz zu Antlitz so lange aus, bis sie sich ineinander hineingefühlt haben und ihre Liebe wieder fließen kann.

Die Indikation: eine gestörte Bindung zwischen zwei zueinander gehörenden Menschen innerhalb des Familienbandes (Mutter oder Vater und das Kind, das Paar), die so tief verletzt ist, dass man sie über die sprachliche Ebene nicht wieder herstellen kann.

Zur Geschichte der Festhaltetherapie

Ehrlich gesagt hätte ich eine Therapie, die mit dramatischem Festhalten einhergeht, niemals gesucht. Sie ist mir geschehen. Ich bin als Anhängerin von Freiheit und Demokratie nach dem 1968 gescheiterten Prager Frühling von der damaligen SSR in den Westen geflüchtet, um Freiheit für mich und meinen Mann zu gewinnen. Auf alle möglichen Enttäuschungen waren wir damals gefasst, nur nicht auf die Erfahrung, dass die Menschen hier trotz aller äußeren Freiheit innerlich unfrei sind – genauso wie die Menschen in einem diktatorischen System. Hier sah ich die Menschen gefangen in Erfolgszwängen, Putzfimmel, Kaufsucht, Schlankheitswahn, Arbeits- oder Trinksucht.

Die daraus abgeleitete Erkenntnis war eine der wichtigsten, die ich in meinem Leben gewinnen konnte: dass nämlich die innere Freiheit des Menschen einzig und allein von der Liebe abhängt. Erst wenn der Mensch sich selbst und den Nächsten trotz aller Fehler und Nöte lieben kann und sich so vorbehaltlos auch geliebt weiß, braucht er keine Ersatzsicherheiten und Ersatzbefriedigungen mehr und nimmt gerne seine Identität wahr.

Mir wurde klar, dass die Menschheit aufgrund ihres technokratischen Lebensstils durch einen kollektiven Autismus bedroht wird. Die Hauptsymptome des Autismus – die Bevorzugung der Selbststimulation sowie die Bindung an leblose Dinge vor der Bindung an den Menschen – fand ich auf eine faszinierende Weise bei autistischen Kindern verdichtet. So habe ich mich dem Problem hingegeben. Die von mir entwickelten Förderprogramme brachten zwar geringfügige, unter Berücksichtigung der therapeutischen Resistenz bei Autisten jedoch erfreuliche Ergebnisse. Es gelang mir aber trotz aller Bemühungen nicht, die Autisten für die Freude am zärtlichen Körperkontakt mit ihren Müttern zu öffnen. Sie wurden lediglich etwas aufgeschlossener für Berührungen, die durch Wahrnehmungsübungen mit dem Tastsinn eingeübt worden waren.

Niemals hätte ich ein Festhalten gegen den Wunsch des Betroffenen angestrebt. Als ich in der Fachpresse von solchen Versuchen erfuhr, war ich entsetzt. Wegweisend war für mich vielmehr der Nobelpreisträger Niko Tinbergen (Oxford). Im Rahmen seiner Instinktforschung verwies er auf die hochgradige Angstanfälligkeit und Fluchtbereitschaft von Autisten und empfahl eine äußerst schonende Förderung.

In meiner Behandlungsart „durch die Blume" fühlte ich mich bestätigt. Darüber schrieb ich eine umfassende Publikation „Förderung der Wahrnehmung bei entwicklungsgestörten Kindern", die in den Fachkreisen der Lebenshilfe sehr positiv angenommen wurde. Mein gesamtes therapeutisches Konzept habe ich hier an einem einzigen Fall demonstriert. Es handelte sich dabei um Robert S., den schwer autistischen siebenjährigen Sohn einer Obstbauernfamilie. Und ausgerechnet in dem Jahr (1981), als ich von der Empfehlung Tinbergens erfuhr, haben sich Roberts Eltern persönlich an Tinbergen gewandt, um von ihm zum Festhalten angeleitet zu werden.

Vom Umdenken Tinbergens hatte ich nicht die leiseste Ahnung. Was war geschehen? Infolge seiner veröffentlichten Empfehlung (siehe oben) wurde Tinbergen durch die Kinderpsychiaterin Martha Welch (New York) konfrontiert. Sie klärte ihn über das von ihr entwickelte „holding" auf, aufgrund dessen man sich eine vollkommene Heilung des Autismus versprechen könne. Die Beobachtungen in ihrer Praxis überzeugten den Wissenschaftler. Er begriff, dass dem Autisten die biologisch bedingte Bindung an die Mutter fehlt und dass diese feste Umarmung eigentlich das natürlichste Mittel für die Heilung von gestörten Bindungen ist.

Kurz nach dieser neuen Erkenntnis berichtete Tinbergen darüber bei einer Nobelpreisträgertagung in Lindau, wo auch Roberts Familie ansässig ist. So kamen die Eltern in den Genuss der Anleitung. Ich erfuhr davon erst nachträglich. Das Festhalten von Robert geschah also sozusagen hinter meinem Rücken. Ich konnte es nicht verhindern. Und genau das war das Glückliche an der ganzen Sache, denn Robert entfaltete innerhalb kürzester Zeit ein warmherziges Interesse für die Menschen. Nicht mein therapeutisches Konzept bewirkte dies, sondern das Festhalten.

Dass diese auf den ersten Blick primitive Methode eine seit jeher gelebte Lebensart ist, die das Kleinkind schon im Tragtuch erfährt und dadurch eine Grundausstattung für die Bindungsbereitschaft, die Einfühlung und die Liebesfähigkeit trotz aller Vorbehalte gewinnt, habe ich erst aufgrund einer Selbsterfahrung begriffen: Als ich einmal auf meinen Mann rasend wütend war und seinen sanften Versuch um Zärtlichkeit mit dem Aufschrei „Lass mich in Ruhe, verflixt noch mal!" abzuwehren versuchte, hat er sich nicht in die Flucht treiben lassen, sondern mich stattdessen festgehalten und mich angeregt, die ganze Wut bei ihm abzuladen. In seinen Armen begriff ich, dass er mich liebt, auch wenn ich böse bin – dass er mich also vorbehaltlos liebt. Und es leuchtete mir ein, dass eine solch feste Umarmung eigentlich jeder Mensch braucht, wenn er in einem affektiven Chaos weder sich selbst noch seinen Nächsten lieben kann.

Die darauf folgenden Jahre waren Zeiten des fiebrigen, spannenden, oft auch schmerzhaften Suchens. Da ich Roberts therapeutische Begleitung fortsetzen wollte, hielten mich Tinbergen und Welch auf Trab. Bei ihnen und auch bei dem Verhaltensbiologen Prof. Dr. Hassenstein und seiner Frau bot sich mir zwar eine ausgiebige Chance zur wissenschaftlichen Beratung, aber einen Schutz gegen die scharfe Kritik, die die Festhaltetherapie auslöste, konnten sie mir nicht bieten.

Die andere Schwierigkeit lag in meiner Unerfahrenheit. Der Weg konnte nicht anders gehen als über Versuch und Irrtum. Meine Arbeitsweise war ein mehrdimensionales, ganzheitliches, je nach Bedarf auch langfristiges Eingehen auf das Problem sowie die tiefe Arbeit nicht nur mit dem Kind, sondern auch mit den Eltern und den Geschwistern. Ein gemächliches Vorgehen, unter dem Beziehungen gedeihen können.

Aufgewirbelt durch die Presse strömten bald aus ganz Europa verzweifelte Eltern mit ihren autistischen Kindern in meine Sprechstunde. Ich hätte es mit meinem Gewissen nicht vereinbaren können, ihre flehentlichen Bitten abzuweisen. Zwar wäre es seriös und überzeugend gewesen, meine Verweigerung durch eine fehlende wissenschaftliche Prüfung der Methode zu begründen. Aber ich spürte, wie unter der steten Selbstzerstörung des Kindes die ganze Familie an die äußerste Grenze der Erträglichkeit getrieben wurde.

Aber nicht nur das Mitgefühl für die Verzweiflung der Betroffenen gab mir den Mut zur Festhaltetherapie, sondern auch die positiven Ergebnisse, die sich bald häuften. Immer wieder hörte ich von Müttern und Heimerziehern, dass sie schon längst vor Bekanntwerden der Festhaltetherapie ihr autoaggressives oder aggressives Kind spontan festgehalten hatten, bis es sich im Arm der Mama wohl fühlte. Auch erfuhr ich, dass es immer wieder väterliche Pädagogen (wie z. B. Pestalozzi) gegeben hat, die beziehungsgestörte Kinder festgehalten haben. Zum bestätigenden Vorbild wurde mir die alttestamentarische Geschichte über den Kampf zwischen Jakob und dem Engel. Bis heute erklingt in mir immer wieder dann, wenn die seelischen Kräfte erlahmen und die Eltern am liebsten kapitulieren würden, der Satz vom haltenden Jakob: „Ich lasse Dich nicht gehen. Du segnest mich denn."

Durch die Umstände gezwungen und auch aufgemuntert, handelte ich damals weniger als wissenschaftlich fundierte Psychologin, sondern eher als Retterin im Katastrophengebiet. Eine Familie nach der anderen, manchmal sogar in Gruppen. Bis in die Nacht und zuweilen auch darüber hinaus. „Ich lasse Dich nicht. Ich lasse nicht zu, dass Du Dich vernichtest." Unter Tränen und Schweiß funkelten vereinzelte Perlen. Das Kind schaute zum ersten Mal in die Augen der Mutter und lachte. Es genoss zum ersten Mal das Streicheln, so als wäre es neu geboren. Ein Wunder! Ein Zeichen des Segens für den begonnenen Weg.

Anfangsfehler

Mal aus Unerfahrenheit, mal wegen des Zeitdrucks oder weil ich einfach das kleinere Übel wählen musste, machte ich zwangsläufig Fehler. Der schlimmste war die mangelhafte Anleitung und die noch schwächere Begleitung der Eltern. Irrtümlicherweise stellte ich das Symptom des Kindes in den Vordergrund meines therapeutischen Handelns. Im konkreten Fall sah dies etwa so aus, dass unmittelbar nach einem ausgiebigen anamnestischen Gespräch das am meisten Sorgen machende Symptom (z.B. das autoaggressive Ausreißen der Nägel) als therapeutisches Ziel mit dem Festhalten angegangen wurde. In ihrer Umarmung hinderte die Mutter das Kind so lange an der Autoaggression und ihrer Symptomverschiebung (z.B. dem Ausreißen der Haare), bis es seinen autoaggressiven Zwang aufgab und sich in ihrer Umarmung entspannt und zufrieden fühlte.

Der Prozess des Entzugs in den Armen der Mutter dauerte manchmal viele Stunden. Mit dem simplem Ratschlag ausgerüstet, diese Festhaltetherapie und das schon vorhandene Förderprogramm von zu Hause aus fortzusetzen, wurde die Familie nach Hause geschickt. Durch meine unendlich langen Wartelisten konnte ich nur selten zu einer Kontrolluntersuchung einladen, und in den ersten Jahren gab es zunächst keine mit der Festhaltetherapie vertrauten Kollegen, auf die ich hätte verweisen können. Erst diese Not bewegte mich zur Werbung von Festhaltetherapeuten und zu einer soliden Ausbildung derselben.

Ein weiterer Fehler war, dass ich blauäugig fast jede Mutter und jeden Vater als für das Festhalten geeignet eingeschätzt habe. Welch ein Irrtum! Erst mit zunehmender Erfahrung erkannte ich, dass die Eltern besonders viel Unterstützung, ja sogar eine Therapie gebraucht hätten, um sich der schwierigen Aufgabe zu stellen. Aber ich wollte auf keinen Fall den schwer geprüften Eltern die Hoffnung nehmen. Schließlich geschahen ja immer wieder große und kleine Wunder. Zumindest fing das Kind an, die Mutter wahrzunehmen und sich von ihr berühren zu lassen. Einige wurden innerhalb von ein bis zwei Jahren frei von Autismus, suchten Freunde und besuchten höhere Schulen. Trotz der damaligen primitiven Anleitung konnten wir immerhin 14 Prozent der Autisten wirklich heilen. Die zwei wichtigsten Voraussetzungen waren, dass das Kind nicht unter einer zerebral bedingten Behinderung litt und dass die Eltern unter einer langfristigen Begleitung die Festhaltetherapie mitsamt der dazu gehörenden Erziehung zum nicht autistischen Verhalten fortsetzten.

Ich bereue die Fehler. Aber ich schäme mich nicht. Ich hätte mir all die Fehler ersparen können, wenn ich gleich zu Beginn Abstand von der Festhaltetherapie genommen hätte. Wohl die allermeisten Fachleute hätten mir Recht gegeben. Mit Sicherheit wäre ich aus dem Schneider gewesen und hätte weiterhin das gepflegte Image einer seriösen Psychologin genießen können. Die einzige andere Wahl war die Annahme der Herausforderung mit all den damit verbundenen Risiken. Mein soziales Gewissen war letztlich mächtiger als das wissenschaftliche, und es war notwendig all die Fehler zu machen, um Besseres zu entdecken. Im Nachhinein bezeichne ich die Pionierzeit der Festhaltetherapie als Steinzeit oder als Epoche der Dinosaurier. Aber ohne den primitiven Anfang wären weder das 21. Jahrhundert noch die Festhaltetherapie an ihrem heutigen erfreulichen Entwicklungsstand angelangt.

Die Kritiker und die Gegner

Wenn die Festhaltetherapie in den 50er-Jahren des letzten Jahrhunderts oder einige Jahrzehnte später erschienen wäre, hätte ich es nicht so schwer gehabt. Sie brach aber ausgerechnet in der höchsten Blütezeit der 68er-Jahre in mein Leben ein. Im Westen konnte man damals zwar die bürgerliche Freiheit im amerikanischen Sinne genießen, dafür aber litt die jüngere Generation unter dem Überdruss des Wirtschaftswunders und den autoritären Zwängen ihrer Väter. Zur Ideologie gehörte der Kampf um die Befreiung des eigenen Ichs und um die Selbstbestimmung.

Mit besonderer Vehemenz stellten sich Pädagogen, Psychologen und Theologen gegen die autoritäre Erziehung. Ein Kind zu berühren, wenn es nicht wollte, galt im Rahmen der antiautoritären Welle als grober Verstoß gegen das Recht auf Selbstbestimmung. Wenn das Kind seine Eltern oder den Lehrer schlug und trat, so durfte der Angegriffene es körperlich nicht daran hindern. Selbst das Neugeborene durfte die Mutter nicht an ihrem Herzen halten, wenn das Kind infolge seines Moro-Reflexes zur Streckung und Abwendung neigte. „Auch dies wäre Gewalt gegen das Kind. Es bricht seinen Willen, wenn man es an seiner eigenen Bewegung hindert," war eine der absurdesten Antworten, die ich je von den Antiautoritären bekam. Eben diese Fachleute wurden zu meinen größten Kritikern.

Und nicht nur ideologische Gründe haben Widerstände gegen die Festhaltetherapie heraufbeschworen. In den letzten Generationen und vor allem in der industriellen, technokratischen Gesellschaft haben sich die Menschen dem Körperkontakt entfremdet. Es entstanden Ängste vor der Nähe. Schuld daran tragen sicherlich die technische Art der Entbindung sowie die Entfernung des Babys von der Mutter, durch welche die instinktive Bindung zumindest verletzt, wenn nicht ganz abgebrochen wird. Interessanterweise gibt es in den Kulturkreisen, die immer noch traditionell kleine Kinder am Leib tragen (z. B. in ganz Lateinamerika), keine Abwehr gegen das Festhalten. Es wird dort als normal betrachtet, und so ist es auch ganz natürlich, dass der Mensch sich von seinen Mitmenschen in einer großen emotionalen Not, wie etwa Trauer oder Schreck, in mitfühlender Umarmung festhalten lässt.

Über die Verarmung des Körperkontakts hinaus gibt es aber wohl noch pathologischere Gründe. Anders nämlich könnte ich mir die Massivität der impulsiven Abwehrausbrüche bei sonst sehr intellektuellen und wissenschaftlich fundierten Menschen nicht erklären. Auf was sonst als auf panische Ängste lässt sich die auffällig affektive, allergische Reaktion auf das Festhalten zurückführen? So manch einer war im Kindesalter oder als Jugendlicher festgehalten und mit dem Stock geschlagen worden. So manch ein Mädchen war festgehalten und sexuell missbraucht worden. Und einige sind das ganze Leben lang zwanghaft als Kinder seelisch festgehalten, ohne sich zum freien Erwachsenen entfalten zu dürfen.

Obwohl die Angriffe sehr schmerzhaft waren, fruchteten sie auf eine besondere Art und Weise und wurden ein Segen. Durch die Auseinandersetzung mit dem Festhalten wurden nicht nur Gegner, sondern glücklicherweise auch Freunde und Anhänger mobilisiert. In den sich ausweitenden Freundeskreisen wuchsen sowohl das Verständnis für das Festhalten als Lebensform als auch die Maßstäbe für die Festhaltetherapie. Als sich zu uns die Bonding-Therapeuten, von denen ich vor allem Ingo und Adelheid Gerstenberg nennen möchte, gesellt haben, wuchsen auch der fachlich unterstützte Selbsterfahrungsschatz und das Erkennen der Wichtigkeit der emotionalen Arbeit für die eigene Identität. Zu Beginn unserer Freundschaft hatten wir gedacht, dass wir fast gleich sind. Aufgrund der praktischen Zusammenarbeit haben wir aber die Unterschiede zwischen unseren Arbeitsansätzen erkannt und somit eine Stärkung der therapeutischen Identität erfahren.

An dieser Stelle mindestens eine kurze Information über den grundlegenden Unterschied: Beim Bonding wird der Klient von irgendeinem Freund auf der Matte gehalten, um seine gehemmten, verborgenen Emotionen auszudrücken und deren Bedeutung für den Aufbau einer neuen Einstellung sowie für die Erneuerung der eigenen Identität zu erkennen. Bei der Festhaltetherapie liegt der Klient ebenfalls auf der Matte, jedoch nicht mit irgendeinem beliebigen Menschen, sondern mit dem ihm nahe stehenden Menschen (Mutter oder Vater, Ehepartner oder Kind), damit sie miteinander den angestauten Konflikt emotional konfrontieren und die Liebe untereinander erneuern können.

So wurde uns allmählich bewusst, dass die Festhaltetherapie im eigentlichen Sinne eine Familientherapie ist. Wir haben überlegt, ob wir sie nicht in „Bindungstherapie" umbenennen sollen. Für eine Umbenennung war es aber schon zu spät, denn die Festhaltetherapie war in einer überraschend kurzen Zeit in aller Munde und wir hatten absolut keinen Grund das Wort „Festhalten" auszulassen. Ohne Festhalten gelingt es nämlich in den meisten Fällen nicht, die notwendige Tiefe der versteckten Gefühlsverletzungen zu erreichen.

Aus dem wachsenden Kreis der Verbündeten wurde juristisch eine „Gesellschaft zur Förderung des Festhaltens als Lebensform und Therapie e.V.". Sie fing an, die Ausbildung zum/zur Festhaltetherapeuten/in anzubieten und mit zunehmender Zahl an Lehrtherapeuten Lizenzen für die Gründung der Ausbildungsinstitute zu erteilen. Sie gibt jährlich das Mitteilungsblatt „Holding Times" heraus, veranstaltet regelmäßig Symposien und Kongresse und trägt somit die positive Botschaft des Festhaltens als Lebensform und Therapie in die weite Welt hinaus.

Um dies mit gutem Gewissen zu tun, spielte die Prüfung der Ethik eine entscheidende Rolle. An dieser Stelle sei den Kritikern großer Dank ausgesprochen, denn ohne deren Zündstoff hätte man keinen ernsthaften Anlass gehabt, die Ethik der Festhaltetherapie zu überprüfen und somit ihre Entwicklung zu fördern. Und obwohl die Kritik im Lauf der Jahre deutlich schwächer wurde, steht die Sorge um die Ethik immer noch als Grundsatz an oberster Stelle. Sie äußert sich nicht nur im Philosophieren, sondern auch in der Tat. So geschah etwa die Trennung von den reinen Verhaltenstherapeuten, die das Festhalten vor allem in den Dienst der Anpassung des Kindes an die Mutter gestellt haben. Letzten Endes wurde es notwendig, das (vor allem von Prekop entwickelte) Konzept der Festhaltetherapie weltweit markenrechtlich anzumelden, um es vor einem eventuellen Missbrauch zu schützen.

(Ab hier wird für die Festhaltetherapie nach Prekop das Kürzel FTP verwendet.)

Bereicherung durch den systemischen Ansatz von Bert Hellinger

Eigentlich gehört dieser Absatz zum Kapitel über die Kritiker. Nur dank einer scharfen Kritik in „Psychologie heute" (1989) habe ich nämlich Bert Hellinger kennen gelernt. Er schickte der Redaktion seinen das Festhalten eindeutig akzeptierenden Leserbrief. So entstand unsere freundschaftliche Beziehung, in deren Verlauf der FTP ein wahrer Quantensprung gelang. In Bezug auf die systemischen Verstrickungen innerhalb der Familie leuchtete uns ein, warum uns der eine oder andere Fall nicht gelingt.

Ein Beispiel: Eine Mutter klagt über die Aggressionen ihres Sohnes, die nur gegen sie gerichtet seien. Der Junge lässt sich während des Festhaltens nicht motivieren seine Wut der Mutter gegenüber auszudrücken und schweigt hartnäckig. Erst das nähere Nachforschen, z. B. mittels einer Familienaufstellung bringt ans Licht, dass der Junge eigentlich die Gefühle seines Vaters übernimmt und für ihn schweigt, dass er sich eigentlich für seinen Papa an der Mama rächt.

Oder: Ein Vater traut sich nicht, zusammen mit seiner Frau den Kindern Grenzen zu setzen. Er ist zu nachgiebig. Eine Anleitung zum erzieherischen Verhalten fruchtet nicht. Bei der Analyse der systemischen Zusammenhänge zeigt sich, dass der Mann aus Zorn gegen seinen sehr strengen Vater sich total gegensätzlich verhält, eigentlich erst jetzt einen Widerstand nachholt und deshalb nicht als Erwachsener handeln kann.

Durch das Einbeziehen der systemischen Zusammenhänge im ursächlichen wie im heilenden Sinne weitete sich die Festhaltetherapie um eine weitere Dimension zu einer tieferen Ganzheitlichkeit aus.

Das Menschenbild

Welchem Menschenbild möchte die FTP dienen? Das wichtigste Lebensprinzip des Menschen und seiner Menschlichkeit ist die Liebe. Dem Menschen geht es gut, wenn er sich selbst und den Nächsten bedingungslos liebt. Dann braucht er keine Ersatzbefriedigungen wie z. B. Trink-, Computer- oder Erfolgssucht. Nur die bedingungslose Liebe gestattet dem Menschen den Gewinn der inneren Freiheit. Zum Kreis seiner Nächsten gehören zunächst seine Mutter und sein Vater, später sein/e Lebenspartner/in und seine Kinder. In der Familie ist der Ort und die Zeit, wo die Liebe geboren wird und wo sie zu pflegen ist. Vor allem muss also der Mensch seinen Vater und seine Mutter lieben, mindestens aber ehren. Erst dann kann er seine Liebeserfahrungen auf seine anderen Nächsten ausweiten und ihnen auch die Freiheit geben.

In diesen Thesen sind das neutestamentarische höchste Gebot „Liebe deinen Nächsten wie dich selbst" sowie das alttestamentarische vierte Gebot „Du sollst Vater und Mutter ehren, auf das es dir gut ergehe auf Erden" zu erkennen. Diese Spiritualität ist aber nicht nur christlich. Sie ist allen Religionen eigen. Und selbst der Atheist, der sich diese Grundsätze zu eigen macht, ist unbewusst (aber doch) dem Schöpfer nah. So ist das Menschenbild für die FTP jedenfalls spirituell und überkonfessionell.

Die Liebe ist genauso wie alles andere in das Gesetz der Polarität eingebunden. So wie zwischen den gegensätzlichen Polen Minus und Plus der elektrische Strom fließt, so wie der Hunger das Bedürfnis nach Sattsein anregt und so wie es ohne Kreuzweg keine Auferstehung gäbe, so schöpfungsbedingt muss auch die Liebe durch den Hass als ihren Gegenpol herausgefordert werden. Von den Schöpfungsgesetzen her ist jedoch nie der Weg ins Dunkle das Ziel der Polarität, sondern der Weg hin zum Licht und zur Auferstehung, sprich zur Lösung. Hierbei sind die Hoffnung und der Glaube an eigene oder höhere Kräfte gefordert. Dem Menschen zum Bewusstsein und zum Erleben solcher Kräfte zu verhelfen, stellt sich die FTP zur Aufgabe.

Herausforderung durch „das Tier in uns"

Der niedrigste Teil des Gehirns, das sogenannte limbische System, ist uns gemeinsam mit allen Säugetieren, Vögeln und Fischen. Bei Angst oder Wut werden Hormone freigesetzt, welche die Instinkte zur Flucht oder zum Angriff in Gang setzen. Solange der Mensch diese Instinkte durch seinen Verstand zu steuern vermag, gelingt es ihm auf seine menschliche Weise, die gefährdete Liebe zu erneuen. Falls aber die Hormone so überschäumen, dass durch die Wirkung des übererregten limbischen Systems die neuronalen Netze in der Hirnrinde gehemmt bzw. ganz außer Kraft gesetzt werden, verliert der Mensch seinen Verstand und unterliegt seiner Wut oder Angst. Er schlägt zu, schreit oder ergreift die Flucht. Hierbei handelt es sich keinesfalls um Entscheidungen des freien Willens. Ganz im Gegenteil: Mit dem Verlust seines Verstandes – getrieben durch die aufgewühlten Hormone – hat der Mensch auch die Herrschaft über seinen freien Willen verloren.

Diese massive Fluchtbereitschaft ist ein Grundthema in der FTP. Zum einen wirkt sie ursächlich auf die Bindungsstörung, und zum anderen hindert sie den einen oder sogar beide Beteiligte daran, den Schmerz zu konfrontieren. Gemeint ist der Abbruch der basalen Bindung, wenn z.B. die Mutter das Schreien ihres Babys nicht ertragen kann, von ihm weggeht und das Baby seiner Vereinsamung ausliefert. Ursache und Wirkung werden dabei zu einem wechselseitigen Prozess.

Ethik

Die ethische Haltung des Festhaltetherapeuten ergibt sich aus dem beschriebenen Menschenbild. Grundsätzlich achtet der Therapeut auf Ganzheitlichkeit: Die Ursache deutet er nicht aus einem einzigen Blickwinkel heraus, sondern versucht sie multifaktoriell zu begreifen. So ähnlich verfährt er auch therapeutisch. Dies bedeutet, dass er beim Klienten (und auch bei dessen Lebenspartner) nicht nur die persönliche Anamnese durchführt, sondern auch das Ursprungs- und das Gegenwartsystem seiner Familie, die Stellung in der Geschwisterreihe, seine unerfüllten Lebenswünsche, Gewohnheiten, Bedürfnisse und anderes ermittelt. Die FTP betreibt also keine Symptombehandlung, sondern versteht sich als kausale Therapie, als Wurzeltherapie.

Noch bevor das Festhalten eingeleitet wird, bekommen die Klienten eine Aufklärung über den Sinn und den Verlauf der Methode. Denn damit ein Klient seine Emotionen mit einer eindeutigen Offenheit ausdrücken kann, braucht er eine ausgiebige Vorbereitung. Je nach Persönlichkeit kann diese mal mehr und mal weniger intensiv, manchmal sogar stark therapeutisch betont sein. Es geht um die Integration der aufgewühlten Emotionen in die gedanklichen, logischen Zusammenhänge, also schlicht um die Vernunft und die Würde des Menschen. Einen Klienten zu „überrumpeln" verstößt gegen seine Würde und somit gegen die Ethik des Therapeuten. Zur Vorbereitung gehört auch eine Aufklärung über die zulässige Art der aggressiven Äußerungen: nur in Ich-Form, mittels aktivem Zuhören, unter totalem Verzicht auf körperliche Attacken usw.

Besonders großen Wert legen wir auf die Aufklärung der Kinder. Natürlich sind Kleinkinder verstandesmäßig noch nicht in der Lage, die notwendigen Zusammenhänge zu verstehen. Erst ab dem vierten Lebensjahr kann man Kinder mit Erklärungen und konkretem Vormachen erreichen: Beim Rollenspiel mittels zweier Plüschkrokodile wird gezeigt, wie sich die beiden beim Konflikt schlagen und voreinander flüchten. Dann demonstriert eine Mutter mit ihrer Tochter, wie sie den Konflikt menschlich verarbeiten, wie sie sich auf der Matte festhalten, keinesfalls miteinander kämpfen, um sich die Körperkraft nachzuweisen, sondern wie jede der beiden ihre verletzten Gefühle äußert und wie sie dann ihre Freude an der Versöhnung genießen.

Zum Prinzip der FTP gehört, dass kein Therapieprozess inmitten der negativen Emotionen wie Zorn und Wut abgebrochen und auf die nächste Sprechstunde verlegt wird. Beenden kann man erst dann, wenn die beiden betroffenen Personen wieder zur Bindung gefunden haben und wenn die Liebe fließt. Dieser Prozess kann eine ganze Weile dauern. Je gekonnter und einfühlsamer allerdings der begleitende Therapeut die verborgenen Wunden erahnen und eröffnen helfen kann, und je eindeutiger sich die Klienten geäußert haben, umso kürzer dauert der Prozess.

Die Empathie ist der wichtigste ethische Maßstab. Wenn ein Elternpaar mit Kind zum Therapeuten kommt, darf der Therapeut nicht nur einem oder zweien aus der Familie zur Seite stehen. Leicht könnte es passieren, wenn er z. B. dem Mann gegen dessen Frau zur Seite steht, dass er ihr Vertrauen und eventuell auch das des Kindes verliert. Der Therapeut muss für alle drei da sein. Und er muss sich in jeden Einzelnen hinein versetzen können – und dies nicht nur in der jetzigen Situation, sondern auch im jeweiligen Kindesalter.

Modifikationen und Ziele

Wir unterscheiden bei der FTP vier Modifikationen, also vier grundlegende Anwendungsbereiche, die häufig in einer Therapie aufeinander folgen:

- Eltern-Kind FTP (das Kind auch im Erwachsenenalter)
- Aussöhnung mit den Eltern oder auch mit dem abwesenden Ehepartner unter Visualisierung
- Paarfesthalten
- Rehabilitation der Geburtserlebnisse

Die Auflistung der Ziele zeigt zugleich den chronologischen Verlauf des festhaltetherapeutischen Settings als auch dessen Ergebnisse auf:

- emotionale Konfrontation
- Zulassen und Kultivieren der Aggressivität
- gegenseitiges Hineinfühlen (Empathie)
- Konfliktbewältigung
- emotionaler Nachvollzug des systemischen Ordnens
- Rehabilitation der Bindung
- Erneuerung der Liebe
- Geborgenheit und Freiheit

Kontraindikationen

Um die Klienten zur FTP einladen zu können, sind sie im Voraus auf ihre Eignung hin zu überprüfen. Dies ist durchaus mittels eines telefonischen Gesprächs oder eines Fragebogens möglich. Falls der Grund zur Ablehnung eindeutig ist, kann man den Menschen die Kosten für Anreise und Besuch ersparen. (Beispiel: Eine Mutter möchte mit ihrem aggressiven Sohn zur FTP kommen, dies aber ohne ihren Mann, den sie auf keinen Fall achten kann.) Manchmal aber ist die Eignung aus der Ferne nicht leicht abzuschätzen und es besteht die Hoffnung, dem Klienten mit einer therapeutisch betonten Vorbereitung zu seiner Reife für die FTP verhelfen zu können. (Beispiele: Ein Vater lehnt das Festhalten von vornherein ab, da er als Kind grausame Erfahrungen mit der unterdrückenden Erziehung hatte. Oder: Eine Mutter möchte wegen der Unruhe ihres Sohnes zur FTP kommen. Das erste Gespräch ergibt, dass sie sich mit Schuldgefühlen wegen ihres abgetriebenen Kindes quält, deshalb in eine affektive Ambivalenz gerät und ihrem überlebenden Einzelkind keine Grenzen setzen kann.)

Als wichtige Kontraindikationen gelten:
- die Absicht, die FTP als Erziehungsmittel zum Gehorsam zu benutzen (Zur Erziehung gehören andere Mittel!)
- eine chronische, affektive Ambivalenz beim Haltenden (Die Unentschiedenheit kann das Kind nicht ertragen. Es zieht sich zurück oder wird aggressiv, die erwünschte Konfrontation gelingt nicht.)

- wenn einer der beiden Eltern gegen die FTP ist (Das Kind würde durch den Riss im Elternband schwer verunsichert werden.)
- wenn der Halten-Wollende die Ordnung im familiären System verweigert (Falls das Kind spürt, dass sein Vater böse auf seine Mutter ist, kann es nicht anders, als böse zu ihm sein. Es kann sich aber nicht anvertrauen. So ähnlich ist es, wenn Adoptiveltern die leiblichen Eltern des Kindes nicht achten.)
- eine Psychose oder schwergradige Borderline-Störungen des Haltenden, in vielen Fällen auch die des Gehaltenen (Der Psychotiker ist wenig oder gar nicht belastbar bei intensiven emotionalen Aufwühlungen. Er schützt sich durch Abspalten, indem er „aussteigt" und wird dann für die reale Konfrontation unerreichbar.)
- sexueller Missbrauch seitens des Elternteiles, das sein missbrauchtes Kind festhalten möchte

Medizinische Diagnosen, wie Epilepsie, Asthma und Herzerkrankungen, sind in der Regel keine Kontraindikationen. Im Gegenteil: Die echte Konfrontation und der wieder hergestellte innere Frieden sind für diese Patienten oftmals wohltuend. Im Zweifelsfall ist allerdings der zuständige Facharzt zu befragen.

Die praktische Durchführung der FTP mit Fallbeispiel

Die FTP wird sowohl individuell in ambulanten Praxen als auch von therapeutischen Gruppen angeboten. Die zweite Alternative erscheint am effektivsten – nicht nur für die Klienten, sondern auch für die Therapeuten, wodurch natürlich die Klienten auf besondere Weise profitieren.

Familien mit kleinen Kindern haben Vorrang. Als dringliche Notwendigkeit wird die Teilnahme beider Eltern gesehen. Sehr wünschenswert ist, dass auch die Großeltern beiderseits teilnehmen. Es wird also mit drei Generationen gearbeitet.

Die Therapie übernehmen nur zertifizierte Therapeuten oder Auszubildende in kontinuierlicher Supervision. Es zeigte sich am effektivsten, wenn ein Therapeut in der Gruppe eine, höchstens aber zwei Familien betreut und sämtliche Therapiesequenzen von Anfang bis Ende durchführt und auch die Nachbetreuung garantiert bzw. vermittelt. Er hat dann die gesamte Familie mit all ihren Problemen, Schicksalen und Zusammenhängen im Blick und gibt zum Abschluss des Seminars sozusagen ein Werk „aus einem Guss" ab. Ein weiterer Vorteil der therapeutischen Gruppe ergibt sich in Bezug auf das breite Spektrum der systemischen Arbeit: Im Gegensatz zur Therapie in der ambulanten Praxis können beim Seminar die familiären Systeme nicht nur mit Gegenständen, sondern mit Menschen aufgestellt werden. Durch das intuitive Fühlen der Aufgestellten kommt sowohl eine tiefere Wahrheit ans Licht wie auch der Aufgestellte durch das Hineinfühlen Anteil am Schicksal des anderen nimmt.

Einen besonderen Vorteil haben die Kinder: In den Zeiten der Erwachsenenarbeit dürfen sie unter fachlicher Betreuung frei spielen und je nach den Möglichkeiten des Hauses, in denen das Seminar stattfindet, reiten, Waldwege erforschen, Abenteuer erleben und Freundschaften knüpfen. Die gesamte Gruppe, also die Familien mit den Kindern und die Therapeuten, trifft sich zweimal täglich zum Singen und Tanzen sowie zu Bewegungs- und Rollenspielen.

Für Kinder ab etwa vier Jahren gibt es auch philosophischen Unterricht. Er veranschaulicht die Bedeutung der Liebe für die Menschlichkeit und ihre Herausforderung durch die Polarität. Anhand des Kampfes zwischen zwei Krokodilen wird gezeigt, wie sich die Tiere bei Wut schlagen und voneinander weggehen. Anders dagegen muss sich der Mensch verhalten, weil er über eine hohe Intelligenz, Verstand und ein Gewissen verfügt.

Vor Beginn der Therapie werden anschaulich die Regeln für das Festhalten erläutert und vorgezeigt: Die Umarmung findet meist im Liegen statt, nur bei kleinen Kindern im Sitzen. Kindern, die ihren Zorn ausdrücken sollen, tut es gut, wenn sie sich mit den gesamten Fußsohlen vom Boden abstoßen können.

Einer der beiden Betroffenen (meist das Kind, bei Ehepaaren aus Gründen der Beziehungsdynamik die Frau) liegt auf dem Rücken. Er wird vom anderen von oben umarmt, wobei der Kopf in dessen Halskuhle liegt. Die Augen sind zunächst geschlossen, um sich auf den Schmerz zu besinnen und ihn auszudrücken. Meist beginnt so die Konfrontation. Körperliche Aggression, wie grobes oder zu festes Halten bis hin zur Atemnot und zum Schlagen sowie Schimpfworte, sind verboten.

Die Konfrontation wird ununterbrochen vom Therapeuten begleitet. Durch seine Einfühlung spiegelt er wider, was sich bereits bewegt. Er ermutigt die Klienten,den Schmerz auszudrücken, die Wut herauszuschreien und die Trauer auszuweinen. Er verhilft den beiden, sich ineinander hineinzuversetzen und moderiert die Versöhnung.

Nachdem nun alle über den Sinn und die Regeln aufgeklärt sind, bekommen sie die Anregung, das Festhalten zu lernen, um unnötige lieblose Entfremdungen nach Art der Krokodile immer dann zu vermeiden, wenn der Konflikt sprachlich nicht zu bewältigen ist: „Nun also, liebe Kinder, lernen es die Eltern mit euren Großeltern, dann kommen die Mama und der Papa auf die Matte, und dann lernst du es auch mit deiner Mama oder mit dem Papa..." In all den vielen Jahren habe ich noch nicht erlebt, dass ein Kind sich dagegen widersetzen wollte.

In der Gruppe treffen sich die Erwachsenen nur für solche Lernsituationen, für Gruppengespräche und für die Aufstellung der Familien, falls dies aus Gründen der Aufdeckung und Auflösung einer systemischen Verstrickung notwendig ist. Sämtliche festhaltetherapeutischen Prozesse finden grundsätzlich in einem intimen Raum statt, wo die Familie alleine und konzentriert mit ihrem Therapeuten in einem beschützten Rahmen arbeiten kann.

Verlauf eines FTP-Settings

Anlass

An einem therapeutischen Seminar nimmt das Ehepaar Steffen (36) und Sabine (32) mit seinen beiden Kindern Petra (7) und Marc (4) teil. Das Problem ist der tyrannische Marc. Seine Mama gebe ihm ständig nach, klagt der Mann. Ihre Nachgiebigkeit begründet die Mutter mit der Risikogeburt (Kaiserschnitt im achten Monat der Schwangerschaft) und einer Epilepsie des Sohnes. Sie erkenne ihre Inkonsequenz als Fehler, könne sich aber nicht ändern. Ihr Mann sei ihr deshalb extrem böse. Streitigkeiten in der Ehe seien an der Tagesordnung. Petras Probleme sind Konzentrationsstörungen sowohl in der Schule als auch beim freien Spielen zu Hause.

Ermittlungen systemischer Art

In der Gruppe wird das Gegenwartssystem aufgestellt: Das Paar steht einige Meter voneinander entfernt. Die beiden schauen sich aber nicht an, sondern richten den Blick jeweils in die Ferne. Petra steht dem Vater nah und Marc steht dicht vor der Mutter, so als möchte er sie am Weggehen hindern. Auf die Frage, wen sie in der Ferne sieht, fängt die Mama an zu weinen und berichtet über ihren jüngeren Bruder, auf den sie eifersüchtig war und über den sie oftmals gedacht hatte, dass ihn der liebe Gott wieder zurücknehmen solle. Tatsächlich starb er dann mit zwei Jahren an Enzephalitis. Es leuchtet ein, dass Sabine ihre Wiedergutmachung nun in Form von Verwöhnen auf Marc überträgt, während sie den Schatten ihrer Schuldgefühle auf Petra wirft. Ihr größter Schmerz gilt jedoch ihrem Vater: Als die Mutter in großer Trauer nicht für sie da sein konnte, habe er ihre Not nicht gespürt. Im Gegenteil, denn er wurde zu einem strengen Erzieher. Und auch Steffen überträgt auf seine Frau etwas, was er bei seiner Mutter erleiden musste: ihre durch depressive Stimmungsschwankungen bedingte Unentschiedenheit.

Entwurf des therapeutischen Vorgehens (Ductus)

Es leuchtet ein, dass es Unsinn wäre, hier mit dem Therapieren der Kinder zu beginnen. Die Ursachen der Problematik liegen vor allem in der Herkunft beider Eltern. Keiner von ihnen kann für die Ehe und für die Elternschaft reif genug sein, wenn er auf den Ehepartner die Kränkungen aus seiner Kindheit überträgt. Es ist also die Versöhnung mit den Eltern angesagt sowie das Bewusstmachen der Übertragungen auf die Ehe und die Erziehung. Erst dann kann das Paarfesthalten zu einem guten Ergebnis führen, und erst danach sind die Eltern reif dazu, ihren Kindern die gerechte Stelle zu geben, an der sie Liebe leben und sich frei fühlen können.

Petra kommt als Erstgeborene zuerst an die Reihe. Ihr zu verarbeitendes Thema steckt im Verlust der ersten Stelle und in ihren Ängsten, von ihrer

Mutter weniger geliebt zu werden als ihr Bruder. Marc soll das Umgekehrte erfahren, nämlich dass er nicht der Erst-, sondern der Zweitgeborene ist. Darüber hinaus ist damit zu rechnen, dass sich im Festhalten spontan das Bedürfnis nach dem Nachholen der Geburtserlebnisse äußert. Seine fortschreitende Traumatisierung deutet nämlich auf eine unsichere Bindung an die Mutter hin. Er beherrscht sie mit seinen steten Wünschen, um sie zu haben.

Vater Steffen versöhnt sich mit seiner Mutter

Glücklicherweise nimmt Steffens Mutter am Seminar teil und ist bereit, sich auf die Konfrontation mit ihrem Sohn einzulassen. Bei Steffen kommen die Erinnerungen an die Zustände seiner Ohnmacht, seiner Schuld und seiner Wut hoch, die ihn angesichts der Schwäche der Mutter überkommen haben: „Ich habe dich so lieb und ich musste dich hassen, wenn du nicht greifbar warst." Die Therapeutin unterstützt die Mutter, diese ihr bis heute verborgene Wahrheit zu verstehen und Steffens Gefühle zu spiegeln. Einiges kann die Mutter gut nachvollziehen, weil sie ähnliche Gefühle der Ohnmacht aus ihrer Kindheit kennt. Verantwortung hat sie als siebtes von zwölf Kindern in ihrer Rolle als „Niemandskind" nicht gelernt. Als sie ihre kindlichen Tränen weint, fühlt sich Steffen wiederholt vom Ekel überkommen. Erst als sich unter der therapeutischen Hilfe die Mutter als Mutter stellt, kann Steffen seine Achtung vor dem schweren Schicksal seiner Mutter äußern und ihr danken.

Mutter Sabine versöhnt sich mit ihrem Vater unter Visualisierung

Weil Sabines Vater vor zwei Jahren gestorben ist, wird die Konfrontation mit ihm in einem leicht hypnotischen Zustand und mit Visualisierungsmethoden durchgeführt. (Diese Modifikation der FTP ist übrigens die am häufigsten angewandte.) Sabine wird in den Armen ihres Mannes gehalten. Er aber vertritt auf keinen Fall ihren Vater. Lediglich hält er sie in seinen Armen, damit er an ihrer Lebensgeschichte teilnehmen kann und damit sie sich geborgen weiß. Beide haben die Augen geschlossen. Mit dem Bild des Vaters konfrontiert sich Sabine in drei Schritten:

- Sie erinnert sich an einen unvergesslichen Schmerz aus ihrer Kindheit. Nach dem Tod ihres Bruders wurde sie von ihrer Mutter so gut wie nicht gesehen. Verängstigt und ausgehungert nach Liebe schmiegte sie sich an ihren Vater. Der aber hat sie abgewiesen. Und als sie in Tränen ausbrach, hat er ihr noch eine Ohrfeige verpasst. „Ich habe dich so gebraucht, Papi. Und du warst nicht für mich nicht da. Das tut so weh …" Sabine weint ohne Ende.

- Ohne das Wissen um die Betroffenheit der Eltern in ihrer Kindheit kann die Versöhnung nicht leicht oder gar nicht gelingen. Deswegen sucht Sabine das Bild ihres Vaters in seinem Kindesalter, dort wo er einen großen Schmerz hatte. Sie sieht ihn in einer Scheune sitzen, wie er hier bitterlich weint, weil er von seinem betrunkenen Stiefvater ungerecht geschlagen wurde und seine Mutter ihn nicht schützte.

- Nun geht der Weg der Versöhnung in den Himmel. Sabine fliegt dorthin unter den Flügeln ihres Schutzengels. Es gelingt ihr, ihren Papi sofort zu sehen. Sie bedankt sich für alles, was er ihr geben konnte. Erst jetzt, als Erwachsene, kann sie seine gelegentlichen bösen Ausbrüche verstehen, nachdem sie seine schwere Kindheit betrachtet hat. Sie achte und liebe ihn trotzdem, sagt sie, und bittet ihn um seinen Segen. Und als der Segen fließt, gesellt sich dazu auch der verstorbene kleine Bruder, befreit Sabine von ihren Gewissensbissen („Ich musste gehen. Das war mein Schicksal. Damit hast du nichts zu tun."), und segnet sie auch.

Es sei ergänzend erwähnt, dass auch grobe Verletzungen – wie beispielsweise sexueller Missbrauch durch den Vater – durch diese Methode verarbeitet werden können. Allerdings wird äußerst konsequent darauf geachtet, dass die Frau die Übertragung der widerlichen Gefühle gegenüber ihrem Vater von der Wahrnehmung ihres Mannes trennt.
Die Methode der drei Schritte unter Visualisierung bewährt sich auch zur Versöhnung mit dem verstorbenen Ehemann.

Paarfesthalten

Aufgrund der Versöhnungen mit den Eltern ist das Paar nun einigermaßen füreinander frei. Dennoch ist es noch notwendig, die Auswirkung der Übertragungen einzuordnen. Steffen reagierte allergisch, wenn ihn

Sabine an seine Mutter erinnerte, und Sabine fühlte sich sofort klein und verlassen, wenn Steffen, so ähnlich wie ihr geliebter Vater, plötzlich böse zu ihr war. Beide sind bereit, nicht mehr den kindlichen Schmerz, sondern den erwachsenen Verstand walten zu lassen. Sie liegen auf der Matte in enger Umarmung, schauen sich an und äußern, was noch weh tut und ärgert. Die Therapeutin achtet auf die gegenseitige Einfühlung. Im nächsten Schritt teilen sie sich gegenseitig mit, was sie aneinander lieben und was sie sich geben, damit die Liebe besser als bisher gedeihen kann.

(Die FTP wird auch bei sich trennenden Paaren praktiziert, um die Trennung in gegenseitiger Achtung nachzuvollziehen.)

Petra wird von ihrer Mutter festgehalten

Im Arm ihrer Mutter will Petra zunächst keine Kränkungen ausdrücken. Auf alle Anregungen ihrer Mutter wie: „Du hast sicherlich Wut auf mich, du darfst alles ausschreien", reagiert sie mit Verneinen. Sie habe keine Wut, behauptet sie, sie fühle sich im Arm ihrer Mama wohl. Erst als die Mama auf Anregung der Therapeutin tiefer bohrt und ganz sanft fragt, ob sie sich manchmal nicht zu alleine fühle, und ob sie die Mama nicht öfters nur für sich haben wolle, bricht die tiefe Trauer aus. Petra weint bitterlich und klagt: „Du würdest es vielleicht gar nicht merken, wenn ich sterbe!" Die Mama ist zutiefst gerührt und weint auch. „Es tut mir so leid, dass ich es nicht ahnte. Wir holen es auf, möchtest Du das?" Und ob Petra es möchte! Sie drückt ihre Mutter ganz fest und zeigt, wie sehr sie sich freut. „Du bist mein erstes Kind. Die Erste bist Du und den Platz gebe ich niemandem her." Noch lange genießen die beiden das Schmusen und möchten lieber gar nicht voneinander weg.

Die Rehabilitation der Geburtserlebnisse

Je nach Sensibilität und Verwundbarkeit erleiden manche Menschen infolge eines Kaiserschnittes und/oder der Entfernung von der Mutter einen beängstigenden Abbruch der Bindung. Das unverarbeitete Trauma zieht sich u. U. durch das ganze Leben und schürt Ängste vor der Bindung und um die Bindung. Ob der Mensch das Bedürfnis hat, die Erlebnisse nachzuholen, erkennt man während des Festhaltens. Die mit der Geburt vergleichbare Körperposition, also in einem engen Kanal zu stecken, aktiviert das im Körpergedächtnis bis dahin verborgene Trauma. Die Stimme geht in eine kleinkindliche Tonlage über. Berührt man den cranio-sacralen Bereich und die Fußsohlen, reagiert der Klient mit Gegendruck. Er möchte hinaus. Die Empfindungen von damals werden reaktiviert: die Atemnot, das Gefühl der Gefährdung durch Enge, der Druckschmerz an den Körperteilen, die bei der Geburt den Druck erlitten haben usw.

Das Festhalten mit Marc beginnt, indem ihm seine Mama erzählt, wie er zunächst ganz geborgen in ihrem Bauch war, wie dann frühzeitig die Wehen eingesetzt haben und im Sturm der Weg ins Krankenhaus führte. Wie die Mama eine Narkose bekam, er herausoperiert wurde und dann für lange Zeit ganz alleine erst im Inkubator und dann im Gitterbettchen lag.

Schon während der Erzählung, eng in der Halskuhle gehalten, reagiert Marc auf die bekannte Art und Weise. „Und jetzt holen wir auf, was damals fehlte", mit diesen Worten macht sich die Therapeutin zur Hebamme und leitet die virtuelle Entbindung ein. Nach einigen „Presswehen", bei denen Marc auch kräftig mitmacht, schlüpft er hinaus. Die Mama dreht sich auf den Rücken, Marc wird an ihr Herz gelegt, genießt das zärtliche Streicheln und hört sich an, wie die Mama mit ihm synchron atmet und alle seine Lautäußerungen widerspiegelt. Dann kommt auch noch das Schwesterchen Petra dazu, wie es bei einer Geburt so Sitte ist und freut sich über ihr Brüderchen. „Jetzt bin ich deine große Schwester und du mein kleiner Bruder." Als der Papa alle drei in den Arm nimmt, ist das Bild der glücklichen Familie abgerundet.

Zum Abschluss des therapeutischen Seminars findet ein Abschiedsritual statt. Zunächst berichten die Erwachsenen, was sie aufgeben konnten und was sie gewonnen haben. Dann lassen sie die Kinder kommen und zünden gemeinsam Kerzen an. Dabei darf jeder eine Kerze für einen Menschen anzünden, den er besonders tief ins Herz geschlossen hat.

Literatur

Prekop, J. (1989). Hättest du mich festgehalten. München: Goldmann.
(Ein weiteres Buch zur Festhaltetherapie ist in Vorbereitung.)

Welch, M. G. (1991). Die haltende Umarmung. München: Reinhardt.

Franz Müller

Die Bedeutung des Hörens für die Entwicklung des Menschen

Franz Müller, Diplom-Psychologe und Diplom-Theologe, ausgebildet in Audio-Psycho-Phonologie unter der persönlichen Anleitung von Prof. Dr. Alfred Tomatis, Paris, eigene Praxis für Kommunikationstraining, Hör- und Psychotherapie in 23879 Mölln,
Leiter des Ausbildungsinstituts für Systemische Hörtherapie „Auris Integralis", Seminar- und Dozententätigkeit in Deutschland und Indien (Auroville),
www.analytische-hoertherapie.de, www.auris-integralis.de

Dieser Vortrag wurde anlässlich des ptzSymposiums „Menschwerdung – Psychotherapie des Ankommens" 2005 in Lindau gehalten.

*Die Geburt ist nicht ein
augenblickliches Ereignis,
sondern ein dauernder Vorgang.
Das Ziel des Lebens ist es,
ganz geboren zu werden,
und seine Tragödie,
dass die meisten von uns sterben,
bevor sie ganz geboren sind.*

Erich Fromm

Das therapeutische Konzept und die sieben Phasen der Tomatistherapie

In der Tomatistherapie, mit der ich arbeite, ist die Unterscheidung zwischen einfachem nur HÖREN und dem HINHÖREN / HORCHEN von grundlegender Bedeutung. Beim Hinhören tritt zu der physiologischen Hörfähigkeit eine intentionale Innenseite hinzu. Sie ist geprägt von Aufmerksamkeit und Interesse.

Die Tomatistherapie kann angesehen werden als ein Horchtraining, das zur Kommunikation anleiten möchte, um ein verschlossenes auditives Muster wieder zu öffnen.

Es gehört zum therapeutischen Konzept der Tomatistherapie, dass in einem Therapieprozess die kommunikative Entwicklung vom ersten Höreindruck im Mutterleib bis zum stimmlich-sprachlichen Selbstausdruck mit den Klienten nachbearbeitet wird.

Die Tomatistherapie bietet damit eine Möglichkeit, in der menschlichen Entwicklung entstandene Emotionen auf dem Hintergrund früher kommunikativer Muster erlebbar und fühlbar zu machen. So bewusst geworden, können sie in die Persönlichkeit der Klienten integriert werden, ein Vorgang, in dem sich der Mensch und damit sein Selbst- und Weltbezug verändern lässt.

Ich werde sie jetzt anhand von akustischen Beispielen, Gedanken und Bildern auf eine Reise mitnehmen. Es ist eine Reise, bei der Sie einen ersten Eindruck bekommen von diesem Konzept und der Wirkung gefilterter Töne. Was jetzt hier in Minuten abläuft, dauert in der Therapie mehrere Wochen und Monate.

Bemerkungen zum Setting: Mit dem Klienten wird zunächst ein Vorgespräch und eine eingehende tomatisspezifische auditive Diagnostik durchgeführt. In diesem Hörprofil wird das vorhandene Kommunikationsmuster mit seinen Möglichkeiten und seinen Blockaden sichtbar (F. Müller,1999). Die Therapie erfolgt dann mittels eines technischen Gerätes, das „Elektronisches Ohr" genannt wird. Mit ihm können die verschiedenen Leistungen der auditiven Wahrnehmung stimuliert und trainiert werden. Verwendet werden spezielle Kopfhörer. Das Spezielle liegt darin, dass neben der Klangübertragung über das Ohr und das Trommelfell auch die Klangübertragung über das Knochensystem möglich ist. Damit ist eine natürliche Klangwahrnehmung simuliert. Wir hören immer gleichzeitig über das Ohr und über unser Knochensystem. Die ersten Tage der Hörtherapie haben das Ziel, die Klienten ankommen zu lassen und sie an die besondere Art des Musikhörens zu gewöhnen.

Die erste Station: die Begegnung mit der Klangwippe

Damit bin ich bei der ersten musikalischen Station unserer Reise. Wer eine Hörtherapie macht, wundert sich am Anfang über das seltsame Klangerlebnis. Mozart klingt so ganz anders.

Das besondere dieses Höreindrucks ist, dass in Abhängigkeit von der Lautstärke das Musiksignal von dem Elektronischen Ohr ständig zwischen einer Tiefenbetonung und einer Höhenbetonung hin- und hergeschaukelt wird (technische Details in Müller, 2000). Es ist ein Basistraining, das während der gesamten Therapie stattfindet und vielschichtige Auswirkungen hat. Eine physiologische Auswirkung ist, dass bei der Tiefenbetonung das Trommelfell entspannt und bei der einsetzenden Höhenbetonung schlagartig angespannt wird. So wird ein gewohntes festes Hör- und Wahrnehmungsmuster für eine Neugestaltung bereitet und geöffnet.

Die zweite Station: das Heranführen an das intrauterine Hören

Nachdem der Klient sich an dieses Klangerleben gewöhnt hat, folgt meistens nach den ersten Sitzungen eine Modifikation. Schritt für Schritt werden die tieferen Frequenzen herausgefiltert. So verläuft der Weg, um an das intrauterine Hören, das Hören der hochgefilterten Töne, heranzuführen. In der Tomatistherapie wird diese Phase akustische Rückführung genannt.

Die dritte Station: das Hören der hochgefilterten Töne

Damit sind wir bei der dritten Station unserer musikalischen Reise: das intrauterine Hören, das Hören der hochgefilterten Töne.
Es ist der Anfang unserer Lebenskommunikation.
Wie hört sich das an?

Was wissen wir darüber?
Wovon gehen wir in der Tomatistherapie aus?
Wie wirkt das?

In dieser Phase kann zur Mozartmusik auch die Stimme der Mutter eingesetzt werden. Bei diesem Höreindruck wurden die Frequenzen unterhalb von 8000 Hertz weggefiltert. In der Tomatistherapie wird angenommen, dass wir in der Gebärmutter so die Stimme unserer Mutter gehört haben.

Wie kommt es zu solch einem Hören?

Die physiologischen Voraussetzungen für ein erstes Hören sind gegeben, wenn mit ca. vier Monaten unser Innenohr seine volle Größe erreicht hat. Es wird in unserem weiteren Leben nicht mehr weiter wachsen. Im sechsten Monat ist die Myelenisierung des Hörnervs beendet. Der Hörsinn ist voll funktionsfähig. Er ist in der Lage, akustische Signale aus der Außenwelt aufzunehmen und weiterzuleiten.

Doch welche Signale und Klänge kommen an? Eines ist sicher: Der Fötus hört nicht so, wie wir hören, denn das Außen- und Mittelohr ist mit Fruchtwasser gefüllt. Sein Hörweg ist sein Knochen- und Knorpelsystem (Nöcker-Ribeauspierre, 2003). Da die Außengeräusche durch die Bauchdecke sehr gedämpft werden, nimmt der Fötus dominant die Geräusche der Mutter wahr: ihren Herzschlag, ihre Atmung und vor allem Ihre Stimme.

Die wissenschaftliche Forschung bestätigt diese Tatsache. Bei den intrauterinen Schallpegeln zeigt sich, dass dominant die Stimme der Mutter wahrgenommen wird (M. Ptok & A. Ptok, 1996).

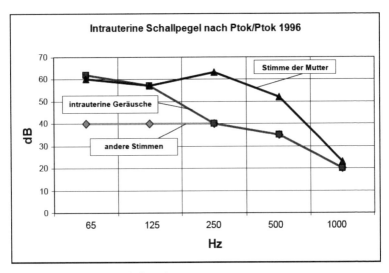

Abb. 1: Die intrauterinen Schallpegel

In der Tomatistherapie nehmen wir zudem an, dass der Fötus diese Stimme höhenbetont hört. Die Begründung liegt darin, dass ein wesentlicher Übertragungsweg über das Skelettsystem der Mutter erfolgt, nämlich über ihre Wirbelsäule bis hin zum Becken. Knochen als starres Übertragungsmedium wirken wie ein Hochpassfilter, der die hohen Frequenzen überträgt und die tieferen Frequenzen dämpft (Forschung von C. Petitjean, 1989 zitiert nach Tomatis, 1994). Gerade in den letzten Wochen, wenn das Kind mit dem Kopf im Becken der Mutter liegt, entsteht eine intensive auditive Stimulation und Kommunikation.

„Der Austausch von Kind und Mutter vollzieht sich über viele Kanäle: So z. B. über die Bewegungen der Mutter, das Tasten des Kindes, die Hormone, die über den mütterlichen Blutkreislauf zum Kind fließen, aber eben auch über die Mutterstimme.

Der in dem Klang und Rhythmus der Mutterstimme vermittelte emotionale Gehalt teilt sich dem Kind mit. Die Stimme kann inhaltlich nicht verstanden werden und doch enthält sie eine Fülle von Informationen. Das Kind kann darauf reagieren und es entstehen erste Hör-, Kommunikations- und Verhaltensmuster, auf denen alle späteren aufbauen.

In dieser primären Zwei-Einheit von Fötus und Mutter werden wichtige Grundlagen für die weitere Persönlichkeitsentwicklung des Kindes gelegt. Es entwickelt sich im Kind eine Bereitschaft, hinzuhören und auch kommunizieren zu wollen, wenn es das, was es von der Mutter wahrnimmt und hört, überwiegend als angenehm, wohltuend und sicherheitsgebend empfindet. Bei Frauen, deren soziales Umfeld es ihnen nicht ermöglicht, zu entspannen, bei denen eine depressive Stimmungslage vorherrscht, wiederholte Abtreibungsgedanken auftauchen oder starke partnerschaftliche Spannungen bestehen, kann das Kind mit einem unbewussten Nicht-hören-Wollen, Nicht-kommunizieren-Wollen, einem Sich-verschließen reagieren. Dies kann so aussehen, dass der Fötus den Kontakt zum Knochen der Mutter vermeidet." (Beckedorf, 1996).

Zum Beispiel fehlt in einer Steißlage dieser Kontakt. Auch eine Liegeschwangerschaft kann zu geringerer Stimulation und verhaltenem Kontakt führen. Das Hören hochgefilterter Töne in der Therapie öffnet diesen Erlebnisraum. Ich sage oft, dass sie das Tor zum Unbewussten öffnen.

Dazu ein Beispiel von einem Klienten aus dieser Phase der Therapie. Ich ermuntere meine Klienten während des Hörens, zu malen und auch während dieser Zeit ein Therapietagebuch zu führen. Ein dreißigjähriger Mann, der wegen einer Tinnitusbehandlung zu mir kam, hat das folgende Bild mit dem dazugehörenden Tagebucheintrag erstellt. Anhand des Eintrags aus dem Tagebuch können Sie nachvollziehen, wie beim Malen assoziativ tiefere Schichten des Unbewussten ins Bewusstsein aufsteigen.

Die Eintragungen des Klienten in sein Tagebuch zu Abbildung 2:
„Ein Bild formte sich. In einem Raum ordnete sich eine zentral gelegene lichte Säule an. Diese lief nach oben und unten in eine gewölbeartige Struktur aus ... Bei der Ausarbeitung baute sich eine starke Spannung auf, sodass ich am liebsten die Zeichnung unvollendet gelassen hätte. Das Dunkle gestaltete sich nicht als umgebenden Raum, sondern als nach links und rechts wegstrebende, trichterförmige Gänge. Was mich noch mehr beunruhigte war, dass sich plötzlich ergebende Doppelbild:

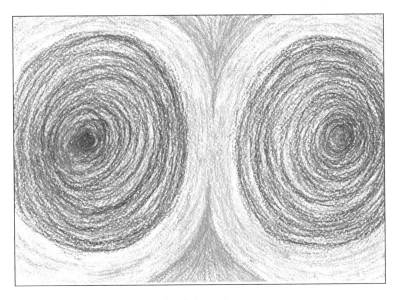

Abb. 2: „Die Brüste meiner Mutter", Bild eines Klienten

Abb. 3: „Mein Glutstein", Bild eines Klienten

Die in die Tiefe reichenden Spiralen können genauso als topografische Höhenlinien angesehen werden. Letzte wandelten sich in die abstrakte Form grün-metallen gepanzerter Brüste. Bewusster werdend rief das die oben genannte Abwehrreaktion hervor. Ich dachte an die Brüste meiner Mutter."

Ich zeige Ihnen jetzt noch ein zweites Bild des gleichen Klienten, das wenig später entstand. Dieses Bild und sein Tagebucheintragung zeigen, wie er im Therapieprozess mehr und mehr zu sich selbst kommt. Ihm wird dabei zugleich sein bisheriges sich selbst entfremdendes Verhaltensmuster bewusst:

Eintragungen aus dem Tagebuch zu Bild 3:

„Während der ersten viertel Stunde hatte ich schon mit dem Malen angefangen. Dabei entstand ein Bild, dessen Motiv schon seit Tagen immer wieder vor meinem inneren Auge erschienen war. Ein leuchtender Stein, aus dunklem Wasser herausragend. Die Wasseroberfläche gestaltet sich pastos, wirkt in der Umsetzung ein wenig impressionistisch. Der Stein war zu Beginn ebenso aufgebaut, wirkte so jedoch zu schwer, um leuchtend zu erscheinen. Habe aus diesem Grund den Farbüberstand des Steines mit einem Tuch abgenommen bzw. habe dessen Struktur auf das Papier modelliert. Der Gegensatz zwischen glattem Stein und dick gekleckstem Wasser erschien mir passender.

Bei der Betrachtung des Bildes im Zimmer kamen mir die Tränen. Hinter den Tränen stand zu viel: An- bzw. Entspannung, Freude, Glück, Trauer und Angst vor der nicht mehr zu kontrollierenden Entladung all dessen. Immer wenn ich es für mich innerlich aussprach ‚*Mein* Glutstein‘, wollte es aus mir herausplatzen, durfte es aber nicht!

Beim Aufschreiben ein Gedanke: Ich kenne meine Wünsche nicht, kann nicht formulieren, worin eigentlich meine Bedürfnisse liegen. Versuche ich es, tut sich dunkles lautes Schweigen auf. Davor steht mein Vermögen, mich immer wieder auf meine Mitmenschen einzustimmen (gegenüber Frauen liegt dabei ein deutlicheres Reiz-Reaktionsmuster vor). Diese Eigenschaft hatte ich während meiner Kindheit auszubilden, damit ich meine „sozialen Überlebenschancen" innerhalb der Familie sichern konnte. Das bedeutet, stets bereit sein, sich dem Gegenüber anzupassen, um dessen Wünsche an mich wahrnehmen zu können. Die

Erfüllung dieser Wünsche erfolgt häufig prompt. Bin ich zu Diensten, bin ich es auch wert, geachtet zu werden. So etwas zerfleddert, hinterlässt Substanzlosigkeit. Ich weiß nicht, wofür das Symbol des Glutsteines steht. Er erscheint mir jedoch nicht teilbar, gehört mir ganz allein, ist wie ein Schatz, ist einfach ‚*mein* Glutstein‘."

Die vierte Station: die akustische Geburt

Ich komme nun zur vierten Station. Der nächste Schritt in der Entwicklung ist die Geburt. Wenn organisch und psychisch eine gewisse Reife erreicht ist, beginnt diese abenteuerliche Reise. In jeder Hinsicht ist dies eine ungeheure Anpassungsleistung, auch für das auditive System.

Physiologisch muss das System sich umstellen vom Hören im Wasser auf das Hören in der Luft. Die Schallübertragung über das Mittelohr mit den Gehörknöchelchen muss aktiviert werden. Für den Säugling entsteht einige Stunden und Tage nach der Geburt ein akustisches Loch, weil aus dem Mittelohr das Fruchtwasser herauslaufen muss.

Psychologisch höchst bedeutsam ist in diesem Übergang von der intrauterinen Welt in die extrauterine Welt der Kontakt zur Mutter.

Die Mutter und das Hören ihrer Stimme ist die Kontinuität zwischen den Welten. Sie vermittelt Sicherheit, Geborgenheit, sie entspannt und entstresst auf dem weiteren Weg durch die so andere Welt von Farben, Klängen und Objekten. Ein Säugling wird ihre Stimme unter vielen Frauenstimmen herausfinden. So tief ist ihm die Modulation dieser Stimme vertraut.

Akustisch simulieren wir den Vorgang der Geburt, in dem wir ausgehend von den hochgefilterten Tönen nun Schritt für Schritt die tieferen Frequenzen wieder hörbar machen. Zum Schluss ist der volle Klang der Musik oder der Stimme zu hören. Wir sind in der „normalen" Klangwelt angekommen.

Die intrauterine Erlebniswelt haben wir simuliert, indem wir bei der Musik und der Mutterstimme die Frequenzen unterhalb von 8000 Hz mit einem speziellen Hochpassfilter herausgefiltert haben. Bei der akustischen Geburt werden nun Schritt für Schritt diese Frequenzen hörbar gemacht. Zum Schluss ist der volle Klang der Musik oder der Stimme zu hören. Wir sind in der "normalen" Klangwelt angekommen.

Tiefe Erlebnisse können mit dem Klangerleben der akustischen Geburt einhergehen: Geburtstraumata können erinnert, durchlebt, angenommen und so integriert werden. Eine tiefe Freude und Neugier kann spürbar werden, über diese Brücke ins Leben zu gehen. Es kann auch die Kraft empfunden werden, sich entschieden aus der mütterlichen symbiotischen Bindung herauszulösen und sich der äußeren Realität zu stellen, um sowohl die eigenen Möglichkeiten zu erkennen als auch die Grenzen zu akzeptieren.

Als ein Beispiel hierzu das Bild einer einunddreißigjährigen Frau, die am Ende der akustischen Geburt dieses Brückenbild gemalt hat. Das Bild der Brücke erscheint als Ausdruck des Übergangs von dem mütterlichen, intrauterinen Raum hinaus in die taghelle extrauterine Welt.

Abb.4: „Die Brücke", Bild einer Klientin

Am Tag bevor das Bild entstand, schrieb diese Frau folgende Zeilen in ihr Therapietagebuch:

„Die Begleitung meiner Mutter in ihrer Stimme war sehr vertraut. Aber ich habe ihre Unsicherheit und Angst gespürt und gleichzeitig, was dies mit mir macht, nämlich dass es mich sehr anstrengt. Es bedeutet für mich eine große Bürde, tragen zu müssen, was für andere zu schwer, zu groß, zu unerreichbar ist … Ich kann nicht mehr das Leben anderer tragen, es geht nicht mehr. Die Angst und Traurigkeit meiner Mutter, nie das leben zu können, was sie sich ersehnte und durch meine Geburt davon immer getrennt zu sein, wie sollte ich damit umgehen können. Ich wollte nicht auf die Welt, denn ich wusste, welche Last mir zu tragen gegeben wurde. Aber ich wollte nicht in der Tiefe bleiben. Und doch revoltierte ich schon bei der Geburt. Ich kam mit den Füßen zur Welt. Ich wünsche mir, dass ich, anstatt für andere zu kämpfen, meine eigene Freiheit zurückerobern kann, sie einfach finden, spüren und genießen kann."

Die fünfte Station: die motorische Stimulation und Integration

So ist der Säugling nun geboren und will Mensch werden in dieser Welt. Zunächst wird er lernen, seinen Körper zu beherrschen, die Welt der Objekte zu betasten und zu begreifen. Aus dem Begreifen und Ertasten werden Begriffe werden. Zu der motorischen Kompetenz entwickelt sich die sprachliche und soziale Kompetenz und im weiteren die kognitive. Klänge spielen dabei eine große Rolle.

Tiefenbetonte Klänge und rhythmische Musik gehen in die Beine, stimulieren den Körper und wirken auf die Motorik ein. In der Tomatistherapie wird das tiefenbetonte Spektrum der gefilterten Töne eingesetzt (es ist der Frequenzbereich bis 1000 Hz), um bei motorischen Problemen die motorische Entwicklung anzuregen.

In Verbindung mit dem Knochenübertrager, der einen starken proriozeptiven Wahrnehmungsimpuls gibt, der rhythmischen Musik, die Bewegungsmuster initiiert und der eingestellten Audiolateralität, die die Raumorientierung anregt, wird die Bewegung des Körpers im Raum organisiert.

An zwei Bildern eines sechsjährigen Jungen können sie sehen, wie sich Körpergefühl und Raumwahrnehmung im Verlauf der Therapie verändert haben. Der Junge kam zu mir, weil die Eltern die berechtigte Sorge hatten, dass er in der Schule nicht zurechtkommen könne. Er träume in den Tag hinein und habe Probleme mit seiner Aufmerksam-

Abb. 5: „Familienbild 1", Bild eines Klienten zu Therapiebeginn

Abb. 6: „Familienbild 2", Bild eines Klienten zum Abschluss der Therapie

keit und Konzentrationsfähigkeit. Er malte ein Familienbild zu Beginn der Therapie und eines nach Beendigung der Therapie, ein drei viertel Jahr später. Im ersten Bild schweben alle wie Astronauten im Himmel. Im zweiten Bild sind alle auf der Erde angekommen.

Die sechste Station: die sprachliche Stimulation und Integration

Die gefilterten Töne, die das Klangspektrum von 1000–3000 Hz umfassen, wirken in besonderer Weise auf die Sprachentwicklung und die soziale Kommunikation.

In der Tomatistherapie stimulieren wir diesen Frequenzbereich in der Sprachphase bzw. bei Sprachentwicklungsverzögerungen. Hier arbeiten wir mit Kopfhörer und Mikrofon. Dazu ein Klangbeispiel, in dem eine Frau einen Text liest. Über das Mikrofon wird ihre Stimme aufgenommen und über das Elektronische Ohr in veränderter, optimierter Weise an sie zurückgeführt.

Im Hintergrund dieser Intervention stehen Erkenntnisse der wissenschaftlichen Forschung von Dr. A. Tomatis. Sie sind in den drei Tomatisgesetzen ausgesagt, die wie folgt lauten:

1.1. Gesetz: Die Stimme enthält als Obertöne nur die Frequenzen, die das Ohr hört.

2.2. Gesetz: Gibt man dem Ohr die Möglichkeit, nicht mehr oder nicht gut wahrgenommene Frequenzen wieder korrekt zu hören, so treten diese augenblicklich und unbewusst wieder in der Stimme in Erscheinung.

3. Gesetz: Die über einen bestimmten Zeitraum wiederholte akustische Stimulation führt zur endgültigen Veränderung des Gehörs und folglich der Phonation.

Die siebte Station: die Stimulation der Bewusstseinswachheit

Als Letztes möchte ich noch ein weiteres Frequenzspektrum erwähnen, nämlich die gefilterten Töne von 3000–8000 Hz. Sie haben eine die Bewusstseinswachheit stimulierende Wirkung. Durch sie wird besonders der Kopfbereich angeregt und sie scheinen das Gehirn energetisch aufzuladen. Manche Klienten haben aufgrund des belebenden, erfrischenden Effektes den Ausdruck geprägt, dass sie zur Therapie kommen, um

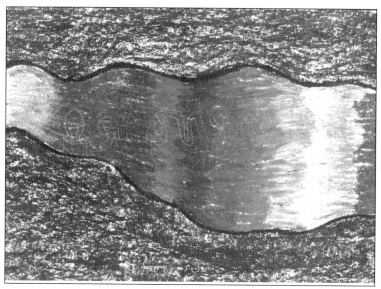

Abb.7: „Farbstrom", Bild einer Klientin

Abbildung 8: „Energie", Bild einer Klientin

an die Steckdose angeschlossen zu werden. In Bild 7 und Bild 8 hat ein dreizehnjähriges Mädchen diesen Effekt gemalt. Auf der Vorderseite des Blattes floss der regenbogenfarbene Farbstrom, und auf die Rückseite zeichnete sie ein Kabel mit Steckdose, an dem leuchtende Lämpchen angeschlossen sind. Das Kabel ist in den Schriftzug „Energie" gelegt.

Dieses Frequenzspektrum wird während der gesamten Therapie eingesetzt. Die generelle Wachheit des Bewusstseins ist Voraussetzung für jegliches Wahrnehmen und Lernen. Seinen besonderen Einsatz können diese Klänge bei Menschen mit Erschöpfungszuständen oder auch bei älteren Menschen finden. Bei Letzteren kann es zu einer merklichen Vitalitätssteigerung im kognitiven Bereich kommen.

Zusammenfassung:

Ich möchte nun das bisher Gesagte zusammenfassen: Ich habe Sie auf eine klangliche Reise mitgenommen, um Ihnen zu zeigen, wie mittels bestimmter Klangspektren bestimmte Facetten unserer menschlichen Existenz angeregt und gefördert werden können. Damit wurden Sie in die Grundannahmen der Tomatistherapie eingeführt, nämlich, wie mittels gefilterter Töne ein verschlossenes auditives Kommunikationsmuster zu sich und zur Welt durch eine neue Form des Hörens wieder geöffnet werden kann. Durch den formalen Aufbau der Interventionen kann die kommunikative Entwicklung vom ersten Höreindruck im Mutterleib bis zum stimmlich-sprachlichen Selbstausdruck nachgezeichnet werden.

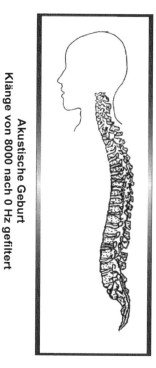

Tor zum Unbewussten: Spektrum über 8000 Hz

stark psychologische Wirkung / Intrauterines Hören /
Einnehmen von Embryonalstellungen /regressive
Tendenzen / Anhänglichkeit an die Mutter / Bilder mit
uterinen Symbolen / Träume / verstärktes kreatives
Gestalten / veränderte Bewusstseinszustände

**Tor zum Bewusstsein
Spektrum 3000 - 8000 Hz**

Wachheit /
Gedächtnis

**Tor zur Welt
Spektrum 1000 - 3000 Hz**

Sprache /
Soziale
Kommunikation

**Tor zum Körper
Spektrum 0 - 1000 Hz**

Motorik/
Körpergefühl /
Bewegung /
Raumorientierung

Klänge von 8000 nach 0 Hz gefiltert

Akustische Geburt

Abb. 9: Menschwerdung durch Klänge

Literaturverzeichnis

Beckedorf, D. (1996). Warum Mozart? In Doering, Dose & Stadelmann (Hrsg.), Sinn und Sinne im Dialog (S. 163–181). Dortmund: Borgmann.

Beckedorf, D. (2000). Grundlagen und Wirkebenen der Hörtherapie. Forum Logopädie, 6.

Krens, I. & Krens, H. (Hrsg.). (2005). Grundlagen einer vorgeburtlichen Psychologie. Göttingen: Vandenhoeck & Ruprecht.

Krens, I. & Krens, H. (Hrsg.).(2006). Risikofaktor Mutterleib. Zur Psychotherapie vorgeburtlicher Bindungsstörungen und Traumata. Göttingen: Vandenhoeck & Ruprecht.

Müller, F. (1999). Psychobiologie der Hörschwellen. Unveröffentlichte Diplomarbeit im Fachbereich Psychologie, Universität Hamburg.

Müller, F. (2000). Technische Aspekte der Hörtherapie. Forum Logopädie, 6.

Nöcker-Ribaupierre (Hrsg.). (2003). Hören–Brücke ins Leben. Musiktherapie mit früh- und neugeborenen Kindern. Göttingen: Vandenhoeck & Ruprecht.

Ptok, M. & Ptok, A. (1996). Die Entwicklung des Hörens. Sprache, Stimme, Gehör. Stuttgart: Thieme.

Tomatis, A. A. (1992). Klang des Lebens. München: Kösel.

Tomatis, A. A. (1994). Klangwelt Mutterleib. München: Kösel.

Georg Singe

Wertedimensionen in der therapeutischen Arbeit

Dr. phil. Georg Singe, Diplom-Theologe,
Diplom-Sozialarbeiter, Systemischer Familientherapeut und Supervisor,
arbeitet als Dozent für Soziale Arbeit/Theologie und Ethik an der
Hochschule Vechta
georg.singe@uni-vechta.de

Dieser Vortrag wurde anlässlich des ptzSymposiums „Psychotherapie
der Selbstorganisation" 2006 in Lindau gehalten.

Ethik als Herausforderung in der therapeutischen und beraterischen Arbeit

Für die Dachverbände und Organisationen der therapeutischen und beraterischen Arbeit werden Ethikkommissionen und die Entwicklung berufsethischer Standards immer wichtiger. Standards für das ethische Verhalten werden formuliert, um die Qualität der Arbeit zu gewährleisten.

In meinem folgenden Beitrag möchte ich mich mit dem Thema beschäftigen, wie der Umgang mit ethischen Fragestellungen und Herausforderungen in der therapeutischen und beraterischen Arbeit realisiert werden kann.

Bereits seit Mitte der 90er- Jahre werden für die Arbeit in Kliniken und therapeutischen Einrichtungen Modelle und Ethikrichtlinien diskutiert und erarbeitet, die eine fallbezogene, ethische Reflexion des therapeutischen Prozesses zum Ziel haben (Höger, 1997; Heintel, 2006). Auch die systemischen Dachverbände beleuchten und reflektieren ethische Dimensionen der beraterischen und therapeutischen Arbeit. Diese Erörterungen dienen dazu, sowohl ethische Dilemmata zur Sprache zu bringen und damit bewusst und handhabbar zu machen als auch zwischen behandlungstechnischen und ethischen Problemen besser unterscheiden zu können. Gleichzeitig können ethische Grundprinzipien auf den Konsultationsprozess selbst angewandt werden. So schlägt zum Beispiel Kuttenreiter (2002) aus spezifisch feministischer Perspektive vor, die sozio-ökonomischen Zusammenhänge, in denen sich die Gestaltung der Geschlechterrolle der KlientInnen vollzieht, verstärkt zu berücksichtigen und damit das klassische Konzept der therapeutischen Neutralität aufzugeben.

Die Vielfalt der sehr unterschiedlichen Abhandlungen über die ethische Haltung des Therapeuten und die grundsätzlichen ethischen Voraussetzungen der Zieldimensionen therapeutischer Prozesse stellen zugleich ein Problem und eine große Herausforderung dar. Die Eindeutigkeit ethischer Positionen ist in postmoderner Zeit verloren gegangen. Auch wenn Gemeinsamkeiten, wie die innere und äußere Autonomie des Individuums, seine Würde und die grundsätzliche bejahende

Grundeinstellung zum Leben immer wieder in den Mittelpunkt gerückt werden, bleibt die Ungewissheit der Differenz, was „gut" und „böse" bzw. „richtig" und „falsch" ist. Ethik und erst recht die dahinterstehende Weltanschauung lebt von Differenzsetzungen. Die Differenzlogik ist in ihrer eigenen Entwicklung nicht nur die Grundlage der Systemtheorie mit dem Kernthema der Selbstorganisation, sondern auch die Grundlage der philosophischen Ethik.

Mir geht es heute in diesem Vortrag um die Wahrnehmung der ethischen und weltanschaulichen Implikationen der oftmals festgefahrenen Denk- und Handlungsstrukturen der Klienten in therapeutischen Prozessen. Mit Implikationen meine ich unbewusste Strukturen ethischer Grundhaltungen und weltanschaulicher Positionen, die oftmals nicht reflektiert werden, und erst recht nicht in ihrer eigenen Entwicklungsdynamik wahrgenommen werden. Dabei gehe ich von der Hypothese aus, dass ethische Sinnsysteme ebenso der Selbstorganisation unterliegen wie andere soziale Systeme. Auch die innerpsychische Verarbeitung und mögliche Integration ethischer Haltungen und weltanschaulicher Sinnsysteme im Individuum vollzieht sich selbst organisiert, ist von außen nicht steuerbar.

Diese von mir hier vertretene Position stellt sich gegen die Versuche – auch aus systemtheoretischer Sicht – allgemein verbindliche ethische Prinzipien abzuleiten und inhaltlich zu füllen, wie dies zuletzt auch Klaus Mücke in der „Zeitschrift für Systemische Beratung und Therapie" versucht hat. In seinem Aufsatz „Gut und Böse – Sein oder Nicht-Sein" aus dem Jahr 2005 versucht er, in klassischer Differenzlogik zu einer zwar kontextgebundenen, aber dennoch globalen Ethik des Seins zu kommen, die dem Gewissen des Einzelnen verantwortet ist (Mücke, 2005).

Klar ist, wenn man den zeitgenössischen Hauptströmungen der philosophischen und therapeutischen Diskussion über Ethik folgt, dass die Formulierung von allgemeingültigen moralischen Sätzen hinter den erkenntnistheoretischen Grundlagen des Konstruktivismus zurückbleibt. Heinz von Foerster spricht von Verantwortung als „impliziter Ethik" im Tun (von Foerster, 1993). Ethik lebt nicht in Moralsätzen, sondern im Handeln selbst. Deshalb werden auch die vielen formulierten ethischen Standards der Berufsverbände immer nur der

Versuch sein, die Komplexität ethischer Sinnsysteme zu reduzieren. Sie gänzlich zu erfassen, wird nicht möglich sein (Kron-Klees, 1998). Wenn sich die ethischen und weltanschaulichen Sinnsysteme aber aufgrund der postmodernen Situation aus systemtheoretischer Sicht nun nicht mehr inhaltlich bestimmen lassen, ist es um so wichtiger, dass der Therapeut die impliziten ethischen Grundpositionen der Interaktionen zum Klienten hin wahrnimmt. Die Rolle des Beobachters der Beobachtung ist ernst zu nehmen. Einen Teil dieser Bobachtung stellt die genaue Betrachtung der Selbstorganisation ethischer und weltanschaulicher Sinnsysteme und ihrer internen Regelungsmechanismen beim Klienten dar.

Fallbeispiel: Familie K.

Zur Ausgangssituation

Ich will dies an einem Beispiel konkret machen. Die Aussiedlerfamilie K. lebt seit neun Jahren in Deutschland. Der Vater, 48 Jahre, ist arbeitslos und trinkt. Die Mutter, 44 Jahre, ist auch arbeitslos und kümmert sich um Haushalt und Kinder. Zusammen mit ihrer Tochter, 17 Jahre, hat die Mutter in einer Pfingstlergemeinde eine neue Heimat gefunden. Der Sohn S., 14 Jahre, besucht die 7. Klasse einer Hauptschule. Er wird in der Schule auffällig. Mehrere Eigentums- und Gewaltdelikte sind in den letzten zwei Jahren vorgefallen. Der Sohn P., 8 Jahre, bereits in Deutschland geboren, wird als hyperaktiv diagnostiziert und mit Ritalin behandelt. Sohn M., 5 Jahre, ist bisher unauffällig, seine Einschulung steht bevor. Der Sohn S. ist Anlass für die familientherapeutische Arbeit, die über die Vermittlung der Schulsozialarbeit zustande kommt.

In den ersten Gesprächen stellt sich heraus, dass die Tochter gar nicht mit nach Deutschland kommen wollte. Sie meint, dass die Alkoholkrankheit des Vaters und die Auffälligkeiten des Bruders mit dem nicht verarbeiteten Wechsel der Kulturen zusammenhängt.

Ihr und der Mutter geht es in der Zwischenzeit wieder gut, da sie in der Gemeinde eine neue Heimat gefunden und endlich „verständnisvolle" Menschen getroffen haben, die ihnen die Hoffnung geben, durch den Glauben Erlösung zu finden.

Ihrem Mann konnte Frau K. von der befreienden Botschaft noch nichts vermitteln. Er wiederum denkt, seine Frau sei „einer Sekte in die Hände gefallen". Einmal hat er einen Gottesdienst miterlebt, bei dem die ganze Gemeinde enthusiastisch „abhob". Er hält nichts von Zungenreden, religiöser Extase und Tanz im Gottesdienst. Er: *„Dadurch kriege ich auch keine Arbeit".*

Sie hingegen: *„Wenn du deinen inneren Frieden mit Gott schließt, dich bekehrst, wirst du das Trinken aufhören können. Und dann wird Gott als Belohnung die Geschicke auch so lenken, dass du wieder Arbeit findest."*

Herr K. ist der Auffassung, er trinke gar nicht zu viel, das mache er nur zur Entspannung, denn viel Kontakt zu anderen habe er nicht.

Der 14 jährige Sohn S. sagt, dass er nicht viel von den Eltern erwarte, die Mutter und die ältere Schwester würden spinnen und vor der Welt fliehen. Er will sich aber durchkämpfen. Dabei sei jeder auf sich allein gestellt. *„Und klauen, das machen doch alle."*, meint er. Die Einladung der katholischen Gemeinde zur Firmung hat S. gar nicht erst angenommen, weil er denkt, dies verlaufe so wie bei den Pfingstlern. Ins Jugendzentrum geht er auch nicht, statt dessen trifft er sich lieber mit der Clique auf der Straße.

Analyse

In der Arbeit mit der Familie wird immer deutlicher: Die religiösen und weltanschaulichen Vorstellungen untermauern die Ko-Abhängigkeit der Mutter und Tochter. Selbst gewalttätige Übergriffe des Herrn K. führen zu keiner klaren Abgrenzung gegenüber dem Ehemann und Vater. Das Leid wird fatalistisch als von Gott geschickte Prüfung interpretiert. Eine Trennung kommt für Frau K. aus moralischer und religiöser Überzeugung gar nicht in Frage. Sie trägt das Leid in der religiösen Hoffnung auf eine Bekehrung ihres Mannes durch das unmittelbare Wirken Gottes. Es sei „Gottes Wille", sagt sie in einem der Gespräche, dass sie dies alles aushalten müsse.

Die Doppelwelt des Alltags zu Hause und des Lebens in der Pfingstlergemeinde stabilisiert die dysfunktionale familiäre Struktur.

Die Verhaltensweisen des Sohnes sind der Versuch, darauf aufmerksam zu machen.

Welche Interventionen sind jetzt möglich? Der Therapeut ist hier gefordert, sich in der einen oder anderen Weise zur moralischen und religiösen Sinnkonstruktion der Mutter zu verhalten. Aber wie? Wenn der Therapeut nicht den normativen ethischen Ansätzen folgen will, sondern Ethik und Weltanschauung im therapeutischen Prozess unter konstruktivistischen Gesichtspunkten in ihrer eigenen Selbstorganisation erfassen und fördern will, dann gilt es zunächst einmal, die innere Dynamik der weltanschaulichen Fixierungen genauer zu analysieren.

Bevor ich auf die Selbstorganisation der ethischen und weltanschaulichen Sinnsysteme der Klienten zu sprechen komme, möchte ich einige Bemerkungen zum Therapeutensystem machen.

Wertedimensionen in der therapeutischen Arbeit

Therapeutensystem

Es ist offensichtlich, dass die impliziten Wertungen des Therapeuten auch ethische Aspekte im Hinblick auf die Therapeut-Klienten-Beziehung beinhalten.

In dem eben geschilderten Fall wird ein klassisch analytisch orientierter Therapeut anders handeln als ein Verhaltenstherapeut oder ein Therapeut, der nach den Ansätzen einer transpersonalen Psychotherapie arbeitet.

Selbstverständlich sind unterschiedliche anthropologische Weltauffassungen, die sich in den Therapieschulen ausdrücken, keine strikten Gegensätze. Dennoch bewirken unterschiedliche Ausgangspunkte eine jeweils andere Interaktion mit dem Klientensystem. Dies kann an dieser Stelle nicht weiter diskutiert werden, zumal bislang wenig systematisches Wissen darüber existiert, auf welche Weise und in welche Richtung bestimmte weltanschauliche und moralisch-ethische Überzeugungen das Therapiegeschehen und damit die therapeutischen Resultate beeinflussen. Es gibt allerdings Hinweise darauf, dass übereinstimmende Werthaltungen und Überzeugungen bei Klienten und Therapeuten zu günstigeren Ergebnissen führen können. Weitere qualitative Studien sind hier nötig (Hartkamp,1998).

Auch in der systemischen Therapie und Familientherapie sind unterschiedliche weltanschauliche Positionen und divergierende Familien- und Rollenbilder vorzufinden. Die feministischen Ansätze und die veränderten sozio-ökonomischen Bedingungen wirken sich ebenso auf die ethischen Grundhaltungen der System- und Familientherapeuten aus. Sie prägen auf unterschiedliche Weise die Kommunikationen zwischen Therapeuten und Klienten (vgl. dazu auch Haug, 1998).

Kommunikation zwischen Therapeuten und Klientensystem

In der Kommunikation zwischen Therapeut und Klient müssen unter ethischen Aspekten abweichende weltanschauliche und/oder religiöse Ansichten als Ausdruck personaler Differenzen respektiert werden, so wie dies in vielen berufsethischen Standards formuliert ist (erstmals bereits 1992 in den „Ethical Principles of Psychologists and Code of Conduct" der American Psychological Association).

Diese Differenz darf jedoch nicht dazu führen, dass religiöse und weltanschauliche Fragen in der therapeutischen Interaktion vermieden werden. Vielmehr gilt es, der Wahrnehmung und der Erfassung auch religiös-weltanschaulicher Variablen im Klientensystem mehr Aufmerksamkeit zu schenken und die eigene Position immer wieder neu zu reflektieren. Doch welche Modelle sind geeignet, diese Wahrnehmung in Begriffe zu fassen? Welche Modelle eignen sich, um gerade systemisch orientierten Therapeuten auch die nötigen Interventionsstrategien an die Hand zu geben? Wenn ich davon ausgehe, dass die ethischen und weltanschaulichen Sinnsysteme den Mechanismen der Selbstorganisation unterliegen, ist es klar, dass mit moralischen Appellen und den Prinzipien einer normativen Ethik keine Interventionsstrategie aufzubauen ist. Denn hier gelten die gleichen Regeln und Mechanismen, die in der systemischen Literatur insgesamt unter konstruktivistischer Perspektive beschrieben sind. Interventionen sind nur als Irritationen des sich verändernden, selbstorganisierenden Systems zu verstehen. Und damit bin ich nun auch schon bei dem dritten Aspekt: der Beobachtung des Klientensystems, auf das es mir heute besonders ankommt.

Klientensystem

Stefan Missal hat 2004 ein lesenswertes Buch mit dem Titel „Der (Alp-)Traum vom Heilen – Von der Therapie zur Selbstorganisation bio-psycho-sozialer Systeme" geschrieben. Dort zeigt er auf, dass die unterschiedlichen wissenschaftlichen Disziplinen, die sich mit den Phänomenen der Selbstorganisation biologischer, psychischer und sozialer Systeme beschäftigen, alle zu einer Kernaussage kommen: „Jeder Mensch trägt die Verantwortung für die Veränderung in sich. Er besitzt sie nicht als die Macht über die Veränderung, sondern als Gestalter der Möglichkeit" (Missal, 2004). Dieser konstruktivistische Gedanke beschneidet die Macht des Therapeuten. Gleichzeitig hebt er die implizite Ethik in der Beziehung zwischen Klient und Therapeut hervor. Diese muss – und das ist die einzige normative ethische Festlegung auf einer metalogischen Ebene – von der Idee geprägt sein, die Eigendynamik der Selbstbejahung, der Selbsterhaltung und Selbstentfaltung des Systems zu fördern (Schmidt, 2000).

Modelle der Beschreibung der Selbstorganisation ethischer und weltanschaulicher Sinnsysteme

Die Religionspsychologie hat in den letzten Jahrzehnten genügend Modelle entwickelt, wie eine befreiende, reife, identitätsfördernde Religiosität, die dem neuzeitlichen Autonomiebewusstsein des Menschen standhält, gefördert werden kann (Grom, 2000).

Ein Modell, dessen Theorie in der Arbeit mit der Familie K. Pate gestanden hat, ist das Modell der Entwicklung religiöser Urteilsfähigkeit, das Fritz Oser in der Schweiz seit den 80er- Jahren erforscht und entwickelt hat (Oser, 1992). Es ist mit der konstruktivistischen Perspektive der Systemtheorie gut zu verknüpfen und stellt ein brauchbares Konstrukt für die systemischen Ansätze von Beratung und Therapie dar. Es erfasst die Selbstorganisation der religiösen Urteilsfähigkeit beim Individuum. Es basiert auf den Annahmen zur moralischen Urteilsfähigkeit nach

Lawrence Kohlberg und beschreibt fünf mögliche Stufen. Die Grundlage für beide Forschungs- und Denkansätze sind die wissenschaftlichen Erkenntnisse Piagets. Nach ihm können die beschriebenen Stufen in ihrer Struktur als aufeinander aufbauende Phasen der moralischen und religiösen Urteilsentwicklung angesehen werden. Gerade diese Modelle, obgleich sie dem systemischen Denken in ihrem Verständnis der Selbstorganisation psychischer Strukturen sehr nahe stehen, werden in der therapeutischen Praxis wenig genutzt. Die Ansätze von Kohlberg und Oser bilden für die Forderung, die ethischen Dimensionen des Klientensystems mehr in den Mittelpunkt zu rücken, eine brauchbare Theorie. In der Psychotherapie sind diese Ansätze aber noch nicht hinreichend reflektiert. Mit dem Konzept religiöser Urteilsfähigkeit wird es möglich, herauszuarbeiten, wie Menschen verschiedenen Alters ihre Beziehung zu einer absoluten Größe, zu Gott bzw. zum „Letztgültigen" (vgl. Oser & Gmünder, 1992), in struktureller – nicht in inhaltlicher Hinsicht – bestimmen. Oser und sein Team haben Kohlbergs Methode übernommen, in Dilemmasituationen die Urteilsstrukturen der Versuchspersonen zu erfassen und auszuwerten. Aus den Begründungszusammenhängen der Urteile lassen sich dann unterschiedliche strukturelle Beziehungsverknüpfungen zwischen Gott, Welt und Mensch analysieren. Die fünf Stufen, die sequenziell aufgebaut sind, sehen wie folgt aus:

STUFE 1	*Orientierung an absoluter Heteronomie* *(„deus ex machina" – „Gott kann alles")* Völlige Abhängigkeit von Gott, der unmittelbar in die Welt eingreift. Gottes Macht ist absolut. Der Mensch ist ihr ausgeliefert. Gott kann direkt auf den Menschen einwirken. Der Mensch hat keine Macht über Gott.
STUFE 2	*Orientierung an beschränkter Autonomie („do ut des" –* *„ich tue, wenn du tust; du tust, wenn ich tue")* Gott wird immer noch als allmächtig gesehen; er kann bestrafen oder belohnen. Doch beeinflussen sich Gott und Mensch wechselseitig. Durch Wohlverhalten, Rituale, Gebete, Verhandeln kann der Mensch sanktionsmildernde oder günstige Effekte erzielen.

STUFE 3	Orientierung an absoluter Autonomie
	(„Gott tut und der Mensch tut")
	Letztgültiges, Gott, ist aus der Welt verbannt, es besteht Freiheit von Gott. Mensch und Gott sind voneinander unabhängig, Transzendenz und Immanenz voneinander getrennt.
	Der Wunsch nach Selbstbestimmung und Selbstverantwortung verdrängt Gott aus dem Alltag. Gott wird nicht geleugnet, jedoch wird ihm ein Ort zugewiesen, der den Menschen möglichst wenig berührt (deistische oder atheistische Vorstellungen). Der Mensch ist ich-bezogen autonom, selbstverantwortlich für die Welt und sein Leben. Ausbildung der Identität, Ablösung von Erziehungsmächten, oft Ablehnung religiöser und kirchlicher Autorität.
STUFE 4	Orientierung an vermittelter Autonomie und Heilsplan
	(„Der Mensch ist frei in seinem Tun, weil es Gott gibt")
	Freiheit durch Gott. Gott ist Bedingung der Möglichkeit von Autonomie. Das Subjekt gibt seinen Anspruch auf, alles aus sich selbst heraus leisten zu können. Dass wir handeln, entscheiden und lieben können, wird als Geschenk Gottes gedeutet. Gott wirkt durch die Menschen im Rahmen eines welt- und kosmosumspannenden Heilsplans. Vielfältige Formen der Religiosität: Naturreligion; Kontemplation; gesellschaftliches Engagement, in dem Gott Ereignis wird.
STUFE 5	Orientierung an religiöser Intersubjektivität (Integration von göttlicher und menschlicher Autonomie)
	Freiheit für den je anderen. Subjekt braucht sich nicht mehr an einen Heilsplan, eine religiöse Gemeinschaft etc. zurückzubinden, es erfährt sich als unbedingt angenommen. Das „Göttliche wird dann zum Ereignis", wenn die Freiheit für den je anderen „intersubjektiv verwirklicht wird"[1]. Transzendenz und Immanenz, Heiliges und Profanes, Ewiges und Endliches durchdringen einander.

Abb. 1: Entwicklung des religiösen Urteils nach Fritz Oser und Paul Gmünder

Bleiben wir bei unserem Beispiel. Die Vorstellungswelt von Frau K. ist in ihren Elementen von einer religiösen, eher kindlichen Vorstellung des „Do ut des", „Gibst du mir, dann gebe ich dir" geprägt. Wenn die Religiosität des Menschen in der Beziehung des Ichs zum Göttlichen von dieser Struktur geprägt ist, dann ist die absolute Gehorsamsphilosophie noch gepaart mit einer moralischen Aufforderung, sein Seelenheil mit guten Werken zu erwirken. Der Dank des Göttlichen wird nur dem gehorsamen und gläubigen Menschen sicher sein. Das bedeutet für Frau K., dass sie ihr Schicksal geduldig erträgt.

Eine solche Sinnkonstruktion, wie wir sie bei Frau K. vorfinden, kann als Stufe 2 analysiert werden. Sie verhindert aber auf individueller Ebene ein persönliches Wachstum und die Entwicklung einer reifen Religiosität.

Die Entwicklung zu einer jeweils neuen Stufe wird möglich in Krisensituationen, in denen im Sinne Piagets die Herstellung neuer Gleichgewichtszustände notwendig wird, da die alten Strukturen der Weltdeutung keine adäquate Form der Bewältigung menschlicher Erfahrungen mehr bilden.

Die Notwendigkeit der Neustrukturierung religiöser Sinnwelten unterliegt damit dem Prinzip der Selbstorganisation. Dieser Prozess kann aber behindert werden, wenn fundamentalistische Haltungen von wichtigen Bezugspersonen eine anstehende Entwicklung von Stufe eins zu zwei, oder von Stufe zwei zu drei, durch autoritäre Strukturen in Gruppen, Gemeinschaften oder ganzen Gemeinwesen und Gesellschaften verhindern. Der vorgestellte Fall ist dazu ein gutes Beispiel. Eine Befreiung des Menschen aus der heteronomen Vorstellung der Abhängigkeit vom Willen Gottes zu einer eigenen selbst verantworteten Identität scheint bei Familie K. nicht möglich. Das Ungleichgewicht im System ist noch nicht so groß, dass ein Phasensprung in eine neue Ordnungsstruktur des Systems gelingt (vgl. dazu Singe, 2000).

Auf dem Hintergrund der Analyse der Familiensituation nach dem Modell von Oser kann der Therapeut gezielte Interventionen setzen, die das Ungleichgewicht im System erhöhen und zu einer neuen Ordnungsbildung den vielleicht letzten Anstoß geben. Damit bin ich auch schon beim letzten Punkt, dem Nutzen des Modells für den therapeutischen Prozess.

Nutzen des Modells für systemische Interventionen

Das vorgestellte Modell aus der religionspsychologischen Forschung stellt Fachwissen für die Analyse menschlicher Wirklichkeitskonstruktionen dar und erleichtert die Hypothesenbildung. Zudem liefert es methodisches Rüstzeug für beraterische und therapeutische Interventionen.

Dies wird an der weiteren Entwicklung der Familie K. deutlich. Über mehrere Interventionen gelang es, Frau K. in einen Prozess der Reflexion ihrer religiösen und moralischen Vorstellungen zu bringen. Sie organisierte ihre religiöse Urteilsfähigkeit auf einer neuen, ihrer Lebenssituation adäquateren Stufe, die nach dem Modell von Oser der Stufe 3 zuzuordnen wäre. Ihre eigene Autonomie spürend, konnte sie sich von der Idee lösen, dass Gott einen direkten Einfluss auf das Geschehen hat. In ihrer Krise – ausgelöst durch den Sohn S. –, den sie auf keinen Fall verlieren wollte, sah sie, dass die abwartende Haltung gegenüber der Sucht ihres Mannes die innerfamiliäre Situation nur verschärfte. Sie entdeckte neue Handlungsspielräume und damit ihre eigene Autonomie.

Nachdem ihr Mann trotz vieler Aufforderungen immer noch nicht bereit war, etwas zu ändern, trennte sich Frau K. von ihm. Ihre Tochter verstand das nicht und löste sich aus der Symbiose mit der Mutter, indem sie in einen offenen Konflikt zu ihr ging. Dabei wurden dann erstmals in der Familie die Hintergründe der Auswanderung besprochen. Die Tochter zog bald aus, die anderen Kinder blieben bei der Mutter. Sohn S. erhielt durch eine begleitende Maßnahme nach dem KJHG eine besondere Förderung im schulischen Bereich. Die Auffälligkeiten gingen stark zurück. Der Vater, ganz auf sich allein gestellt, machte dann tatsächlich bald eine Kur und fand in der Klinik eine neue Lebensgefährtin. Ob er den Weg aus der Sucht langfristig geschafft hat, ist nicht bekannt.

Frau K. hat weiterhin ihre Heimat in der Gruppe der Pfingstlergemeinde. Sie ist mit dem dortigen Prediger in einem regen, konfliktträchtigen Austausch. Es kann davon ausgegangen werden, dass eine langfristige Integration der neu gewonnenen Autonomie in die Persönlichkeitsstruktur und das ethische und religiöse Weltbild erst noch erfolgen wird.

Bei dem dargestellten Fall und den gewählten Interventionsstrategien zeigt sich, wie wichtig die Kategorie der „Zumutbarkeit" im therapeutischen Prozess ist. Ethisches Handeln in der Therapie bezieht sich darauf, die widersprüchliche Einheit von Autonomie und Heteronomie bei den Klienten herauszuarbeiten und gemeinsam mit diesen zu erkunden, welche spezifischen Autonomiespielräume jeweils zumutbar zu realisieren sind (Hildenbrand, 2005).

Ausblick

Im therapeutischen Prozess werden keine universellen ethischen Probleme gelöst. Die je spezifische Aufgabenstellung erfordert auch unter ethischer und weltanschaulich religiöser Perspektive die Setzung einer Differenz, um Entwicklung zu ermöglichen. Es gilt, neue Bedeutungszusammenhänge herzustellen, die sich nur aus den jeweiligen Kontexten heraus verstehen und einschätzen lassen. So entzieht sich der therapeutische Prozess den „großen" Fragen einer universellen Ethik. Berater und Therapeuten sind eingebunden in die ethischen und religiösen Diskurse, die aber nicht der Entwicklung einer normativen Universalethik dienen, sondern allein der Entwicklung des Individuums (Deissler, 2005).

Wenn der Therapeut um die inneren Regelungsmechanismen der Werte- und Sinnsysteme beim Klienten weiß, kann er Räume schaffen, in denen sich für die zu bewältigende Lebenssituation adäquatere Denk- und Handlungsstrukturen – unterstützt von ethischen und weltanschaulichen Haltungen – entwickeln können. So kann sich – wie Jürgen Kriz es ausdrückt – das „schöpferische Chaos" der Selbstorganisation in Psychotherapie und Beratung entfalten (Kriz, 2005).

Im Hinblick auf die ethischen Dimensionen in Therapie und Beratung bilden das Modell der moralischen Entwicklung Kohlbergs und das der religiösen Urteilsfähigkeit Osers ein anschlussfähiges Konzept für die Selbstorganisation des therapeutischen Prozesses.

Literatur

Deissler, K. G. (2005). Ethik, Ethiken – völlig losgelöst? Bruchstücke ethischer Fragen in kollaborativen Beratungs- und Therapiekontexten. ZSTB, 23(1), 19 – 26.

Foerster, H. von (1993). Wissen und Gewissen. Versuch einer Brücke. Frankfurt/M.: Suhrkamp.

Grom, B. (2000). Religionspädagogische Psychologie. Düsseldorf: Patmos.

Hartkamp, N. (1998). Ethische Aspekte in der Psychotherapieforschung. Eine vorläufige Standortbestimmung. In W. Tress & M. Langenbach (Hrsg.), Ethik in der Psychotherapie. Göttingen: Vandenhoeck & Ruprecht.

Haug, I. E. (1998). Gedanken zur Ethik in Theorie und Praxis der Familientherapie. ZSTB, 16(4), 235 – 245.

Heintel, P. (2006). Das Klagenfurter prozessethische Beratungsmodell. In P. Heintel, L. Krainer & Ukowitz, M. (Hrsg.), Beratung und Ethik. Praxis, Modelle, Dimensionen (S. 196 – 243). Berlin: Leutner.

Hildenbrand, B. (2005). Zumutbarkeit als zentrale Kategorie therapeutischen Handelns. ZSTB, 23(1), 4 – 9.

Höger, C., Reiter-Theil, S., Reiter, L., Derichs, G., Kastner-Voigt, M. & Schulz, T. (1997). Fallbezogene ethische Reflexion. Ein Prozessmodell zur Ethikkonsultation in der Kinderpsychiatrie und Psychotherapie. System Familie, 10(4), 174 – 179.

Kuttenreiter, V. (2002). Feministische Psychotherapie. Eine Perspektivenerweiterung für systemische PsychotherapeutInnen. Systeme, 16(2), 76 – 87.

Kriz, J. (2005). Schöpferisches Chaos in der Psychotherapie. Systeme, 19(1), 20–45.

Kron-Klees, F. (1998). Reflexionen über systemisches Handeln und Ethik einschließlich der Frage: Braucht eine „Systemische Gesellschaft" als Berufsverband einen eigenen Moral-Kodex? Zeitschrift für Systemische Therapie und Beratung, 16(4), 228–234.

Missal, S. (2004). Der (Alp-)Traum vom Heilen – Von der Therapie zur Selbstorganisation bio-psycho-sozialer Systeme. Hamburg

Mücke, K. (2005). Gut und Böse – Sein oder Nicht-Sein. Zeitschrift für Systemische Beratung und Therapie, 23(2), 94–112.

Oser; F. & Gmünder, P. (2002). Der Mensch – Stufen seiner religiösen Entwicklung. Ein strukturgenetischer Ansatz. Gütersloh: Gütersloher Verlagshaus.

Schmidt, M. (2000). Selbstorganisation – System – Ethik. Eine Operationalisierung der Methode der Selbstorganisation und Implikationen für eine Ethik. Univ. –Diss., Kaiserslautern

Singe, G. (2000). Gott im Chaos. Ein Beitrag zur Rezeption der Chaostheorie in der Theologie und deren praktisch-theologische Konsequenz. Frankfurt/M.: Peter-Lang-Verlag.

Fußnoten

[1] Oser greift in der Annahme dieser Stufe, die empirisch nicht hinreichend belegt werden konnte, auf die kommunikative Handlungstheorie von Jürgen Habermas und Helmut Peukerts Fundamentaltheologie zurück.

Helmut Willke

Zur Bedeutung basaler Zirkularität für therapeutische Interventionen

Prof. Dr. Helmut Willke, Fakultät für Soziologie an der Universität Bielefeld, vielfacher Fachbuchautor

Dieser Vortrag wurde anlässlich des ptzSymposiums „Psychotherapie der Selbstorganisation" 2006 in Lindau gehalten.

Einleitung

Ich freue mich sehr, Ihnen heute aus unserer Bielefelder Forschung berichten zu können. Ich spreche zum Thema „Operative Geschlossenheit", das zunächst sehr kompliziert erscheinen mag. Ich werde mich also bemühen, die Thematik Schritt für Schritt zu entwickeln. In erster Linie möchte ich verständlich machen, welche Bedeutung die Problematik der Abschließung von Systemen und der basalen Zirkularität für Interventionen in komplexe Systeme in der therapeutischen und beraterischen Arbeit hat. Das wird am Anfang nicht ganz einfach sein, weil wir ja mit Grundbegriffen arbeiten und einige Grundlagen etablieren müssen. Am Ende aber wird sich die Mühe einer theoretischen Rekonstruktion von Autopoiese, von Abgeschlossenheit, von operativer Schließung lohnen. Denn dann lassen sich Schlussfolgerungen für das therapeutische Arbeiten ziehen.

Insgesamt werde ich die Autopoiese etwas entmystifizieren. Denn der Begriff schwirrt ja durch unzählige Diskussionen und verbreitet oft mehr Schrecken als sinnvolle Anschlussmöglichkeiten. Wir werden sehen, dass die Sache gar nicht so fürchterlich ist, sondern dass Autopoiese im Grunde nur eine Radikalisierung von Grundkonzepten darstellt, die seit Jahrzehnten im systemischen Denken vorhanden sind und die eine ganze Reihe von Ideen, Konzeptionen, Denkrichtungen versammeln und auf den Punkt bringen.

Ich möchte folgendermaßen vorgehen: Zunächst werde ich Selbstreferenz vorstellen als einen grundlegenden Operationsmodus komplexer Systeme. Dann werde ich Schlussfolgerungen und Konsequenzen aus dieser operativen Schließung deutlich machen. Und zum Schluss kommt der eigentliche, entscheidende Gedankenschritt: Ich versuche Ihnen zu zeigen, dass die operative Schließung und basale Zirkularität komplexer Systeme genau der Ansatzpunkt ist, der es uns erlaubt, Interventionen in ein System hineinzusetzen, das eigentlich für Interventionen gar nicht gemacht ist.

Ich möchte deutlich machen, dass es genau darum geht, diese Ambivalenz aufzulösen: das komplexe, operativ geschlossene Systeme für externe Instruktionen gar nicht zugänglich sind und wir dennoch als Professionelle nichts anderes tun als Wege zu suchen, um in ein geschlossenes System hinein zu wirken. Dass das nicht mehr nach dem Modus trivialer Systeme geht, versteht sich von selbst.

Wir gehen davon aus, dass ein selbstreferenzielles Operieren das wesentliche Merkmal komplexer eigendynamischer Systeme darstellt, welches zu einer notwendigen Abschließung dieser Systeme führt. Wenn wir das am Beispiel der Person und der Entwicklung von Kleinkindern anschauen, ist es völlig selbstverständlich. Wir erwarten ja bei der Individualisierung eines Kindes genau dies: Wir erwarten, dass diese Person sich im Laufe der Sozialisation sukzessive eine eigene Identität schafft. Das heißt also, dass sich ihr mentales System nach eigenen Regeln, nach eigenen Vorstellungen entwickelt. Wir erwarten, dass diese Person ein Individuum ist, also etwas Unteilbares, etwas Eigenständiges, etwas Autonomes.

Natürlich ist damit von vornherein die zentrale Ambivalenz angelegt, da Individuen ja miteinander in Kontakt kommen und Kommunikation etablieren sollen – auch wenn wir uns erhebliche Illusionen darüber machen, was die Inhalte der Kommunikation oder die Form der Kommunikation angeht. (Darauf werde ich noch zu sprechen kommen.)

Modell Hyperzyklus

An diesem Punkt ist es immer hilfreich, eine naturwissenschaftliche Begründung heranzuziehen. Wenn also die Naturwissenschaften sagen, dass etwas wie eine operative Schließung, eine zyklische Selbstreproduktion von Systemen, beobachtbar, belegbar, geradezu beweisbar ist, dann muss das natürlich stimmen. Wenn Soziologen oder Psychologen das sagen, dann ist das höchst problematisch.

Nehmen wir ein Beispiel, in dem sehr anschaulich für ein zentrales Problem aller Lebenswissenschaften – nämlich für das Problem der Entstehung einer lebenden Zelle, sozusagen des Lebens an sich – ein Modell entwickelt worden ist, das wir sehr gut nutzen können, um in einer Modellanalogie Schlüsse auf die Operationsform eines komplexen psychischen oder sozialen Systems zu ziehen. Es handelt sich um das Modell des Hyperzyklus von Manfred Eigen.

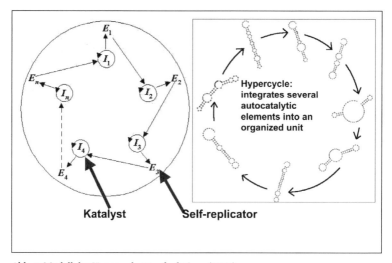

Abb. 1: Modell des Hypercycle, Manfred Eigen (1977)

Dies ist der bislang vielleicht beste Ansatz, um sich vorzustellen, dass aus einem Haufen von Makromolekülen so etwas hoch Unwahrscheinliches wie eine lebende Zelle entstanden ist.

Die grundlegenden Schritte sind relativ einfach: Es muss ein autokatalytischer Zyklus vorliegen, also ein Zirkel von chemischen Reaktionen, in dem das Endprodukt einer Reaktion gleichzeitig der Katalysator für den nächsten Zyklus und die nächste chemische Reaktion ist. Das Ganze führt im Grunde zu einem sich selbst erzeugenden Kreisprozess. Man muss sich vorstellen, dass Stufe um Stufe ein physikochemisches System die Voraussetzungen für seine weiteren Operationen schafft. So unwahrscheinlich das klingt, so instruktiv ist dieses Modell, um verstehen zu können, warum tatsächlich am Ende aus einem Chaos von unterschiedlichen Makromolekülen etwas derart Organisiertes sich selbst reproduziert, bis eine Zelle entsteht.

Der Hyperzyklus integriert also mehrere autokatalytische Zyklen in einer Form, die natürlich informationell abgesichert sein muss. Das System muss seine eigenen Schritte so dokumentieren, dass es sich diese merkt und später noch weiß, welche Schritte hintereinander folgen. Das ist das Problem der Erinnerung und des molekularen Gedächtnisses, und wir werden später sehen, dass dies für soziale und psychische Systeme ähnlich ist. Wir werden immer fragen müssen: Wie dokumentiert und registriert ein System die Abfolge der Prozesse, sodass es in der Mitte des Prozesses noch weiß, was es am Anfang getan hat und was die nächsten Schritte sein könnten.

Mit dieser Grundidee des Hyperzyklus kann man nun experimentieren, und es gibt viele interessante naturwissenschaftliche Vorstellungen darüber, wie sich unterschiedliche selbstorganisierende Systeme entwickeln, von denen wir im Grunde noch nicht wissen, wie diese Automatismen eigentlich entstehen. Im Ergebnis lässt sich das sehr gut zeigen, etwa am System Sonne, das seit einigen Milliarden Jahren als sich selbst reproduzierendes und seine eigenen Voraussetzungen schaffendes System funktioniert. Es ist schon erstaunlich, dass die Natur – oder wer immer dahinter steckt – eine solche, über unendliche Zeiträume hinweg, stabile Dynamik schafft: ein hochexplosives, dynamisches System, das über Milliarden von Jahren hinweg stabil ist.

Operative Geschlossenheit bei lebenden Systemen

Jetzt nähern wir uns schon der Biologie und den lebenden Systemen. Ich möchte Ihnen an einem Beispiel etwas plastischer machen, wie man sich den schrittweisen Aufbau von Selbstreferenz vorstellen kann: Eine Amöbe oder eine Meeresschnecke, also die einfachsten Formen von Organismen, sind ja trivialen Systemen noch recht nah, in dem Sinne, dass wir Input-Outputverbindungen haben, und diese Systeme mithilfe externer Sensoren Fremdreferenz realisieren. Die Nervenzellen – ob licht- oder druckempfindlich oder was auch immer – registrieren also bestimmte Zustände der Umwelt. Daraufhin reagiert der Organismus und verhält sich in einer bestimmten Weise. Zum Beispiel: „Hell – da schwimm ich hin, das verspricht Nahrung." Oder: „Dunkel – da geht man lieber weg, das ist gefährlich." Diese Mechanismen sind ganz simpel.

Nun passiert etwas sehr Interessantes: Diese Nervenzellen verlagern sich im Laufe der Evolution ins Innere des Systems. Es entsteht so etwas wie ein zentrales Nervensystem, aber ganz einfach. Und nun simulieren diese Nervenzellen externe Ereignisse im Inneren des Systems. Es entstehen also im Lauf der Evolution eigenständige Nervenzellen, die gar keine reale Verbindung mehr mit der Außenwelt haben. Sie tun nur so, als hätten sie diese Verbindung. Sie produzieren also intern Signale und gaukeln dem Organismus vor, dass draußen etwas passiert.

Und Sie alle wissen, dass dies in der Philosophie bis zur höchsten Steigerungsform des Solipsismus geführt hat, zu der Vorstellung also, dass

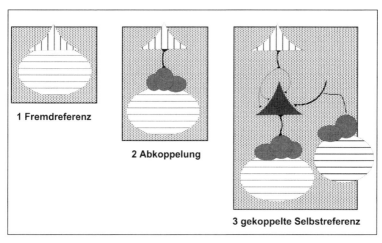

Abb. 2: Entwicklung der Selbstreferenz

es da draußen gar nichts gibt, dass wir nur in unserem eigenem Kopf die Welt erzeugen, in der wir leben – und das ist gar nicht so abwegig. Denn auch das mentale System des Menschen produziert natürlich weit mehr interne Ereignisse, interne Reize und konstruiert aus einigen wenigen Anregungen, die von außen kommen, eine hochkomplexe interne Welt. Da ist es schon ziemlich fraglich, was davon draußen eigentlich real passiert und was wir lediglich in unserem Kopf entwerfen.

Damit sind wir auch schon beim Thema des Konstruktivismus, und es ist sehr lohnend, dieses Thema ernst zu nehmen. Denn dies ist eine der wirklichen Möglichkeiten und gleichzeitig eine der Barrieren therapeutischer Interventionen in komplexe Systeme. Wir müssen uns klarmachen, was es denn tatsächlich heißt, dass die Menschen ihre Welten in ihren eigenen mentalen Systemen konstruieren. (Ich komme später noch einmal auf die Thematik zurück.) Hier ist mir wichtig zu betonen, dass Selbstreferenz nicht nur irgendein Modell oder eine abstrakte Idee ist, sondern dass sie tatsächlich auch auf der Ebene von Organismen belegbar ist. Dies heißt, dass sich gewissermaßen die Empfindungssysteme – also die Nervenzellen, die Sensorien, die Beobachtungsorgane – irgendeines Systems in das Innere des Systems verlagern. So wie mein mentales System ja viel stärker sich selbst beobachtet, in dem, was ich spreche, tue und produziere, als es ein paar wenige externe Signale auffängt.

Diese Verlagerung von außen nach innen dient dann zum Aufbau einer hochkomplexen Eigendynamik von Systemen. Dies führt zu einer Eigenkomplexität, bei der wir nicht mehr wissen, in welcher genauen Relation sie zur Umweltkomplexität steht. Wir fragen uns also, ob die Umwelt tatsächlich so komplex ist, oder ob möglicherweise nur das eigene mentale System die Komplexität aufbaut und sich irgendwelche Gedanken macht, deren Bezug zur Außenwelt gar nicht mehr deutlich ist. Dies ist wichtig, um zu verstehen, warum mentale oder psychische Systeme (Personen, Menschen) sich tatsächlich abschließen, sich unabhängig machen können von einer real oder auch nicht real existierenden Umwelt, und warum sie sehr gemütlich in dieser eigenen Welt leben können. Eine derartige Abschließung ist angelegt in unserer Entwicklung, im physikochemischen System. Sie ist also keineswegs eine Erfindung am Ende des 20. Jahrhunderts.

Hiermit wird klar, warum wir so schlecht an komplexe Systeme herankommen: Dies ist eine Ambivalenz, die mit jedem komplexen dynamischen System von vornherein gesetzt ist. Das System muss sich von der Umwelt abschließen, um sich selbst erhalten zu können. Es muss eine Organisationsform finden und entwickelt dabei die vielschichtigen Prozesse, die es braucht, um sich selbst zu organisieren und zu erhalten. Dazu braucht es operative Autonomie – und dennoch setzen wir natürlich voraus, dass es Beziehungen nach außen gibt, und dass diese Beziehungen irgendeine Rationalität, irgendeinen Sinn haben.

Operative Geschlossenheit des mentalen Systems

Wir konstruieren also sehr komplexe Dinge in diesem Kopf, in diesem mentalen System. Und nimmt man die emotiven Komponenten hinzu, wird das Ganze noch schwieriger. Dabei kommt eigentlich erstaunlich wenig von außen. Wir nehmen nur über ganz wenige Beobachtungsinstrumente – unsere Sinnesorgane – Signale von außen auf. Und selbst diese Signale sind noch in einem Maße reduziert, dass es erstaunlich ist,

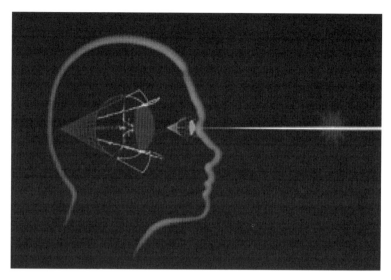

Abb. 3: Das mentale System als konstruktiver Apparat

was wir selbst daraus machen. Alles, was wir über die Augen wahrnehmen, sind ein paar Wellen. Was wir über die Ohren wahrnehmen, ist ein ganz kleiner Ausschnitt aus dem Frequenzspektrum. Und im Grunde kommt jetzt, während ich zu Ihnen spreche, bei Ihnen nichts anderes an als verdichtete Luftmoleküle. Was mich natürlich sehr entlastet, denn was Sie aus meinem Vortrag machen, ist nicht mein Problem, das ist Ihr Problem. Ich schicke ja nur ein paar Moleküle oder Druckverteilungen rüber. Alles, was Sie hieraus machen, machen Sie in diesem Räderwerk, in dieser großartigen Mechanik Ihres mentalen Systems. Dies heißt natürlich auch ganz konkret, dass Sie in der Tat nur das aufnehmen und verarbeiten können, was in den Konzeptionen und der Begrifflichkeit, in den Methoden und Theorien Ihres mentalen Systems vorgesehen ist. Ganz wörtlich sehen wir also nicht, was wir nicht sehen. Wir können nicht wahrnehmen, was unser System nicht verarbeiten kann, was unsere mentalen Modelle nicht plausibel finden. Ebenso schalten wir bei Weitem das meiste, was in der Umwelt passiert, aus und nehmen ganz selektiv das wahr, was zu unserem mentalen System, zu unseren Denkvorstellungen, zu unseren Konzeptionen passt. Und das ist ganz in Ordnung so.

Beispiel für die operative Schließung eines sozialen Systems

Jetzt kommen wir vom psychischen System zu einem kurzen Exkurs ins soziale System. Es ist sehr erstaunlich, dass wir auch bei sozialen Systemen Zirkularitäten feststellen können, sowohl in Bezug auf ganze Anthropologien als auch heute bei der Steuerung von Gesellschaften. In der anthropologischen Forschung beobachten wir so etwas wie die Schließung von Systemen durch bestimmte symbolische Zyklen.

Der Kula-Ringtausch in der Südsee ist ein bekanntes Beispiel für einen sehr umfassenden, eigentlich unglaublichen, sozialen Zusammenhang über viele Inseln und tausende Kilometer hinweg. Der Ringtausch wird über einen sehr großen geografischen Raum dadurch realisiert, dass in der einen Richtung Muscheln als Geldersatz zirkulieren, und in der anderen Richtung Geschenke, etwa in Form von Halsschmuck, den Ausgleich herstellen. Der Ringtausch wird also über zwei Kreisläufe des symbolischen Austausches etabliert, welche zugleich die soziale Vernetzung der beteiligten Clans und Gruppen leisten.

Geld in unserem Sinne verwendet man dort nicht. Über Generationen hinweg gibt es eine zyklische Schließung dieses umfassenden Sozialsystems und das Erstaunlichste ist wohl, dass dieses operativ geschlossene soziale System massiver, wichtiger, wirkungskräftiger ist als die einzelnen beteiligten Personen. Das heißt, es etabliert sich über die Interessen und Motive der einzelnen Personen hinaus ein symbolisch stabilisiertes soziales System, in welches die Personen eingebunden sind. Das ist ein Grundgedanke, der gerade für die Entwicklung von Organisationen und modernen Gesellschaften sehr lehrreich ist.

Die moderne Gesellschaft ist nämlich unserer Einschätzung nach dadurch geprägt, dass sie solche Zyklen der Abschließung sozialer Prozesse als Grundprozess der Ausdifferenzierung unterschiedlicher Systeme darstellt. Der Mensch, der irgendwie ja noch eine Einheit darstellt (oder es jedenfalls versucht), versucht sich gegenüber dieser Vielfalt von sozialen Systemen, die völlig unterschiedlich ausgerichtet sind und völlig unterschiedlichen Rationalitäten folgen, irgendwie zu verhalten und sich darin zurechtzufinden. Dieser Mensch wird es leichter haben, wenn er versteht, dass im sozialen System eine ganz ähnliche Logik abläuft: eine Logik der operativen Schließung, der Abkoppelung, der Verselbständigung von Wertsphären, wie Max Weber es genannt hat.

Die Verselbständigung von Zyklen sind durch bestimmte Kommunikationsformen etabliert. Bei modernen Gesellschaften nennen wir das heute funktionale Differenzierung und meinen die Aufsplittung der Gesellschaft in ganz unterschiedliche Lebensfelder, die einer eigenen Logik und eigenen Regeln gehorchen, etwa die Regeln des profitorientierten Austausches in der Ökonomie, die Regeln generationenübergreifender Solidarität in der Familie oder die Regeln evidenzbasierter Beobachtung in der Wissenschaft. Dies schafft natürlich Probleme für die einzelne Person. Dies ist nichts anderes als eine Fortsetzung der Grundlogik, die sich von den einfachsten Organismen bis zu einer globalen Gesellschaft durchzieht.

Es ist also wichtig zu verstehen, dass der Aufbau komplexer dynamischer Systeme, auf welcher Ebene auch immer, eine unwahrscheinliche Leistung voraussetzt. Er setzt voraus, dass es einem System gelingt, die Voraussetzungen für sich selbst zu schaffen, das heißt die Produkte herzustellen, aus denen das System sich selbst wieder herstellt. Bei der Zelle kann man das relativ deutlich sagen. Das ist der Hintergrund, den Maturana hinzugefügt hat, um die längst bekannten Ideen von Eigendynamik oder Eigenlogik komplexer Systeme zum Modell der Autopoiese zu steigern. Eine Zelle erzeugt aus den Makromolekülen, die da herumschwirren, sich selbst, indem sie diese Makromoleküle in einer bestimmten Weise organisiert. Wir wissen inzwischen, dass das bei Zellen und Organismen über das Genom organisiert und strukturiert wird, was sehr erstaunlich ist.

Die gleiche Mechanik finden wir auf der Ebene des mentalen Systems, der Sprache und des sozialen Systems. Beim mentalen System können wir dies am ehesten sehen. Es ist zwar einerseits ziemlich erstaunlich, andererseits aber völlig klar, dass nur wir selbst es sind, die die Gedanken produzieren, die unser mentales System ausmachen. Wer sonst

Autopoiese als Steigerung operativer Geschlossenheit

- Autopoiese: Ein System erzeugt aus den Elementen, aus denen es besteht, die Elemente, aus denen es besteht: Produktion des Systems durch sich selber.

- Beispiel Zelle: Eine Zelle erzeugt aus den Makromolekülen, aus denen sie besteht, die Makromoleküle, aus denen sie besteht.
- Beispiel mentales System: Ein mentales Systems erzeugt aus Gedanken weitere Gedanken, aus denen das mentale System besteht.
- Beispiel Sprache: Eine Sprache erzeugt aus der Semantik, aus der sie besteht, die Semantik, aus der sie besteht.
- Beispiel soziales System: Ein soziales System erzeugt aus Kommunikationen, aus denen es besteht, weitere Kommunikationen, aus denen es besteht.

Abb. 4: Autopoiese als Steigerung operativer Geschlossenheit

sollte das denn machen? Auch nur Sie selbst können beobachten, was an Gedanken in Ihrem mentalen System herumschwirrt. Das kann niemand anderes sehen. Vielleicht ist das ganz erfreulich, jedenfalls ist es so, dass niemand in die Köpfe hineinschauen kann.

Die Sache ist also sehr wörtlich zu nehmen: Unser mentales System ist ein operativ geschlossenes System, das sich selbst beobachtet und aus dieser Selbstbeobachtung alles das produziert, was wir unser Denken nennen. (Wahrscheinlich verhält es sich auch beim Fühlen so, aber dieses Thema lasse ich an dieser Stelle beiseite.) Jedenfalls schafft das Denken sich selbst, indem es das Denken beobachtet, und jeder Gedanke ist eine Fortsetzung der laufenden Gedankengänge. Das ist schon ziemlich erstaunlich. Von außen kann kein Gedanke in das System hereinkommen, das geht nicht. Ich kann nicht Ihre Gehirnschale anbohren und Gedanken hineinwerfen. Das ist unmöglich.

Also was passiert dann dort eigentlich? Noch einmal: Das Einzige, was passiert, ist, dass ich irgendwelche Daten, Signale aufnehme, dass ich externe Ereignisse wahrnehme, irgendwelche Perturbationen oder überraschende Dinge mit meinen Sensorien aufnehme und daraus Gedanken konstruiere. Das ist die Leistung des mentalen Systems. Es kommt kein einziger externer Gedanke ins mentale System hinein. Das geht nicht. Und das Erstaunliche ist, dass genau dasselbe auch für die Sprache und für soziale Systeme gilt.

Kommunikation und Sprache

Ich gehe im Folgenden auf die Sprache ein, um Ihnen noch deutlicher vor Augen zu führen, wie unwahrscheinlich gelingende Kommunikation ist. Wir haben in Bielefeld Jahrzehnte gearbeitet, um deutlich zu machen, dass Jürgen Habermas sich hinsichtlich der grundlegenden Funktion und Ausrichtung von Kommunikation irrt, was ja auch völlig klar ist. Denn Kommunikation läuft nicht auf Konsens hinaus, sondern sie operiert über Dissens. Der normale Modus der Kommunikation ist nicht Verstehen, sondern Nicht-Verstehen – und Kommunikation, jedenfalls gelingende Kommunikation, ist daher unwahrscheinlich.

Es ist aber noch viel dramatischer, denn wir haben das in den zurückliegenden Jahrzehnten sowohl in Frankfurt wie in Bielefeld wirklich nur über Kommunikation konstruiert, nicht aber die Sprache selbst in die Überlegungen einbezogen, ganz ähnlich wie etwa die Palo-Alto-Schule und die systemische Familientherapie. Wir haben diese Kommunikationslinie aufgegriffen und gefragt: Was ist eigentlich Kommunikation? Woraus besteht Kommunikation? Was leistet Kommunikation? Das machen wir auch weiterhin.

Inzwischen kommt aber eine Komplikation hinzu – und die betrifft die Sprache. Wir konstruieren üblicherweise Kommunikation in einem Dreier-Schritt: Kommunikation besteht darin, dass ich bestimmte Inhalte, also Informationen, in einem Medium mitteile und ein Zweiter, ein Kommunikationspartner, diese Operation beobachtet. Dies macht Kommunikation aus, und das heißt, dass es nicht auf „richtiges" Verstehen ankommt. Ob ich missverstehe oder richtig verstehe, ist völlig irrelevant. Kommunikation findet dennoch statt. Es geht also nicht um Konsens, denn auch bei Dissens findet selbstverständlich Kommunikation statt. Und wenn solche Formen und Mechanismen der Kommunikation etabliert sind, dann kann sich das sogar weiterentwickeln, etwa zu nonverbalen Formen der Kommunikation und ähnlichen Dingen, aber es setzt natürlich voraus, dass ich schon eine Sprache habe.

Jetzt konzentrieren wir uns einmal auf dieses mittlere Feld der Mitteilung: Es wird in allen Kommunikationstheorien vorausgesetzt, dass das originale Medium der Mitteilung die natürliche Sprache ist. Klar, was sonst, die haben wir und damit kommunizieren wir. Aber wie operiert die Sprache? Ich schockiere Sie jetzt gleich am Anfang, damit es hinterher nicht so weh tut: Wir sprechen nicht die Sprache, sondern die Sprache spricht uns. Wir beherrschen nicht die Sprache, sondern die Sprache ist ein eigenständiges, autonomes, symbolisches System, das kein Mensch macht oder verändert oder anschaltet oder abschaltet. Das heißt: Eine Sprache entwickelt sich über Jahrhunderte, über Generationen in einem Zusammenspiel zu einer Emergenz von Kommunikationen, in der die einzelne Person nahezu keine Rolle spielt. Die Sprache beherrscht also Sie – nicht Sie die Sprache. Das ist ganz wörtlich zu nehmen. Sie können gar nichts anderes denken, als was die Sprache Ihnen zur Verfügung stellt. Es gibt keinen Gedanken, den Sie denken können, der nicht sprachlich verfasst ist. Demnach ist alles Denken an die Restriktionen der Sprache gebunden. Also lohnt es sich sehr wohl, diese Restriktionen einmal in Augenschein zu nehmen und sich zu fragen: Wie ist eigentlich die Sprache gebaut? Was lässt sie zu und was lässt sie nicht zu? Und dann kommen wir auf erstaunliche Dinge.

Der Linguist, der meines Erachtens auf diesem Gebiet die bedeutendsten Vorarbeiten gemacht hat, ist Ferdinand de Saussure, ein Schweizer, der leider 100 Jahre lang falsch verstanden worden ist, weil er wenig geschrieben hat und seine Schüler sein Werk auf eine sehr merkwürdige Weise interpretiert haben. Moderne Linguisten haben in den letzten Jahren hunderte neuer Zettelchen, die Saussure geschrieben hat, gefunden und ausgewertet. So kommt allmählich eine neue Linguistik von Ferdinand de Saussure zutage, die erstaunlich systemisch gedacht ist und die diesen Grundgedanken, der eigentlich aus vielen anderen Modellen von Sprache schon nahe liegt, im Grunde bestätigt, nämlich, dass die Sprache ein eigenständiges Symbolsystem ist, das sich mit einer eigenen Logik, mit eigenen, festliegenden Regeln, Strukturen und Prozessen etabliert. Diese Regeln, Strukturen und Prozesse nennen wird Semiotik, Semantik, Grammatik und Syntax. Das wissen wir. Wir haben diese Regeln, aber wir schauen selten darauf, welche Begrenzungen des Denkens dadurch entstehen, dass wir nur in Form von Sprache denken können, dass jenseits der Sprache keine Möglichkeiten des Denkens bestehen.

Wir haben nun also schon drei unterschiedliche Ebenen: Wir haben erstens das mentale System, das sich selbst über Gedanken erzeugt. Nichts von außen ist ein Gedanke, der in das mentale System hineindringen kann, sondern das System muss jeden Gedanken selbst erzeugen.

Wir haben zweitens Kommunikation als eine soziale Aktivität, als eine interaktive Konstruktion, in der bestimmte Musterformen, Strukturen und Kommunikationsprozesse sich ausprägen. Dies umfasst alles, was etwa in der systemischen Familientherapie grundlegend erarbeitet worden ist und was uns in der Systemtheorie der Soziologie ungeheuer viel geholfen hat, um zu verstehen, wie soziale Systeme sich als eigenständige Systeme überhaupt entwickeln können.

Und wir haben drittens das eigenständige Symbol-System der Sprache. Sie haben ja vielleicht irgendwann schon erfahren, dass Sprachen Weltbilder erzeugen. In der vergleichenden Anthropologie ist untersucht worden, dass ganz unterschiedliche Sprachmodelle und Sprachsysteme entstanden sind, und wie stark die Sprache gewissermaßen ein bestimmtes Weltbild erzeugt. Das wissen wir schon, darüber haben wir einige Ideen und Vorstellungen. Aber wir müssen dies viel radikaler denken und gewissermaßen die Sprache als eine Begrenzung möglichen Denkens verstehen. Und damit auch als Begrenzung dessen, was als Kommunikation möglich ist. (siehe Abb. 5)

Dies mag ein recht neuartiger Gedanke sein, doch dieser Gedanke macht es umso wichtiger und umso wertvoller (allerdings eher für therapeutisches Arbeiten als für Beratung), andere Zugänge zur Psyche der Person zu stärken, die nicht sprachvermittelt sind. Damit meine ich all das, was mit nonverbalen oder körperorientierten Formen des Zugangs zu Personen zu tun hat. Dies hat dann natürlich eine besondere Bedeutung, wenn ich – aus welchen Gründen auch immer – über Sprache nicht arbeiten kann. Dort ist die Einsicht in die Begrenzung der Sprache sehr wichtig. Ich muss dann unter Umständen bei bestimmten Konstellationen andere Medien, andere Zugänge verstärkt ins Spiel bringen, weil Sprache zu aufwendig, zu unspezifisch, zu ungenau oder zu schwierig ist für bestimmte Interventionen, die ich vorhabe.

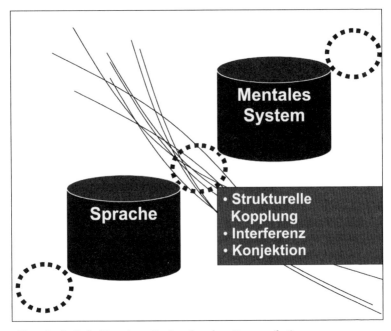

Abb. 5: Symbolische Koppelung: Denken, Sprechen, Kommunikation

Operative Geschlossenheit, Autonomie und Autopoiese

Also noch einmal zusammengefasst: Autopoiese ist gar nichts großartig Neues. Sie beschreibt das Zusammenspiel von Merkmalen, die wir seit langem kennen. Selbstreferenz bedeutet etwa, dass in der Tat, z. B. bei mentalen Systemen, Gedanken auf Gedanken zurückgreifen, dass in der Sprache natürlich Sätze auf Sätze zurückgreifen, dass in der Kommunikation Kommunikationen aneinander anschließen und erst dadurch Kommunikationsprozesse entstehen. Wir sprechen von operativer Geschlossenheit, weil dieses komplizierte Operieren nur möglich ist in einer Art abgeschlossenem Raum. Dieser eigene Raum unterbricht sozusagen die direkte Auseinandersetzung mit der Umwelt. Wir brauchen Interdependenz-Unterbrecher, wie Luhmann das so schön nennt, Interdependenz-Unterbrecher von Membranen bis zu Regeln, von Grenzräumen bis zu Denkmodellen, die die Verbindung von außen im System unterbrechen, ganz bewusst, ganz gezielt, damit das System sich selbst organisieren kann.

Wenn das System sich dann organisiert hat und sich die Fähigkeit erarbeitet hat, sich zu organisieren, dann allerdings müssen wir sehr aufwendig wieder Verbindungen zur Umwelt aufbauen. Ein Beispiel hierfür ist die Adoleszenzphase oder Adoleszenzkrise. Da zeigt sich oft dieser merkwürdige Widerspruch, dass wir von den Jugendlichen verlangen: „Sei Du!", wenn sie dann aber zu sehr sie selbst sind, dann sagen wir auch: „Schau auf den anderen und schau auch, dass du mit den anderen zurechtkommst!" Wir wollen beides gleichzeitig, und das ist genau richtig: Beides ist erforderlich, auch für soziale Systeme.

Allerdings muss ich sagen: In meiner Praxis der Unternehmensberatung staune ich immer wieder darüber, wie schwer es Praktikern und Theoretikern fällt zu denken, dass eine Organisation, ein soziales System, tatsächlich massiv geschlossen ist. Dass es tatsächlich primär auf sich selbst schaut, dass es tatsächlich sich viel mehr für sich selbst interessiert als für die Umwelt. Man muss dann sehr viel Mühe darauf verwenden, ein etabliertes soziales System wieder an die Umwelt anzuschließen. Wir setzen das als „normal" und gesund voraus, was ja auch stimmt. Dabei vergessen wir aber häufig, dass wir zunächst verlangen, dieses soziale System – ob es eine Gruppe, eine Kirche, eine Sekte oder ein Unternehmen ist – möge seine Identität, seine Eigenständigkeit, seine Autonomie etablieren. Das geht hin bis zur großartigen Idee der Souveränität von Nationalstaaten und der kühnen Behauptung: Ihr seid eigenständig, autonom und nur für euch selbst zuständig. Das wird gegenwärtig in der Globalisierung wieder aufgelöst.

Ansatzpunkte für Intervention

In diesem Zusammenhang ist basale Zirkularität der Ansatzpunkt für Intervention. Wenn ich also das Grunddilemma jedes komplexen Systems – ganz gleich, ob dies nun ein psychisches oder ein soziales System ist – darin sehe, dass es in der Ambivalenz zwischen Geschlossenheit und Offenheit funktionsfähig bleiben muss, und wenn ich davon ausgehe, dass ich diese Balance immer wieder bestimmen muss, wobei die Basis Geschlossenheit ist, weil nur über Geschlossenheit sich ein autonomes, ein eigenständiges System etablieren kann, dann ist die basale Zirkularität sozusagen der *basso continuo,* der Grundrhythmus, auf den ich externe Interventionen einspielen kann und der mir erlaubt, in das System selbst externe Verstörungen, externe Störungen, externe Perturbationen einzuspielen. Mehr geht nicht. Das ist außerordentlich wichtig. Mehr geht nicht.

Und je stärker Sie in das System eingreifen, desto stärker gefährden Sie die Autopoiese des Systems. Wenn Sie massiv in das System hineinwirken, gefährden Sie die Autonomie des Systems. Das ist eine Problematik, die Sie alle kennen. Sie wird gegenwärtig im Feld der Ökonomie und Unternehmensberatung dramatisch, weil sehr häufig die Geduld der Intervention unter Erhaltung der Autonomie des Systems nicht mehr da ist. Dann kommt es zu Radikallösungen – ob es sich nun um Merger handelt oder um Übernahmen oder um die Aufteilung eines Systems, die in aller Regel nicht besonders produktiv sind.

Der Unterschied in der Denkweise zwischen offener Systemtheorie und geschlossener Systemtheorie ist sehr fundamental und sehr wichtig. Man kann natürlich nicht sagen, dass das eine richtig oder das andere falsch ist. Die Frage ist vielmehr: Was haben wir davon, wenn wir so denken, und was haben wir davon, was können wir daraus ableiten, wenn wir so denken? Und da möchte ich sehr klar sagen: Der Vorteil des Denkens in geschlossenen Systemen ist, dass wir die eigenen „Bedingungen der Möglichkeiten" eines komplexen Systems primär setzen – also die Frage danach, wie ein solches System überhaupt möglich ist, und sich als System bilden und erhalten kann.

Wir fragen uns: Wie ist es einer Person möglich, eine Person zu sein? Wie ist es einer Gruppe, einem Team, einer Organisation möglich, eine Organisation zu sein oder gar einer Gesellschaft zu gleichen? Erst wenn diese Bedingungen der Möglichkeiten gegeben sind, können wir die Problematik der Kopplung mit anderen Systemen aufgreifen, erst dann erfassen wir die gesamte Komplexität. Denken Sie noch einmal an die Ableitung vom Hyperzyklus über die operative Schließung, über die Verkettung von Teilprozessen zu einem Ganzen, die, wenn es gut geht, eine emergente Qualität des Gesamtsystems erzeugt, also eine *neue* Qualität des Ganzen, welches aus den Eigenschaften seiner Teile oder Komponenten nicht erklärbar ist. Diese ganzen komplizierten Voraussetzungen erst schaffen die Möglichkeit für ein eigenständiges

System. Und wenn dieses System etabliert ist, dann muss es, oder sollte es, oder kann es Verbindungen zur Außenwelt aufnehmen in der Logik des Systems. Eine andere Logik ist nicht möglich. Das System operiert immer in seiner eigenen Logik.

Das heißt also: Es ist völlig selbstverständlich, dass jedes System und damit auch jede Person und jedes Unternehmen die Welt aus seinen eigenen Augen sieht. Das Unternehmen kann gar nicht anders die Welt betrachten, weil es eigene Operationen des Systems sind. Wenn das nicht ausreicht, wenn ich also etwas Zusätzliches einspielen möchte in das System, dann ist es erforderlich, dass ich eine andere Perspektive in das System hineintrage. Und das ist aufwendig. Das kann ich nicht auf direktem Wege tun. Das geht nur über ein zusätzliches Beratungssystem. Ich kann das nur über ein therapeutisches System machen, das im Kern nichts anderes tut als eine andere Perspektive in das System hineinzutragen, das also die Anregung gibt, die Welt auf andere Weise zu sehen, oder andere Aspekte der Welt wahrzunehmen, die bisher aus der Perspektive des Systems verschlossen waren, die nicht wahrnehmbar waren.

Es geht darum, dass die notwendigen, unabdingbaren, blinden Flecken eines Systems zur Debatte gestellt und beleuchtet werden können. Dass es da wieder blinde Flecken geben wird, ist ganz klar. Diese basale Geschlossenheit, diese Selbstreferenz des Systems sollte also gerade nicht der Endpunkt sein. Sie sollte nicht dazu führen, dass man sagt: „Da kann ich nichts machen. Da kann ich nicht ins System eingreifen. Da ist Schluss. Dann muss jeder sozusagen für sich wursteln." Diese Konstruktion halte ich nicht für brauchbar, weil sehr wohl eine Verbindung zu einer Außenwelt möglich ist. Technisch gesprochen nennen wir das strukturelle Kopplung. Diese Verbindung ist sehr aufwendig und sie muss indirekt sein. Sie muss die Logik des betroffenen Systems erreichen. Wenn ich die Intervention nicht in der Logik dieses betroffenen Systems formulieren kann, erreicht sie das System nicht. Sie dringt gar nicht durch – und zwar nicht, weil das System bösartig ist, sondern weil es das Neue gar nicht aufnehmen kann, weil es gar kein Sensorium hat für diese Arten von Signalen.

Im Modell sieht man sehr deutlich, dass wir Schichten zugrunde legen. Es gibt in jedem komplexen autonomen System einen Kern der Selbststeuerung, der die Autonomie des Systems definiert. Der ist von außen nicht beeinflussbar. Wenn ich diesen Kern verändere oder wegnehme, dann zerstöre ich die Autonomie des Systems. Aber es gibt drum herum natürlich unterschiedliche Zugänge zum System, unterschiedliche Felder der Anbindung an eine Umwelt. Und gerade bei sozialen oder psychischen Systemen wird deutlich, dass die Geschichte des Systems, die Etablierung von Weltbildern sowie auch die Sprache des Systems, also die Begrifflichkeit, die Semantik des Systems, die darüber entwi-

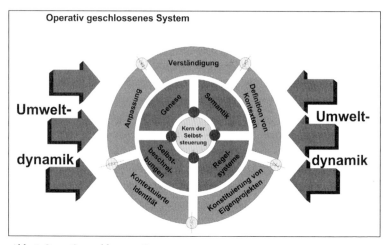

Abb. 6: Operativ geschlossenes System

ckelten Regeln des Systems durchaus Ansatzpunkte bieten, in das System hineinzuwirken. Dies erfolgt definitiv nicht mehr direkt, sondern sehr indirekt und manchmal sehr aufwendig, aber hier eröffnen sich doch Möglichkeiten, in das System hineinzuwirken.

Nehmen Sie das Beispiel Selbstbeschreibung. Diese ist in der therapeutischen Arbeit genauso wichtig wie in der Beratung. Wir wissen alle, dass bestimmte Selbstthematisierungen oder Selbstbeschreibungen von Systemen eine Zementierung, eine Verfestigung von Identität erzeugen, die sehr problematisch sein kann. Das heißt also, diese Verfestigung kann einen Panzer bilden, an dem alle Versuche der Umwelt, irgendwie an das System anzukoppeln, abprallen. Was die sehr interessante Frage aufwirft: Wie kann ich in die Selbstbeschreibung des Systems Varianzen, Veränderung, Anregungen reinbringen? Auch hier ist der Kern einer brauchbaren Intervention die Option, mit Alternativen, mit unterschiedlichen Perspektiven eine Verunsicherung der Selbstbeschreibung des Systems zu erreichen.

Ordnung und Unordnung

Die Begrifflichkeit von Ordnung und Unordnung gehört ebenfalls zu dieser Verunsicherung. Oft fällt es uns selbst etwas schwer, in dieser Terminologie zu denken. Der Sinn der oben aufgezeigten Selbstbeschreibung, der Etablierung von Regeln, der Abschottung von der Umwelt, ist, dass das System eine Ordnung ausbildet, die es braucht, um zu überleben. Insofern hat diese Ordnung eine ganz wichtige Funktion; sie ist nicht etwas Pathologisches oder Fatales. Sie ist wiederum die Bedingung für die Rekonstruktion dieses Systems. Allerdings kann Ordnung übertrieben werden. Wir reden dann von Hyperordnung, also von einer festgezurrten, starren Ordnung. Hier wiederum besteht der therapeutische oder beraterische Zugriff darin, etwas sehr Unwahrscheinliches zu etablieren: das Anfreunden des Systems mit Unordnung. Da sind wir alle gebrannte Kinder. Das scheuen wir wie der Teufel das Weihwasser. Aber genau das ist notwendig, insbesondere in hoch komplexen Systemen.

An dieser Stelle ein kurzer Exkurs in meine gegenwärtige Forschungsrichtung, wo es um Global Governance geht, um die Frage der Steuerung von Weltsystemen. Dort wird vielleicht am deutlichsten, dass es völlig illusorisch ist, von irgendeiner Weltordnung auszugehen. Es ist völlig illusorisch, dass wir eine Weltordnung im Sinne von Einheitlichkeit, von Ordnung im Sinne staatlicher Ordnung etablieren könnten, weil es diese übergreifende staatliche Instanz, diese übergreifende Form der politischen Steuerung eben nicht gibt. Dies heißt nicht, dass wir am Ende unserer Weisheit sind, sondern dass wir Kompetenzen entwickeln müssen im Umgang mit Unordnung, und dass wir neue Balancen zwischen notwendiger oder unabdingbarer Ordnung und möglicher Unordnung etablieren müssen.

Diese Sichtweise kann durchaus Anregungen geben für die Arbeit auf globaler Ebene, für Unternehmen und vermutlich sogar für Personen. Bei Unternehmen ist das gut erkennbar: Wir haben ja heute unzählige global verteilte Unternehmen, die in Profitcenters, in global verteilten Niederlassungen, in vielfältigen netzförmigen Gebilden angelegt sind. Und viele Berater haben aus Ihrer Tradition heraus das Bestreben, irgendwie Ordnung in diesen Laden zu bringen. Das ist eine kontraindizierte, eine nicht produktive Strategie. Viel sinnvoller ist es, nicht auf eine unmögliche Ordnung hin zu zielen, sondern auf eine mögliche Unordnung. Auf eine stabilisierbare Unordnung. Auf den Umgang mit bestimmten Graden von völlig unschädlicher, völlig harmloser Anarchie. Dies ist eine der Folgerungen, die man gegenwärtig aus der Globalisierungsdebatte für andere Ebenen, in denen es noch nicht ganz so deutlich ist, ziehen kann. Und ich denke, da gibt es hochinteressante Lernmöglichkeiten.

Zum Schluss

Basale Zirkularität ist also der Ausgangspunkt für mögliche Verstörungen. Ich setze diese Autonomie, diese Selbstreferenz voraus und kämpfe als Intervenient nicht gegen sie an, sondern nutze sie geradezu, um über diese Schleuse Interventionen in ein operativ geschlossenes System hineinzubringen. So entsteht aus dem Spiel mit Selbstreferenz und Fremdreferenz, mit Verstörung und internem Bearbeiten der Verstörung, und aus der Betrachtung von Selbstthematisierung und Selbstbeschreibungen ein Ansatz, um bei laufender basaler Zirkularität und bei laufender operativer Geschlossenheit dennoch in ein System hineingreifen zu können. Oder anders formuliert: Wir müssen begreifen, dass diese Ordnungsbildung, diese Abschließung sinnvoll, wichtig, unabdingbar ist. Sie ist die Bedingung der Möglichkeit des Systems. Aber sie kann übertrieben werden. Sie kann sozusagen in Richtung auf eine Hyperordnung extremisiert werden. Und genau dies bildet den Ansatzpunkt, das System mit der Möglichkeit von Unordnung und Verunsicherung bekannt zu machen und ihm nahe zu legen, dass ein gewisser Grad an Unordnung und Verstörung nicht schädlich ist, sondern im Gegenteil andere Optionen, neue Perspektiven eröffnet. Das wird kompliziert dadurch, dass ich jetzt mehrere Baustellen habe, bei denen unterschiedliche Logiken aufeinanderstoßen. Und erst, wenn ich auch die Eigenlogik der Sprache und die Begrenzungen der Sprache für den Prozess der Kommunikation mit betrachte, sind die Grenzen dessen deutlich, was ich mit Kommunikation machen kann.

Über den Herausgeber und Autor

Walther Cormann ist Diplom-Betriebswirt und Diplom-Psychologe und arbeitet seit 1979 selbständig als Psychotherapeut, Berater, Coach, Supervisor und Lehrtherapeut. Er ist anerkannter approbierter Psychologischer Psychotherapeut und Systemischer Lehrtherapeut/DGSF.
Seine Praxiserfahrungen beruhen auf Tausenden von Therapie- und Beratungsstunden mit Kindern, Jugendlichen und Erwachsenen, Einzelpersonen, Paaren und Familien sowie mit Gruppen, Teams und Unternehmen. Er hat Weiterbildungen abgeschlossen in Kinderpsychotherapie, Paar- und Familientherapie, Körpertherapie, Gesprächspsychotherapie und Systemischer Organisationsberatung. Gemeinsam mit seiner Frau Sabine Cormann hat er 1989 das Psychotherapeutische Weiterbildungszentrum für systemisch-integrative Konzepte und 1994 die Firma ISMA, Institut für systemisches Denken und Handeln im Management, jeweils in Lindau am Bodensee, gegründet. Seitdem arbeitet er als Lehrtherapeut/DGSF, Business-Coach und Institutsleitung und hat in seinen verschiedenen systemisch-integrativen Weiterbildungsprogrammen über 1.500 TeilnehmerInnen qualifiziert. Heute arbeitet Walther Cormann im gesamten deutschsprachigen Raum, führt u. a. Inhouse-Seminare durch, spricht auf Tagungen, organisiert seit 2004 das jährlich stattfindende ptzSymposium in Lindau mit internationalen ExpertInnen, veranstaltet Fachtagungen und Konferenzen.
In allen Arbeitsbereichen richtet er seine Aufmerksamkeit auf die Organisation der Selbstorganisation der Menschen, mit denen er zu tun hat. Hierdurch kann er dazu beitragen, die gewünschten Verbesserungen seiner Klienten und Kunden effizient und nachhaltig wirksam zu erarbeiten. Zu seinen Interventionsstrategien gehören, zusätzlich zu seiner verbalen Expertise, analoge, metaphorische, kompetenzen- und erlebnisaktivierende, kreative sowie spielerische Methoden. Er arbeitet außerdem vermehrt als Autor und produziert Lehr- und Lern-DVDs.

Fünf verschiedene Geschäftsbereiche sind unter der Firmierung **Cormanninstitute** zusammengefasst:

ptz cormann Psychotherapeutisches Weiterbildungszentrum für systemisch-integrative Konzepte mit den Weiterbildungsprogrammen in Lindau, Hamburg, Freiburg, Frankfurt und Stuttgart:
- Systemisch-integrative und familienorientierte Kinder- und Jugendlichentherapie
- Systemisch-integrative Therapie und Beratung mit Einzelpersonen, Paaren und Familien/DGSF-anerkannt
- Systemische Supervision, Coaching und Teamberatung/DGSF-anerkannt
- Aufbauweiterbildung Systemisch-integrative Kindertherapie/ DGSF-anerkannt
- Aufbauweiterbildung Systemisch-integrative Paar- und Familien-therapie/DGSF-anerkannt
- Zusatzqualifikation Traumatherapie

www.ptz.cormanninstitute.de

sbk cormann Schule für Beratungskompetenz mit Weiterbildungspro-grammen in Lindau, Konstanz, Freiburg, Hamburg und Rosenheim:
- Systemische Beratung/DGSF-anerkannt
- Systemische Pädagogik

www.sbk.cormanninstitute.de

ISMA Institut für systemisches Denken und Handeln im Management mit Qualifizierungsprogrammen in Lindau und Frankfurt:
- Systemisches Coaching und Organisationsberatung

www.isma.cormanninstitute.de

Praxis für systemische Psychotherapie und Beratung in Lindau:
- Einzel-, Paar- und Familientherapien,
- Beratungen und Coaching
- Systemische Selbsterfahrung in der Gruppe

www.praxis.cormanninstitute.de

CiV CORMANNINSTITUTE VERLAG FÜR SYSTEMISCHE PRAXIS:
Unser Gesamtverzeichnis mit Büchern, Therapie-DVDs und Musik-CDs unter www.cormann-verlag.de